외식산업의 이해

Understanding Food Service Industry

Preface 2판

2024년을 맞이하며 우리는 급격히 변화하는 외식산업의 흐름 속에서 살아가고 있습니다. COVID-19 팬데믹과 러시아-우크라이나 전쟁 등 전 세계적으로 중요한 사건들은 외식산업에도 지대한 영향을 미쳤습니다. 이러한 변화 속에서, 우리는 외식산업의 이해를 돕기 위해 최신 정책과 수치를 반영한 개정판을 준비하였습니다.

COVID-19 팬데믹은 외식산업에 큰 충격을 주었지만, 동시에 오프라인 성장과 푸드테크 기술의 발달 등 새로운 기회를 제공하기도 했습니다. 러시아-우크라이나 전쟁으로 인한 고물가, 고금리, 고환율의 경제 환경 속에서 외식산업은 더욱 복잡한 도전에 직면해 있습니다. 이러한 경제적 요인들은 소비자들의 소비 패턴을 변화시켰고, 외식업체들은 이에 발맞춰 새로운 전략을 모색해야 했습니다.

이로 인해 고객들은 더욱 n극화되어 세분화되었고, 건강에 대한 관심이 높아졌습니다. 고객들은 단순한 스토리텔링이 아닌 '스토리 두잉'의 시대에 살고 있으며, 소중한 한 끼를 먹기 위해 '경험'을 중요시하게 되었습니다. 이제 외식은 단순히 음식을 섭취하는 행위를 넘어, 그 과정에서 얻는 경험과 감동이 중요한 시대가 되었습니다.

이번 개정판에서는 독자들이 보다 쉽게 내용을 이해할 수 있도록 긴 내용은 제목과 내용을 분리하여 구성하였습니다. 또한, 각 장의 내용은 최신 트렌드와 데이터를 기반으로 업데이트되었습니다.

1장 식생활과 외식의 이해는 최신 트렌드에 맞는 단어로 재구성 하였습니다.

3장 외식산업의 변천사와 트렌드에서는 2000년대 내용을 2010년대와 2020년대로 세분화하여 상세한 내용을 추가하였고, 2024년 최신 외식산업 트렌드를 반영하였습니다.

5장 외식산업의 경영관리는 최신 환경에 맞추어 수정되었습니다.

6장 외식산업의 메뉴관리는 사회변화에 따른 단어 수정과 식재료 원가 비율이 수정되었습니다.

8장 외식산업의 마케팅 관리에서는 확장된 3Ps사람, 프로세스, 물리적 증거를 추가하여 더욱 포괄적인 마케팅 전략을 다루었습니다.

10장 외식산업의 회계관리는 4대 보험료율이 2024년 1월 기준으로 변경 되었습니다.

11장 외식산업의 브랜드관리는 최신 브랜드 사례를 추가하여 현재의 트렌드를 반영하였습니다.

12장 외식산업의 창업과 상권·입지는 상권정보시스템 활용의 내용과 관련 사이트 정보를 반영하여 수정하였습니다.

13장 외식산업의 프랜차이즈는 국내 가맹산업 현황을 2024년 4월 8일 공정거래위원회의 2023년 가맹사업 현황 통계 발표를 반영하여 수정하였습니다.

상권분석·마케팅에 유용한 최신 웹사이트를 추가하였습니다.

이 책은 최신 정보와 트렌드를 반영하여 독자 여러분이 외식산업의 현주소를 이해하고 미래를 준비하는 데 도움이 되기를 바랍니다. 2024년 개정판은 외식산업의 다양한 측면을 깊이 있게 다루며, 실무에서 바로 적용할 수 있는 유용한 정보들로 가득 차 있습니다. 독자 여러분의 발전과 성공을 기원합니다.

2024년 7월 저자 일동

Preface

식품산업은 크게 음식료품 제조업과 외식산업으로 나눌 수 있는데, 특히 외식산업 규모는 사회·경제적 환경 변화로 계속 증가추세에 있습니다. 최근에는 소비자의 식생활 변화와 다양한 요구에 맞추어 가맹점형, 이동음식점형, 타 업종과 복합형, 배달전문형, 공유주방형 등 외식산업의 영업 형태가 점차 다변화되고 있습니다. 식생활 패턴 변화와 다양한 소비자의 요구를 수용하여, 국가 정책은 외식산업의 질적 제고를 위한 정책을 개발하고 있으며 다각적으로 지원하고자 노력하고 있습니다.

이 책은 외식산업에 대한 전반적인 이해를 바탕으로 외식산업 경영실무자 입장에서 사업운영에 대한 실무를 터득하고, 소비자 입장에서는 외식서비스 이용에 관한 이해를 도모하고자 하였습니다. 외식산업과 사업경영에 대한 심도 있는 내용을 연구하는 것보다 일상생활에서 이해할 수 있는 수준의 내용과 기초적인 관점으로 서술하였으며, 특히 외식산업에 종사하고 있는 사람이라면 반드시 외식산업 구조 변화에 유연하게 대응할 수 있도록 영업과 위생·안전, 경영·마케팅 등의 지식과 노하우를 겸비하는 데 도움이 되고자 하였습니다. 외식산업을 이해함에 있어 최상의 접근법이 무엇인지를 독자들에게 전달하고자 하였고 외식산업을 제대로 이해할 수 있도록 큰 도움이 되고자 하였습니다.

변화하는 외식산업의 현상을 좀 더 확실하게 반영하고 외식관련 학과 학생들에게 외식산업의 새로운 변화를 이해시키려는 의도에서 식생활과 외식의 이해, 외식산업의 변천사, 정책, 경영·마케팅·메뉴·서비스·브랜드·창업·프랜차이즈 등 외식산업을 이해할 수 있도록 노력하였습니다.

식생활과 외식의 이해를 시작으로 외식산업의 창업, 프랜차이즈까지 총 13장으로 구성된 「외식산업의 이해」는 타 분야의 훌륭한 저서에서 많은 논리와 이론들을 배우고, 외식산업 현장에서 많은 경험을 통해 강의를 하면서 느꼈던 부분을 중심으로 기본적인 지식을 전달하는 '외식산업의 첫걸음 지침서'가 될 것을 목표로 하였습니다.

더 많은 내용과 자료가 보충되어야 하지만 깊이 있는 연구는 파트별로 별도의 과목이나 강의로 이루어져야 하기에 개요 및 기본지식을 전달하는 데 만족하려고 합니다. 제1장부터 2장까지는 외식의 개념과 용어 등에 대한 내용을 담았고, 제3장은 국내 외식산업의 변천과정을, 제4장에서는 국내 외식산업의 정책을 담았습니다. 제5장부터 11장까지는 외식기업 또는 외식업소를 경영하는 데 필요한 경영·메뉴·서비스·마케팅·조직·재무·브랜드를 관리하는 데 필요한 내용을 담았습니다. 마지막 제12장과 제13장은 외식산업의 창업과 상권, 프랜차이즈에 대해 설명하였습니다.

그동안 많은 연구서들이 이론적인 접근을 토대로 지식전달을 하였다면, 본서는 이론 지식전달과 함께 독자들이 함께 고민하고 간접경험을 할 수 있도록 독자의 눈높이에 맞춰 저술하였습니다. 따라서 외식산업의 이해라는 제목에 충실하기 위해 외식산업의 기초에서부터 창업까지 단계별로 장을 구성하였습니다.

진입장벽이 낮다고 느껴 사전 준비 없이 뛰어드는 창업자, 준비가 미진한 창업자 등이 있지만 외식산업은 결코 만만한 산업분야가 아니며, 외식업을 하면 성공할 수 있으리라는 짧은 생각으로 도전할 수 있는 것도 아닙니다. 외식산업은 끊임없이 발전하고 있으며 고객들의 니즈에 부응하기 위한 노력을 게을리 하지 않으면 안 됩니다.

외식산업 입문자에게는 개념과 이해를, 외식산업 창업을 준비하는 예비창업자에게는 든든한 준비를, 창업을 해서 경영하고 있는 경영주에게는 재도약 기회를 제공하기 위한 간절한 마음에서 저술하였습니다.

끝으로 본서에 도움을 주신 분들께 진심으로 감사의 말씀을 전합니다.

2023년 1월 저자 일동

Contents

Chapter **3**

외식산업의 변천사와 트렌드 ··············· 56

Chapter 4

외식산업의 정책 ·················· 96

Chapter
5

외식산업의 경영관리 ···························· 112

외식산업의 이해

Chapter 10   외식산업의 회계관리 ································ 230

외식산업의 이해

Chapter
11

외식산업의 브랜드관리 ························· 252

Chapter
12

외식산업의 창업과 상권·입지 ················ 266

Chapter 13 외식산업의 프랜차이즈 ······························ 308

식생활과
외식의 이해

① 식사와 외식의 개념

① 식사의 정의

인간에게 무엇인가를 먹는다는 것은 배를 채우기 위한 것 이상의 의미를 지닌다. 음식의 맛은 물론 식사를 구성하는 그릇, 반찬, 밥, 국, 사람, 장소, 시기 등 모든 요소들이 이야깃거리가 된다. 먹는 장소, 좋아하는 메뉴, 식사 예절, 레시피까지 이야기하는 것만으로도 사람들은 즐거워진다.

외식산업은 음식과 관련된 산업이기 때문에 일상생활을 영위하기 위한 기본적 행위인 식사와 직접적으로 관계를 맺고 있다. 따라서 외식산업을 이해하기 위해서는 먼저 식사의 개념을 살펴볼 필요가 있다.

식사가 이루어지기 위해서는 음식, 먹는 사람, 먹는 장소 등의 요건이 확정되어야 하는데, 그중에서도 음식의 본질에 대한 이해는 식사의 성격을 파악하는 데 중요한 역할을 한다. 그 이유는 식사형태 중의 하나인 외식의 개념도 곧 음식의 기능과 본질에 의해서 정의되며, 또한 외식산업의 콘셉트를 구분짓는 기초적 조건이 되기 때문이다.

사회학자 로버트슨Robertson, 1987은 미국인은 굴을 먹지만 달팽이는 먹지 않는다고 했고, 프랑스인은 달팽이는 먹지만 메뚜기는 먹지 않는다고 했다. 유대인은 생선은 먹지만 돼지고기는 먹지 않는다고 하고, 인도인은 돼지고기는 먹지만 소고기는 먹지 않는다고 하며, 러시아인은 소고기는 먹지만 뱀은 먹지 않는다고 했다. 현대사회에 접어들면서 이러한 나라와 인종에 따라 식생활이 바뀌고 있으며, 식문화는 오래된 전통이거나 문화 · 시대적 흐름으로 변화되어 자리 잡기 때문에 우리와 다르다 하여 식사 문화를 배척하고 무시해서는 안 되는 것이다.

식사는 허기를 채우기 위해 음식을 먹는 것 또는 그 음식으로 인간의 기본 욕구 중 하나인 식욕을 채우는 행동이며, 순우리말로 '끼니' 또는 줄여서 '끼'라고 한다. 간식이나 술에 곁들여 먹는 안주는 식사에 포함하지 않는다.

식사란, 사람이 음식을 먹고, 음료를 마시는 행위를 말한다. 보통 한 사람당 하루에 세끼를 먹는 것이 일반적이며, 음식을 먹는 시간에 따라 아침, 점심, 저녁으로 구분한다. 물론 간헐적 단식IF:Intermittent Fasting이 소개된 이후 간헐적 단식을 실천하는 사람들이 주위에 많아졌다. 일주일에 2일은 24시간 단식을 하고 일주일에 3~5번 정도 아침을 걸러서 일상 속에서 공복감을 유지하는 것을 말한다. 쉽게 말해 24시간 단식은 아침과 점심을 거르고 저녁에 600kcal가량을 섭취하는 것이고, 16시간 단식은 아침만 거르고 점심, 저녁은 평소대로 먹는 것이다. 식사를 가릴 필요도, 조금씩 먹을 필요도 없고 방법까지 아주 쉽다. 한국은 근대화 이전까지는 하루 두 번의 식사가 일반적이었다고 한다. 시간대로 따지면 브런치와 야식 무렵에 식사를 했다고 하니 점심이 없었던 것이다.

취식 장소는 가족이 함께 생활하는 고정된 공간과 같이 가정 안에 존재하는 경우와 레스토랑, 편의점 등에서와 같이 가정 외에 존재하는 경우로 구분된다. 피크닉을 나와서 공원이나 숲 등 야외에서 먹기도 하는 등 이제는 취식장소의 개념이 사라지고 있다. 외출 시에는 음식을 따로 조리할 공간이 없기 때문에, 한 끼 식사를 위해 휴대용으로 가지고 다니는 도시락을 이용하기도 한다.

한국에서는 '식사하셨어요?'가 안부인사 정도로 쓰인다. 식사는 약속이나 만남 목적으로 행해지기도 한다. 또한, 전통사회에서는 밥상머리 교육이라 해서 식사 시간은 예의범절을 가르치는 시간이기도 했다. 한국과 일본에서는 밖에서 혼자 밥 먹는 것을 창피해하는 시대도 있었다. 친구가 없거나 대인관계가 적다는 것을 증명하는 것일 수 있겠지만 이제는 혼밥족, 혼술족, 먹방 등 혼자서 밥을 먹는 것과 혼자서 맛있는 음식을 먹는 것이 부끄럽지 않고 자기위로, 관심유도, 방송 콘텐츠로 활용되고 있다는 것이다. '먹을 땐 개도 안 건드린다'는 말이 딱 들어맞는 시대이다.

한국의 식사시간은 보통 1시간이 원칙이다. 하지만 유럽권 특히 남유럽의 경우는 식사시간이 2시간 넘게 책정되어 있는 경우가 많다. 이것은 남유럽 경제 위기로 정부에서 영양사 및 조리사들을 해고하고 학교 식당을 폐쇄하고 대신 학생들에게 집에서 먹고 오라는 경우가 있기 때문이다. 학생들이 4교시 수업이 끝나 점심시간이 되자마자 집으로 걸어가고 또 5교시 수업이 시작되기 전에 학교로 걸어오는 이런 왕복시간만 잡아도 3시간은 그다지 긴 시간이 아니다. 일반 기업들은 12시부터 1시까지가 식사시간이며, 공무원들은 행정직과 현장직에 따라 식사시간이 다르다. 생산직 근로자는 사무직과 달리 교대근무로 돌아가기 때문에 식사시간이 1시간 이내일 수 있다.

2 식사의 목적과 기능

1) 식사의 목적

먹는 행위의 목적에는 먼저 생명유지는 물론, 각종 영양소를 섭취하여 인체의 성장과 더불어 일상생활을 영위하는 데 필요한 생리적 활동, 그리고 개인과 가족, 동료, 친구들끼리 친밀해지는 데 도움을 주는 커뮤니케이션의 도구로서 정신적 활동이 있다. 이처럼 사람의 식생활을 생리적·정신적 활동이라는 넓은 의미로 살펴볼 때 식사의 목적은 1차적으로 영양·건강 등의 확보, 그리고 2차적으로는 기호의 충족에 있다.

2) 식사의 기능

식사의 목적을 바탕으로 식사의 기능을 구체적으로 살펴보면 식사는 생리적 기능, 감각적 기능, 심리적 기능, 그리고 사회적·문화적 기능을 갖고 있다.

❶ 생리적 기능

식사는 사람의 생명은 물론 성장과 발육, 건강상태, 그리고 일상생활을 유지하는 데 필요한 에너지 또는 영양소를 공급하는 기능을 갖고 있다. 그러므로 식사를 제공하는 레스토랑에서는 항상 음식물의 안전과 위생은 물론 소비자 트렌드에 맞는 메뉴개발에 지속적으로 관심을 기울여야 한다.

② 감각 및 심리적 기능

식사는 기호충족을 위해 미각·후각·시각 등을 통해서 느끼는 맛과 함께 안심하고 마음 편하게 먹을 수 있도록 만족시켜주는 기능을 갖고 있다. 똑같은 음식이라 해도 식기, 음식물의 색깔과 배열, 신선함 등의 차이에 따라 사람이 느끼는 감각과 심리적 반응도 다르다. 따라서 식사를 제공하는 외식업소에서는 소비자의 감각과 심리를 긍정적으로 자극하고 유도할 수 있도록 식공간 연출을 통한 분위기 창출에도 노력해야 한다.

③ 사회 및 문화적 기능

식사는 여러 사람들과 어울림으로써 정신적인 안정과 화합 및 친목을 제공해주는 기능을 갖고 있다. 식사라는 행위를 통하여 가족의 화합 또는 친구나 기타 사회적 집단에서의 친목을 도모해줄 수 있는 커뮤니케이션 기능을 확보할 수 있으며 아울러 소속감의 확인과 사회적 긴장완화 등을 통하여 정서적으로 만족감을 제공해준다.

③ 식문화의 정착

한 민족의 전통적인 식생활을 그 나라의 식량과 상용 음식의 조리, 가공법 및 식사 양식 등의 기본적인 면에서 보면 그 나라의 자연환경 조건이 기본적으로 작용하고 있음을 알 수 있고, 그것이 오랜 기간 동안 변화 발전되는 과정에서 그 나라의 사회 환경 조건이 크게 작용하고 있음을 알 수 있다. 특히 그 시대의 산업과 경제, 가족제도, 가치관, 국제 관계 등이 주요한 조건으로 작용하게 된다. 수구레국밥, 한우국밥, 순대국밥, 돼지국밥 등 국밥만 보더라도 그 시대의 상황과 지역의 가치관에 의해 달라지게 되는 것이다. 즉, 각 시대마다 다른 환경에서 전승과 창조를 거듭하면서 식문화가 형성되고 차차 공통적이고 보편화된 식생활 패턴을 형성하게 된다. 따라서 각 시대의 식생활 또는 식문화는 그 시대에 내재된 사회 환경 요인이 표출된 것이다.

1) 주식에 의한 분류 및 정착

주식에 의한 식문화 분류는 밀 문화권과 쌀 문화권, 잡곡 문화권으로 나눌 수 있다. 밀 문화권은 BC 1만~1만 5000년경에 재배를 시작하였고 가장 오래된 작물 중의 하나이다. 쌀 문화권은 벼가 약 4,000~5,000년 전에 인도의 갠지스강 유역, 동남아시아 등에서 재배되기 시작하면서 정착되었다. 잡곡 문화권은 아프리카와 인도에서 조와 수수를 주식으로 이용하였는데, 옥수수는 BC 5000년경 멕시코와 남아메리카에서 재배를 시작하였고 1492년 콜럼버스가 옥수수 종자를 유럽에 전파하면서 정착되기 시작했다.

2) 식사 방법에 의한 분류 및 정착

숟가락이나 젓가락을 사용하는 한국, 중국, 일본 등의 아시아 지역 문화권이 있고, 나이프와 포크를 사용하는 서양 문화권이 있으며, 손으로 식사하는수식 아프리카와 서아시아, 동남아시아 등 일부지역 문화권으로 정착되었다.

한국과 일본, 중국은 젓가락을 사용하지만 명칭, 재질, 형태, 특징에 따라 다르다.

 표 1.1_ **한국과 일본, 중국의 젓가락 형태와 특징**

구분	한국	일본	중국
명칭	젓가락	하시	콰이즈
재질	금속	나무	플라스틱, 대나무
형태	납작하고 위아래의 굵기에 차이가 적다	끝이 뾰족하고, 길이가 짧으며, 위아래의 굵기가 차이가 있다	끝이 뭉툭하고, 길이가 길고, 위아래의 굵기에 차이가 없다
특징	다양한 반찬을 집기에 용이함	생선을 발라먹기에 용이함	기름지고 뜨거운 음식을 집기에 용이함

3) 기후에 따른 식문화 정착

기후와 음식문화도 식문화 형성에 밀접한 관계가 있다. 열대지방과 온대지방, 한대지방에 따라 음식의 종류와 재료, 조리법이 다양하게 정착되었다.

표.1.2_ **기후에 따른 식문화 구분**

구 분	열대지방	온대지방	한대지방
문화적 특징	• 튀긴음식과 기름진 음식들이 발전 • 향신료를 많이 사용 • 채소대신 과일을 많이 이용 • 차 종류가 발달 • 낙타, 물소와 양 등 가축을 사육하여 고기와 유제품을 식량으로 이용 • 쌀, 옥수수, 밀, 콩, 열대성 과일, 어패류 등 다양한 향신료를 많이 이용	• 찰기가 많은 쌀을 이용 • 순한 술과 독한 술을 모두 애용 • 향신료를 적당하게 이용 • 목축이 발달, 건조식품, 유제품 생산 • 다양한 채소 재배 • 수박과 딸기 등 과일류, 쌀과 보리 등의 곡물류가 많이 생산	• 음식의 종류가 적음 • 담백하고 가공을 거의 하지 않음 • 순록, 곰 등의 동물이 많아 수렵이 발달함 • 해조류, 치즈, 요구르트 등을 많이 애용함

❹ 내식·중식·외식의 개념

식생활은 계속해서 변화하기 때문에 내식·중식·외식 등의 식사행위를 명확하게 구분 짓기는 어렵다. 특히 시간이 흐를수록 인간의 외식활동이 활발해지고 다양해지면서 외식의 범위가 더욱 확대되고 있으며 가깝지 않은 미래에는 외식과 내식의 구분이 없어지는 시대도 예상할 수 있다.

외식을 어떻게 규정하느냐 하는 것은 무엇보다 외식산업을 이해하는 출발점이 되기 때문에 중요한 과제이다. 집 밖에서 음식을 사서 먹는 외식활동이 일상생활은 물론 문화생활의 한 부분으로 보편화되고 정착되면서 외식에 대한 정의와 범위의 설정이 필요해졌다.

1) 내식·중식·외식의 구분 요건

내식·중식·외식은 식사의 하위개념이기 때문에 식사의 성립요건은 내식·중식·외식의 개념과 범위를 설명하는 데도 관련을 맺고 있다. 그러나 식사가 이루어지기 위해서는 무엇보다 음식이 제공되어야 하는데, 음식이 제공되기 위해 식물을 조리하는 주체, 음식이 제공되기 위해 음식을 조리하는 주체, 음식을 조리하기 위한 설비나 도구 등을 포함한 장소, 그리고 음식을 취식하는 장소가 필요하다.

이와 같이 음식의 제공에 필요한 요소들은 내식·중식·외식의 개념과 범위를 구분 짓는 요건이 된다. 특히 식사의 장소와 음식이 조리되는 장소의 분리는 내식과 외식의 불명확화, 즉 중식의 성립을 초래하기 때문에 조리의 장소를 중요하게 생각해야 한다.

① 조리주체

조리주체는 음식을 조리하는 사람이 가족 구성원인가 , 세대 외의 사람인가로 구분한다. 그리고 조리주체에서 중요한 것은 음식의 조리가 상업적 행위로 실행되는가 또는 비상업적 행위로 실행되는가에 있다.

상업적 행위는 식당에서 유료로 제공되는 음식이 있으며, 비상업적 행위는 가정의 주체가 제공하는 음식, 자선단체가 무료로 제공하는 음식, 군대에서 군인에게 무료로 제공하는 음식, 기업이 직원들에게 무료로 제공하는 음식 등이 있다.

② 조리장소

조리장소는 가정 내 또는 가정 외가 있으며, 그곳에서 조리를 할 때 필요한 설비와 도구도 갖춰져 있어야 한다.

③ 취식장소

취식장소도 조리장소와 마찬가지로 가정 내 또는 가정 외에 있지만, 그곳에서 취식하는 데 필요한 각종 설비와 서비스가 제공되어야 한다. 한편 조리장소와 취식장소가 동일 공간 내에 존재하거나 분리되어 있는 경우도 있다. 예를 들어 일반가정이나 레스토랑은 두 장소가 동일 또는 매우 가까운 거리에 있는 경우이다.

두 장소가 멀리 떨어져 있는 예로는 음식배달을 부탁한 가정과 음식을 배달한 식당 조리사와의 관계가 있다.

2) 내식·중식·외식의 정의

앞서 설명한 조리주체, 조리장소, 식사장소 등 음식의 제공요건을 바탕으로 다음과 같이 정의할 수 있다.

❶ 내식이란?

내식內食은 조리주체가 가정이며 조리장소와 취식장소가 원칙적으로 가정 내에서 이뤄지는 식사를 말한다. 식품점·슈퍼마켓 등에서 식재료를 구매하여 가정 내에 있는 사람의 가사노동을 통한 조리작업을 거치게 된다. 그러나 소득수준의 향상, 맞벌이 부부와 1인 가구의 증가, 식사준비의 서투름 등과 같은 경제·사회·문화적 환경의 변화와 라이프스타일이 변화하면서 가정에서 식사를 하는 빈도가 점차 줄어들고 있다.

❷ 중식이란?

중식中食은 현대인의 식생활이 속도와 편리성을 추구하게 되면서 조리된 음식을 구매하는 비중이 높아지면서 나타났다. 중식은 조리주체가 세대 외의 사람으로 조리장소는 원칙적으로 가정 외에 있으며 식사장소가 가정 내인 식사를 말한다. 델리숍deli shop에서 조리된 음식, 인스턴트 식품, 도시락, 가정 간편식HMR 등과 같이 반조리 또는 완전 조리된 음식을 테이크아웃, 택배, 케이터링 등을 통해 식사를 해결하는 형태를 의미한다.

내식이 사람의 생리적 측면에서 외식의 완전 대체활동이라고 할 수 있지만 중식 시장이 급격하게 성장하면서 이제는 중식이 내식과 외식의 강력한 경합 또는 제재활동의 지위로까지 성장하고 있다. 즉, 내식과 외식의 대체활동으로서 중식이 그 지위를 차지하는 현상이 나타나고 있다. 따라서 넓은 의미의 외식에 중식을 포함해 외식을 보다 넓게 정의하고 있다.

3 외식이란?

🍴 외식外食의 정의

외식의 사전적 의미는 '가정이 아닌 밖에 나가서 음식을 사서 먹는 것'이라고 풀이되어 있다. 그러나 외식을 단순히 사전적 의미만으로 정의하기에는 미흡하다. 식생활 환경이 바뀌면서 외식소비 패턴도 변화하고 그에 따라 다양한 형태의 음식점들이 계속해서 생겨나기 때문이다. 따라서 외식을 정의할 때는 식생활 변화에 영향을 주는 모든 요인들을 고려하여야 한다.

일본의 도이토시오는 내식과 외식을 생산과 소비의 관점에서 해석하여 내식적 내식, 외식적 내식, 내식적 외식, 외식적 외식의 개념으로 분류하였다.

내식·중식·외식의 범위검토에 있어서는 조리주체의 여하에 의해 조리되어진 음식물의 성격과 최종소비자의 선택인 섭취의 장소가 깊은 관계가 있기 때문에 조리주체와 섭취의 장소에 주목해야 한다.

🫖 표 1.3_ **내식과 외식의 범위**

구 분		해 석
내식	내식적 내식	가정 내에서 원자재, 반가공식품, 또는 완전가공식품을 조리한 후 식사를 가정 내에서 하는 것
	외식적 내식	외부의 생산자에 의하여 조리된 것을 배달 또는 출장 주문하여 가정 내에서 식사하는 것
외식	내식적 외식	가정에서 조리한 음식을 외부에서 식사하는 것(도시락)
	외식적 외식	가정 밖에서 외부의 생산자에 의하여 조리된 음식을 먹는 것

🍴 한국 학자와 일본 학자들의 외식의 정의

한국 학자들의 외식의 정의에 대한 견해를 살펴보면, ▲일반적으로 가정 외에서 조리·가공된 음식을 만들어 상품화하여 제공하는 식생활 전체를 총칭 ▲가정 이외의 장소에서 행하는 식사행위의 총칭 ▲가정 외의 식생활 ▲가정 밖의 식생활 패턴의 총칭 등으로 나타나는 것을 알 수 있다.

반면 일본 학자들의 외식의 정의에 대한 견해를 살펴보면 다음과 같다.

표 1.4_ 일본 학자들의 외식의 정의

구 분	정 의
야마구치, 코야마	우리들의 식생활은 기본적으로 가족 내의 식생활과 가정 외의 식생활로 크게 두 가지로 나눌 수가 있다. 외식화의 유행이란 말할 것도 없고 가정 외의 식생활의 비중이 높아지고 있는 경향을 나타낸 것이다.
시오다	'먹는 것과 마시는 것을 총칭해서 음식이라고 하고 싶다'고 한 뒤에 우리들의 음식은 그 목적, 장소, 음식물의 내용, 공급자, 소비자 등 여러 가지 요인에 주목함으로써 정리할 수 있다.
중소기업사업단 중소기업연구소	우리들의 식생활을 구분하면 기본적으로 내식(=가정 내의 식생활)과 외식(=가정 외의 식생활)이 된다.

2 외식산업의 정의

의식주는 인간이 살아가는 데 절대적으로 필요한 세 가지 요소이다. 그중에서 하나라도 없으면 안 되겠지만 가장 중요한 것은 당연히 먹는 것이다. 인간은 먹지 않고 단 하루도 살기 힘들다. 이처럼 음식은 인간이 삶을 유지하는 데 필수적인 요소이다. 그리고 과거와 현재는 물론, 미래에도 인간에게 가장 소중하고 중요한 것은 음식이다. 외식산업은 바로 음식과 그 밖의 여러 분야가 관련된 산업으로 인간의 생리적 욕구의 만족은 물론 환대 정신을 기본으로 호스피탈리티hospitality를 제공하는 서비스 산업이다.

1 외식산업의 정의

어릴 적 가족들과 집에서 식사를 하는 것이 아닌, 밖에서 식사를 하는 날을 '외식하는 날'이라고 했다. 부모님과 형제 자매들과 중화요릿집이나 삼계탕집, 삼겹살집 가는 날을 손꼽아 기다릴 정도로 외식하는 날은 당시 기분 좋은 일이 아닐 수 없었다. 이는 베이비붐 세대 이전부터 국민들의 노력과 헌신에 경제가 발전하여 생긴 산업임을 알 수 있다. 외식산업은 인간의 식생활 문화의 변화와 함께 발전하고 변화해오고 있다. 일반적으로 외식업이라 하면 '음식을 만들어 파는 일'정도로 여겼다. 그러나, 우리나라의 경우 본격적으로 외식업이 부각되기 시작한 것은 1970년대 이후로 볼 수 있다. 그 전까지는 전쟁으로 인한 절대적 빈곤과 사회적 침체기로 중국집, 요정 정도가 외식업의 주를 이루고 있었다. 그 규모 또한 작고 영세한 수준이었으며, 그나마 쌀 부족을 채우기 위해 실시됐던 분식 장려 운동은 라면, 빵 등과 같은 서구식 식문화가 자리 잡게 된 계기가 되었다. 1980년대 초반만 하더라도 우리나라의 외식업은 '요식업'으로 불리며 단순한 소매업 정도로 여겨졌다. 하지만 국민경제 규모가 증가하고, 가계별 가처분소득이 증가하면서 외식업에 대한 수요가 커지게 되었고, 하나의 문화적 범주에서도 가치가 부각되고 있다. 단순히 음식만 만드는 것은 가정에서도 일상적으로 하는 일로 여길 수 있지만, 대가를 받고 지속적으로 판매하기 위해서는 맛과 서비스에서 독특한 차별성을 지녀야 한다.

이를 위해 외식산업 종사자들은 지속적인 메뉴_{상품}개발과 홍보&마케팅, 경영기법들이 적용되었고, 점차 분화 발전하면서 하나의 산업으로 인정받아야 한다. 즉, 단순 노동집약적 산업이 아니라 제2, 제3의 가치를 만들어내는 부가가치 산업으로의 가치를 인정받아야 마땅하다. 이제 외식사업을 한다는 것은 단순히 음식을 판매하는 것이 아니라 유무형의 서비스를 파는 것이며, 브랜드를 파는 것이고, 그들만의 문화를 파는 것이라고 할 수 있다.

표 1.5_ **외식산업과 음식장사의 차이**

구 분	외식산업	음식장사
식재료	1차 가공한 식재료	가능한 원재료
생산방법	표준화와 자동화 대량생산 체계	조리사의 경험
경영방침	경제성과 효율성 규모의 경제	전통과 개성 중시 창조성과 독립성 유지
교육	매뉴얼에 의한 직무교육	경험자에 의한 현장교육
상권	시장세분화에 의한 상권설정	대중적 메뉴로 넓은 상권 설정

'외식'은 말 그대로 가정 밖에서 음식을 먹는 것으로 조리의 주체가 세대 외의 사람이고, 조리의 장소는 원칙적으로 가정 외에 있는 것을 의미했다. 그러나 현대적 개념의 식사에는 출장연회, 단체급식, Delivery Service, Take-out, HMR Home Meal Replacement, 간편 가정식 등을 통해 가정 내에서도 외식의 개념이 자리를 잡게 되었다. 가정 내에서도 반조리식품 혹은 완전조리식품의 형태로 얼마든지 식사가 가능하게 되면서, 원재료를 구입하여 가정 내에서 조리과정을 거친 가정식을 제외한 모든 식생활 행위를 외식으로 보는 것이 현 시점이다.

이러한 의미에서 외식업의 개념은 외식행위를 가능케 하는 사업으로 해석될 수 있다. 보다 구체적으로 외식업을 정의한다면 '새로운 고객창출과 그 고객들이 재방문할 수 있게 하여 단골고객 또는 충성고객을 확보하여, 고객들이 즐겁게 먹고 그 만족에 따른 비용지불을 통해 이익을 창출해나가는 사업', 즉 가치창출의 사업으로 이해할 수 있다. 또 다른 측면에는 '사람의 욕구식욕를 요리나 음료, 주류를 통해서 직접 충족시켜주기 위한 인적서비스주방의 요리사 또는 홀 서빙가 연출되고, 때로는 분위기가 있는 휴식 공간장소까지 제공되어 생활에 새로운 활력을 얻게 해주는 것'으로도 정의될 수 있다.

외식업에 '산업'이란 개념이 더해지게 된 것을 살펴보면 미국의 경우 1940~50년대 산업화 단계에 진입한 이후였으며, 일본은 1970년 일본 정부의 공식문서인 경제백서에 내용이 포함되면서부터다. 우리나라는 그보다 늦은 1979년 근대적 프랜차이즈 시스템을 도입한 '롯데리아'의 개점을 기점으로 외식업이 하나의 산업군으로 인정받을 만큼 확대, 발전하기 시작했다.

외식산업은 인간의 식생활을 풍부하고 건강하게 한다는 점에서 영리를 목적으로 판매 행위를 하는 기업성뿐만 아니라 가정적인 개념의 인적, 물적 서비스가 함께 이뤄져야 하고, 그에 따른 일정한 영업장공간과 시설도 구비되어야 한다. 이 외에도 외식산업은 식재료를 이용해 요리를 한다는 점에서 제조업의 기능을, 고객에게 직접 판매한다는 점에서 소매업의 기능을, 그리고 판매된 메뉴를 맛있고 즐겁게 먹을 수 있도록 하는 서비스업의 기능을 가지면서 푸드 코디가 겸비되고 유비쿼터스Ubiquitous. 시간과 장소에 구애받지 않고 언제 어디서나 정보통신망에 접속을 하여 다양한 정보통신서비스를 활용할 수 있는 환경, POSPoint of Sales시스템 등을 활용하는 복합적인 종합예술 문화 산업이라고 할 수 있다.

2 호스피탈리티·서비스산업과 외식산업

1) 호스피탈리티산업과 외식산업

호스피탈리티산업hospitality industry은 자기 주소지로부터 멀리 떨어져 있는 사람에게 유·무형적 상품을 제공하는 호텔·레스토랑·철도·항공·유람선·테마파크·카지노 등과 같이 환대 정신을 필요로 하는 관광사업의 군을 말한다.

호스피탈리티산업과 여행산업을 통칭하여 관광산업tourism industry이라고도 하지만 양자를 엄격히 구분하기도 한다. 예를 들어 호텔사업·외식사업·테마파크·카지노 등은 호스피탈리티산업으로, 그리고 철도·항공·여행사·관광지·레크레이션사업 등은 여행산업으로 각각 구분하는 것이다. 이러한 구분은 기본적으로 환대 정신을 필요로 하는 특징 이외에 오락적 요소의 비중에 따랐기 때문이다.

호스피탈리티산업 중에서도 레스토랑·바·커피숍·베이커리 등 식음료와 관련된 외식산업은 집을 떠난 사람에게 식음료와 호스피탈리티를 함께 제공하면서 사회·문화적으로 유대관계를 맺어준다는 점에서 호스피탈리티산업 중에서도 중점이 된다. 또한 일반적인 서비스 차원을 초월한 정성스럽고 예우 있는 환대 정신이 더욱 요구되는 분야이다.

2) 서비스 산업과 외식산업

경제발전과 더불어 고용 및 부가가치 등에서 서비스 부문이 차지하는 비중이 크게 증가하면서 서비스 산업이 미래의 중요산업이 되었다. 서비스 산업 중에서도 외식산업은 대표적인 분야로 꼽히는데 한국표준산업분류에서는 외식산업을 음식점업이라는 분류명으로 숙박업과 함께 서비스업으로 분류하고 있다.

　　표준산업분류와는 달리 서비스가 제공하는 서비스업무나 활동 등의 특징에 따라 서비스 산업을 분류하기도 한다. 엘프링elfring은 서비스 산업을 생산자 서비스, 유통 서비스, 개인 서비스, 사회 서비스 등으로 분류하였으며, 외식사업을 숙박업과 함께 개별 소비자의 수요를 충족시키기 위한 서비스로서의 4개의 영역 중에서 개인 서비스 영역으로 분류하였다.

❸ 외식산업의 역할과 기능

1) 외식산업의 역할

❶ 국가의 기본적 산업

　　외식산업은 국가의 산업구조를 형성하고 있는 다수의 산업들 중에서도 인간의 기초적 생활은 물론 사회·경제·문화와 밀접한 관련을 맺고 있는 기본적 산업으로 식생활의 향상, 고용인구의 창출, 농축산물의 수요, 기타 경제단위의 지원 등 산업 전반에 걸쳐 중요한 역할을 담당하고 있다. 만일 외식산업이 존재하지 않았거나 발전하지 않았다면 사람들은 오랜 기간 동안 집을 떠나 있을 수 없다. 그리고 사람들 모두가 자신의 음식을 직접 갖고 다녀야 한다면 행동의 자유에 제약을 받을 수밖에 없다.

❷ 레저·문화생활

　　외식은 인간의 여러 활동 중에서도 중요하고도 즐거운 행위이다. 이와 관련된 외식산업은 소비 지향적 산업이 아니라 식사를 통한 상호간의 의사소통, 가족 또는 직원 간의 화합 등 인간의 정신적·사회적 활동에 유익한 생활을 제공해주는 생산적 역할을 맡고 있다.

　　특히 경제적으로 소득수준이 높아지면서 삶의 질 향상을 추구하는 인간에게 식食에 해당되는 외식 활동이 일상적인 생활에 휴식을 주고 기분전환의 계기도 마련해주며 생활을 윤택하게 만들어줄 수 있다는 인식이 확산되었다. 그 결과 외식산업이 개인은 물론 가족이 함께 즐기는 레저·문화생활의 중요한 방편으로 정착되었으며 생활 수준을 측정할 수 있는 척도가 되었다.

2) 외식산업의 기능

외식산업은 본질적으로 사람에게 식사의 생리적 욕구는 물론 감각적·심리적 욕구와 사회적·문화적 욕구를 만족시켜주는 기능을 갖는다. 주거지·근무지·출장지·여행지 등의 주변에 레스토랑을 위치시켜 식음료나 외형적 시설 등의 유형재, 인적 서비스와 분위기 등의 무형재는 물론 외식활동에 따른 각종 편익benefit 등을 상품으로 총체화하여 고객을 신체적·정신적으로 만족시켜준다.

외식의 목적과 동기에 따라서 외식산업의 기능이 다를 수 있다. 예를 들어 학교급식이나 산업체 급식 등 단체급식을 운영하는 곳에서는 교육이나 직원의 복지향상 등 비영리 목적 달성의 수단으로 식음료가 제공된다. 이러한 단체급식은 일상의 식사를 특정집단에 제공하기 때문에 식사의 대상이 집단화·대량화·일상화되어 있기 마련이다. 그러므로 영리목적의 외식사업에서 강조하는 오락·화합 등의 기능보다는 안전·영양·작업효율 등 식사의 기초적 기능이 중요해질 수밖에 없다.

③ 음식문화와 외식산업

❶ 음식문화의 정의

인류학적 측면에서 음식의 생산과 소비에 관한 방식은 문화체계 및 사회적 제도와 긴밀한 관계를 가지고 있다. 즉, 과거의 계급적 질서와 지역적 차이에 의한 음식문화의 구별은 그 기준이 모호해지고 있다. 이러한 구별기준의 이면에는 대량생산체계와 수송·저장 및 소비시장의 확대를 들 수 있다. 관련 산업의 발달 또한 현재의 음식문화의 성격을 반영해주는 것이라고 볼 수 있다.

따라서 음식문화라 함은 어떤 지역에서 먹는 것과 관련하여 공통으로 나타날 수 있는 행동양식이라고 정의할 수 있다. 어떤 식품을 어떤 방식으로 조리 또는 가공하여 어떻게 먹는가 하는 그 모든 면이 포함된다고 할 수 있다. 그래서 한 나라의 식생활 문화는 식품의 생산·조리·가공·상차림 및 음식 먹는 습관과 용구·식기 등 여러 요소가 포함되어 있고, 각각의 요소마다 그 나라의 자연적·사회경제적 조건과 그 민족의 특성이 내재되어 있다.

인간의 식생활은 식품의 선택으로부터 식단작성, 하루의 식사횟수, 식사양식 또는 식사예절의 문화양식들 중에서도 실제적이고 의미 있는 행동으로서 고유의 문화 속에서 전승되고 계승되어온 것이며, 동시에 일상적인 환경의 영향 또는 요구로부터 형성된 것이기도 하고, 새로운 요구와 전승된 전통이 혼합되어 형성된 역사적 산물이기도 하다. 음식문화는 여러 민족이 제각기 발달시켜온 음식 종류, 조리법·상차림법·식사 예절 등 각 민족의 역사적·문화적 소산들이다.

음식문화는 그 나라의 자연 조건의 영향을 받으면서 오랜 역사 속에서 형성되었기 때문에 독특한 전통과 다양한 요소를 지니고 있다. 어떤 음식이 특정 지역이나 사람들에 의해서 이용되거나 금기시되는가를 과학성과 합리성에 근거하여 설명하려는 문화 유물론적 시각이 음식연구에서 채택되기 쉽다. 해리스Harris, 1985는 어떤 동물은 먹을 수 없고, 어떤 동물은 애완용이며, 어떤 동물은 식용이 되는가 하는 것은 한 문화가 가지는 음식이 여타의 재화와 용역의 생산에 관한 전체적인 체계에 얼마나 적합한가에 따라 결정된다고 하였다.

❷ 음식문화의 특징

음식문화는 인류가 생활하고 있는 자연과 사회 및 환경에서 조화를 꾀하면서 형성된 것이다. 따라서 같은 환경에서 생활한 같은 민족은 문화를 공유하게 되며, 시대에 따라 변천하는 환경에 상응하여 거듭 변한다. 또한 우리의 의식주와 언어·종교·미술 등 여러 문화요소는 역사를 거치면서 서로 깊은 상관성을 갖고 구성되기 때문에 식문화도 단독으로 유지되는 것이 아니라 다른 문화 요소들과 통합성을 이루게 된다.

음식문화의 특징은 공유성·통합성·변동성으로 구분하여 설명할 수 있다.

1) 음식문화의 공유성

인류는 함께 모여 음식을 나누어 먹는 공식公食행위를 즐겨 하므로 가족은 자주 같은 상에서 같은 음식을 먹고, 명절이나 잔치 때 마을사람들이 함께 모여 음식을 나누어 먹는 기회가 많았다. 그렇기 때문에 어릴 때부터 가족이 함께 모여 같은 음식을 먹으면서 식사 습관을 익혀왔다. 또한 같은 마을의 같은 또래끼리 같은 음식을 나누어 먹으면서 같은 맛을 선호하게 되었고, 비슷한 정서 속에서 성장하게 되었다. 이러한 생활 속에서 교분과 결속으로 동질성을 확인하게 되어 바른 생활문화의 형성이 가능했던 것이다. 이런 과정에서 공유성이 짙어져 같은 민족은 같은 식문화를 공유하게 된다.

2) 음식문화의 통합성

어느 민족이든 식품의 소재와 음식 조리법 및 사용하는 식기를 볼 때 모두가 합리적인 조화를 이루고 있다. 더욱이 주거·의복·음식 사이에는 각각의 풍토와 맞게 시대에 따라서 같은 맥락으로 변동해온 통합성이 발견된다. 예를 들어 벼농사를 하는 곳에서는 거의 대부분 주식으로 밥을 먹고, 사용하는 식기는 밥이나 국을 편리하게 담을 수 있도록 판형飯型으로 된 식기를 많이 사용하는 반면, 밀재배지역에서는 빵·고기구이 등을 담을 수 있는 접시형 그릇이 일반적이다. 이 외에도 물이 많은 지역에서는 벼농사와 함께 젓갈이나 어장漁醬이 상용음식이며, 물이 적은 지역에서는 목축을 하므로 유제품이 결합·구성되어 영양상 균형의 기본을 이룬다. 이것도 타당성을 바탕으로 하는 통합성의 측면이다. 이와 같이 각 민족의 생활문화는 그 민족생활에 어울리도록 형성된 타당성과 통합성을 계통으로 고유성을 가지면서 전통으로서 전승될 수 있었던 것이다.

나라마다 독특하고 다양한 음식문화가 있듯이 근래 다양한 외국 음식의 유입은 한국의 음식문화의 한 축으로 변형 발전되어 음식 세계화 시대에 기여하고 있다. 세계화의 진전과 국내에 거주하고 있는 외국인이 수만 명에 이른다는 점을 비춰볼 때 그 타당성과 통합성을 찾을 수 있을 것이다.

문화강국, IT 강국, K-POP을 통한 한국의 브랜드화는 한식의 세계화에도 큰 기여를 했고, 지금도 그 영향을 끼치고 있다. 그러나 한국의 음식의 어두운 면으로 비친 시기도 있었다. 한때 우리 음식문화 중 보신탕이 일부 외국 언론에서 혐오감을 주는 음식으로 보도된 적이 있다. 이는 음식문화를 자기 문화 중심으로 평가한 것일 뿐 아니라 음식문화 상대주의를 이해하지 못한 것이다. 한국 사람들은 낙타고기나 말고기를 즐겨 하지 않는다. 또한 박쥐요리도 즐겨 먹지 않는다. 개고기 식용 문화는 오래전부터 프랑스, 독일, 중국, 태국, 일본, 스위스, 미국, 아프리카 등 여러 나라에서 즐겨먹던 음식이었다. 특히 프랑스의 개고기 식용 문화는 1800년대 초 개고기를 파는 정육점이 있었다는 사실에 근거를 찾을 수 있다.

중국 음식문화를 살펴보면 중국인은 전통적으로 음식의 맛과 함께 건강, 장수에 큰 비중을 두는 음식문화를 형성하고 있다. 중국 광둥성 지역은 특이한 음식문화로 유명한데 요리 재료로 뱀, 고양이, 쥐 등 다양한 동물을 활용한다. 이를 중국식 샤부샤부인 '훠궈'의 재료로 사용하고 뱀술, 쥐술 등을 만드는 데도 사용되고 있다. 건강식, 보신용으로 선호되기 때문에 이러한 음식문화가 정착되어 있다. 중국에서는 고급 음식에 속하는 '오리 혀'가 한국인 음식문화 및 정서에 비춰보면 선뜻 받아들이기는 힘든 사람이 대부분이다. 남아메리카의 음식문화 중 아마존 일부 지역에서 아직도 애벌레를 주식으로 하는 전통이 남아 있다. 생태학·생물학적 환경에 따른 생활 방식, 사회·경제적인 문제로 볼 수 있다. 이런 측면에서 다른 국가·지역·인종의 음식을 혐오스럽다던지, 징그러운 음식 등으로 일반화하거나 미개하다고 비난하는 것은 비논리적일 뿐만 아니라 오랜 음식문화를 존중하지 못하는 것에서 출발한다.

2013년 한국의 '김장문화'가 유네스코 인류무형문화유산으로 등재되었다. 2015년 이탈리아 밀라노 엑스포에서는 김치 시식을 위한 인파로 붐볐으며, 오늘날 음악, 드라마, 영화기생충의 짜파구리 열풍, 인물 등을 통한 양질의 콘텐츠로 확산되고 있다. 1990년대까지만 해도 한국의 '김치'는 마늘 특유의 냄새 때문에 외국인이 싫어하는 음식이었다. 맵고 짜서 먹을 수 없다던 외국인이 지금은 우리의 발효음식을 찾아 먹고 즐기는 이들이 많아지고 있다. 세계화 시대에 따른 음식문화의 수용 과정에서 가장 중요한 점은 글로벌 시대의 다양한 음식문화의 이해다.

각기 다른 음식문화 속에서 각 민족은 고유한 식문화를 형성하여 전통으로 이어지고, 거주민의 생명과 건강을 유지할 수 있는 타당성과 합리성이 내재되어 있으며, 이러한 특성은 모든 민족 음식에서 공통성이 있다. 또한 각 민족의 음식문화는 시대에 따라 많은 변화를 거듭하면서도 민족 고유한 의식의 한 맥으로 이어지기 때문에 '옳다', '그르다', '우수하다', '열등하다' 등의 가치평가를 할 수 없으며, 또한 식문화가 결코 고급스러운 음식이나 호화로운 상차림을 지칭하는 것은 아님을 인식해야 한다.

3) 음식문화의 변동성

푸드테크 시대를 맞아 음식문화 패러다임 변화가 다양하게 이뤄지고 있다. 창의적인 음식문화와 먹거리, 즐길거리, 체험거리 등의 축제 문화가 결합된 음식문화산업으로 발전하고 있다. 한국 음식 고유의 기술력과 문화·예술을 결합한 음식특구, 관광특구 등의 지역 상권활성화가 다수 진행되고 있으며 이러한 플랫폼 조성도 활발하게 이뤄지고 있다.

음식문화가 끊임없이 변화하듯 식문화도 변하고 있다. 식량의 재배기술이나 유전자 변형 농산물, 음식의 조리가공의 발전, 저장보관의 기술, 유통산업의 발전, 식기의 제작기술, 상차림의 다양성 등 식문화의 여러 가지 요소는 모두 학습에 의해 이어져온다. 따라서 대내적이든 대외적이든 새로운 문화와 접촉하는 경우에는 학습의 대상이 변하기 때문에 이것이 변동의 요인으로 작용하게 된다.

그런데 변동의 요인으로 대내적 경제발전 또는 기술발달 등이 작용하였을 때 생활문화는 좋은 방향으로 신장되어 발전한다. 대외적인 요인이 작용했을 때에도 기본문화의 체계 안에서 수용의 타당성을 분석하여 바람직한 방향으로 동화되면, 역시 문화신장의 좋은 동기로 작용한다.

그러나 외래문화의 접촉이 빈번하고 다면적일 때 조류에 휩쓸리면 자칫 수용 여부를 바르게 결정하지 못하여 기존 문화를 위축시키거나 문화의 혼동을 일으키게 된다. 대체적으로 기존 문화의 타당성에 대한 인식이 확고한 경우에는 외래문화의 수용과 동화를 성공적으로 이루어서 발전의 계기가 될 수 있고, 그렇지 못하면 역조를 초래한다. 특히 강력한 사회의 강요에 의한 지배적인 영향이 심해지면 기존 문화가 침체되는 경우도 있다.

③ 식생활의 변화

1) 식사 양식의 다양화

가정 내식에 있어서도 각양각색으로 구성된 세대원은 식사취향이 제각각이고, 시간적·장소적인 제한을 받게 되어 식사의 개별화가 나타나고 있다. 또 식사준비는 이미 조리 가공된 식품을 활용하여 세대원과 함께 단란하게 식사하는 시간 절약형 편의식품을 활용하고 있거나, 새로운 요리를 직접 만들어보고 요리하는 것을 취미로 여기면서 가족 모두가 같이 참여하여 요리한 것을 즐기면서 식사하는 취미형 요리 등 다양한 식사양식이 있다.

가정 밖의 외식에 있어서도 패밀리 레스토랑이나 고급 음식점을 이용하여 가족의 단란함과 분위기를 즐기는 문화나 패스트푸드나 간편음식점을 이용하여 같은세대 간 혹은 친구 간 새로운 메뉴를 먹는 방법을 즐기는 식사 스타일, 그리고 새로운 형태로서 사교나 휴식을 위해 먹고 마시는 식사의 사교 등 다양한 식사양식을 보이고 있다. 이와 같이 식사양식의 변화는 식재료를 구입해서 가정 내에서 먹는 기존의 단순한 패턴에서 조리가공식품을 구입하여 쉽게 요리하거나 편리성 위주의 식사로 전환되고 있다. 또 가정 밖의 식사에 있어서도 도시락과 같은 완성품을 구입하여 간단하게 데울 수만 있으면 즉석에서 섭취할 수 있어 음식점이 아닌 다른 장소에서도 식사가 가능한 다양한 패턴을 지향하고 있다.

2) 식재 구성의 다양화

쌀을 주식으로 하고 생선과 야채를 부식으로 하는 전통적인 한국인의 식생활은 보다 광범위한 식재출현과 개발로 이어지고 있다. 동물성·식물성 식재와 해산물의 가공식품화, 각종 조미료·식품 첨가물의 개발은 식재료의 다변화를 꾀하게 하였고, 특히 농산물·수산물·축산물의 대량생산과 식품산업의 발전 그리고 조리방법의 다양함은 식재료 구성을 다양화하면서 식재료로서의 선택의 폭을 넓혀가고 있다.

3) 소비자욕구의 다양화

식사에 대한 요구나 욕구는 양이나 가격중심에서 품질·편의성·가치가 중요시되면서 식사의 개성화·고급화·전문화에 대한 욕구가 강조되고 있다. 식생활 전반에 있어서 소비행태는 경쟁성과 복합성을 내포하고 있으며, 식습관과 식문화의 변화, 가치관의 변화, 세대 간의 격차, 소비심리, 건강과 안전성, 품질과 가격의 경쟁성 등이 높아지면서 건강식품, 영양식품, 기능성 식품, 자연식품, 토속음식, 전통음식, 수제음식 등 다양한 욕구충족이 선택적으로 작용하고 있다.

외식산업의 이해

외식산업의
특성 및 범위와
분류

우선 한국의 성장과 발전에는 1960년대 이후 경제개발계획에 의한 경제적인 성장과 소득수준의 향상이 큰 영향을 미쳤다고 볼 수 있다. 1900년대부터 1950년대에는 흔히 우리가 아는 주막, 해장국, 잔치국수의 외식업이 주를 이룬 시기

였다. 1960년대까지만 해도 한국의 실정은 주식과 부식이 충분치 못했고 단지 대부분의 국민들은 생존을 위한 식사를 하고 있었다. 일부의 식당에서 여행객들에게 음식을 제공하는 곳이 있다고 할지라도 식도락을 위한 외식수준에는 미치지 못했다.

최근에 가처분소득이 증가하고, 생산기술의 발달로 인해 식품의 가공과 제조 및 유통능력 또한 향상되어 우리의 식탁은 한층 풍요로워지고 있으며 해외여행의 자유화로 국제 간의 식문화 교류가 활발해졌다. 한국에서도 다양한 외국의 요리문화를 어렵지 않게 찾아볼 수 있고, 맛볼 수 있게 되었다.

한국의 외식산업 환경요인으로는 경제적, 사회·문화적, 기술 및 자연적 환경요인 등으로 분류하여 살펴보면 다음과 같다.

1 경제적 요인

경기가 호황일 때에는 투자가 활발히 이루어져 많은 일자리가 창출되고 근로자의 소득이 증가되어 소비지출이 확대된다. 따라서 기업은 더 많은 제품이나 서비스를 제공하게 된다. 경기가 호황이면 모든 기업의 판매량 증가를 의미하는 것은 아니지만, 기업 성장에 유리한 환경요인을 제공하는 것은 분명하다.

한편, 불경기에는 소비자들의 소비지출이 줄어들고 외식산업이 성장하는 데 많은 어려움을 겪게 된다. 특히 외식관련 산업에서는 경기가 좋고 나쁨에 따라 매출액에 큰 영향을 주게 된다.

한국 외식산업의 시장 규모가 빠르게 커지고 선진화되고 있는 가장 큰 요인은 바로 경제적 발전에 따른 국민소득의 증가이다. 1980년대 1인당 국민소득은 약 2,000달러, 1990년에는 5,883달러, 1995년에는 10,079달러로 1만 달러 시대를 열었다. 2006년에는 2만 달러를 넘겼으며, 2019년에는 3만 달러를 넘어섰다. 2023년에는 1인당 국민소득GNI이 3만 6194달러를 기록하며 일본을 앞질렀다. 돈으로 환산하면 1년에 3,500만 원 넘게 벌어들인 셈이다. 전 세계적으로도 1인당 국민소득 3만 달러를 넘어선 나라는 그리 많지 않다. 경제협력 개발기구OECD 36개 회원국 중 22개국만이 3만 달러를 달성했고 인구 5,000만 명 이상의 국가로 한정해보면 미국, 일본, 영국, 프랑스, 독일, 이탈리아 등 6개국에 불과하다. 1인당 국민소득은 '평균값'이기에 소득 불평등을 보여주지 못하는 한계도 있다. 예를 들어 소수의 부자만 소득이 크게 늘어났을 때 1인당 국민소득은 증가하지만 대다수 국민은 소득이 늘어났다고 느끼기는 어렵다. 이는 소득분배와 질적 성장이 이뤄져야 한다. 노동력과 자본을 키우는 데만 집중하지 않고 기술혁신과 신성장 산업 육성 등을 통해 생산성을 높였을 때 더 높이 성장할 수 있다. 4차 산업시대에 걸맞는 신성장 동력을 찾도록 해야 한다.

국민소득 증가와 외식산업이 발전하게 된 주요 요인 중의 하나가 바로 개인이 처분할 수 있는 가처분소득disposal income의 증가이다. 경제발전의 소득향상으로 가처분소득이 증가하면 가계부문의 소비지출능력 또한 높아지게 된다. 도시 근로자 가구의 월평균 가처분소득 증가는 자연스럽게 보다 나은 여가·문화생활을 위한 소비활동을 촉진시켰으며, 또한 자기개발과 여가에 대한 새로운 가치관의 정립과 더불어 다양한 문화 및 레저활동에 참여하는 여유를 가지게 되어 외식으로의 참여기회가 자연스럽게 증대하게 되는 것이다.

한국농촌경제연구원 2023 식품소비행태조사 기초분석보고서에 따르면 월평균 전체 외식비용은 2022년 123,000원에서 2023년 137,000원으로 증가한 것으로 나타났다. 외식비용이 차지하는 비중은 여전히 증가하고 있으며, 식료품비의 비중은 계속 감소하고 있다. 경제적 요인과 더불어 온라인 주문 증가 및 1인 가구 증가 등의 사회적 변화로 외식산업은 앞으로도 더욱 다양하고 혁신적인 방식으로 발전할 것으로 예상된다.

② 사회·문화적 요인

1) 가족구조의 변화

가족이란 혈연, 결혼 또는 입양 등에 의해 맺어진 2인 이상의 집단을 말한다. 가족은 핵가족과 대가족으로 구분되며, 한 개인이 소속하는 최초의 일차적 집단이다.

가족구성은 소비자 행동에 영향을 주는 변수임에 틀림없다. 특히 가족의 구조 변화는 외식산업의 발전을 설명하는 중요한 요인이 된다. 한국사회의 경우 대가족이 한 집단에서 살다가 분가하여 핵가족의 형태로 변화하면서 외식에 대한 의존이 크게 증가하였다. 핵가족화의 가속화와 함께 1인 가구 또한 증가하면서 외식시장에도 큰 변화로 작용하고 있다. 결혼 연령이 늦어져 미혼자 수가 증가하고 이혼이나 별거 등의 이유로 독신자가 늘어나 이 그룹들이 외식시장의 성장에 영향을 주는 원인이 되기도 한다. 또한 아이 없이 직업을 갖고 있는 부부만으로 가족을 구성하는 이른바 딩크족DINK: Double Income No Kids의 유행도 하나의 원인이 될 수 있다. 또한 기존의 가정이나 가족을 떠나 혼자 생활하는 직장인의 인구가 늘고 여성의 사회진출로 인한 맞벌이 부부 가정이 증가한 것도 외식산업의 변화로 작용한다.

2) 인구의 변화

인구통계란, 인구와 관련된 모든 특성에 관한 통계학적 연구를 말하며, 상이

한 특성을 가진 집단들의 규모, 분포 및 이들의 변화추세 등을 의미한다. 외식산업의 성장요인을 설명하기 위해 사용되는 기초적인 지표는 인구지표이다. 한국의 경우 지난 1970년대 말까지는 고출생, 고사망형의 인구구조 모양인 피라미드형이었다. 그러나 점차 저출생, 저사망의 인구구조인 항아리형태로 변화하였고, 최근에는 저출생, 고령화가 가속화되면서 역삼각형 형태의 인구구조로 변화하고 있다. 점차 노령인구는 증가하고 유년인구는 감소하여 경제활동 인구비율은 상대적으로 적어지고 있다.

또한, 의료기술의 발달에 따라 평균 수명도 높아지고 있다. 이러한 현상은 외식산업에 있어서도 예외는 아니다. 인구 규모가 크고, 총 부양비의 부담이 적고, 생산활동 가능 인구층이 두텁고, 평균수명이 높고, 인구성장률이 높고, 출산율과 사망률이 낮아질수록 외식시장은 성장하게 된다고 보는 것이 통설이다. 저출산 2023년 기준 0.72명 고령화 추세는 고령층을 위한 맞춤형 메뉴와 서비스를 필요로 하며, 젊은 층의 외식 소비 패턴에도 변화를 주고 있다. 고령 인구의 증가로 인해 건강식과 간편식에 대한 수요가 증가하고 있으며, 젊은 층의 경우 1인 가구의 증가와 더불어 간편하고 빠른 식사 옵션을 선호하는 경향이 강화되고 있다.

3) 가치관의 변화

식생활에 대한 가치관의 변화는 외식산업이 발전하는 동기가 된다. 식생활 패턴이 서구화되고 종전의 생활보다는 더욱 윤택한 삶의 질을 추구하는 가치관이 확산되면서 전통적 식습관은 퇴조하고 간편하고 분위기 있는 외식산업의 발전을 촉진시켰다. 신세대의 외국 음식문화의 편의성을 즐기는 가치관과 함께, 최근에는 환경과 건강을 중시하는 가치관이 확산되면서 채식주의, 비건, 친환경 메뉴에 대한 수요도 증가하고 있다. 이는 외식산업이 지속 가능성을 고려한 메뉴 개발과 서비스 제공에 주력하게 하는 동인이 되고 있다.

4) 여성의 사회진출

고도산업화가 됨에 따라 경제주체에도 변화가 왔다. 여성들의 사회경제활동 참여가 많이 확대됨으로써 가정에는 맞벌이 부부가 지속적으로 증가하게 되고, 이로 인해 여성이 가정에서 식사준비할 시간이 감소함에 따라 자연히 외식에 대한 소비성향이 높아졌다. 편의식품, 테이크아웃, 택배 등을 선호함으로써 외식관련 산업의 시장규모가 점점 증가하고 있다.

각 산업 분야 곳곳에서 여성 CEO의 진출도 두드러지고 있다. 여성들은 1900년대 초중반부터 외식업에 동참해왔으며, 초기에는 생계를 위해 노상에서 순대국밥, 해장국, 설렁탕, 잔치국수 등을 팔았다. 이제는 여성들이 CEO 자리를 당당히 지키며 한국 외식산업 발전에 기여하고 있다. 단순히 음식점 여자 사장에서 벗어나 국내 외식산업을 한 단계 성숙·발전시키는 데 중요한 역할을 하고 있다.

5) 자동차의 대중화

레저문화의 증가와 각 가정마다 자동차 보유대수가 증가함에 따라 여행이 보편화되면서가족단위 또는 연인들이 자동차를 이용하여 외식업소를 찾는 경우가 늘어나고 있다. 이러한 자동차 이용고객을 유치하기 위해 일부 외식업소가 주차장 확보가 용이한 도시의 인근 간선도로에 인접하는사례가 증가추세에 있으며, 도심의 외식업소들도 주차장을 확보에 힘쓰고 있다. 주말에는 시간을 들여 먼 거리로 여행하며 외식을 즐기는 사람들이 증가하고 있다. 이로 인해 자연경관이 아름답거나 독특한 문화체험을 제공하는 지역들이 새로운 관광명소로 부상하고 있다.

3 기술적 요인

외식산업은 특성상 인적 요소의 서비스에 많이 의존하는 경향이 있다. 그래서 높은 노동집약적 의존성, 다품종 소량생산, 생계형 영세상인 등의 특성으로 다른 산업에 비하여 기술적인 혁신이 다소 어려운 분야다. 그러나 최근에는 유명 외식 브랜드들이 국내시장에 진출하고 대기업의 외식산업 참여로 인해 선진 경영기법이 도입되었고, 그에 따른 영향으로 국내 외식산업의 기술적 환경은 단기간 내에 빠르게 성장하였다. 그동안의 경영방식에서 보다 합리적이고 신속한 경영관리가 이루어지게 되었으며, 첨단조리기법과 기계설비·포장방법 등의 도입은 국내 외식업계뿐만 아니라 관련 산업에도 큰 영향을 미치고 있다. 음식과 기술이 결합한 '푸드테크food-tech'가 우리의 미래 식문화를 크게 바꿔놓을 것이라는 기대는 크다. 인류는 오래전부터 음식과 관련된 기술을 끊임없이 개발해왔다. 음식의 생산력을 높이기 위해 병충해에 약한 종자를 걸러내기도 했고, 농작물을 효율적으로 재배생산하는 기술도 축적해왔다. 19세기에는 냉장고가 발명되면서 인류는 음식을 오랫동안 신선하게 보관할 수 있는 방법을 터득했다. 이제는 인공지능 기술과 정보통신 기술을 접목한 스마트팜스마트 smart와 팜 farm의 합성어, 전통 경작 방식의 농축수산업에 인공지능과 빅데이터, 사물인터넷, 지리정보시스템 등 IT 첨단기술을 접목해 생산성을 향상시키는 시스템을 일컫는 신조어 기술을 통해 소수 인원으로도 대규모 농장을 운영할 수 있게 되었으며, 모바일과 연계된 물류 기술로 신선한 제품을 '새벽 배송'으로 편리하게 받을 수 있게 되었다.

미래 식문화의 3대 기술적 특징은 대체, 자동화, 간소화로 구분할 수 있다. 로봇이 서빙해주는 레스토랑과 로봇 바리스타가 만들어주는 카페 등 고객 접점moment of truth에서 서비스를 제공하는 형태로 기술이 발달하고 있다. 미래 식문화의 3대 기술적 특징은 〈표 2.1〉과 같이 요약된다.

이처럼 다양한 기술이 외식산업의 소비자 접점까지 적용되면서 식문화 경험이 풍부해지는 반면 기술이 아닌 공급자 중심으로 설계되어 있어 외식산업에 있어서 기술적 발달은 계속해서 진화되어갈 것이다.

또한, 컴퓨터 기술이 발달함에 따라 메뉴의 주문 및 생산을 효율적으로 운영하는 일은 물론 원가관리, 회계관리, 판매관리 및 고객관리 등에 이르기까지 과학적인 외식경영이 가능하게 되었다. 시간과 장소, 거리에 구애받지 않고 소비자에게 판매 가능한 요리상품과 서비스 정보를 제공함으로써 고객의 접근성을 높이는 계기가 되었다.

표 2.1_ 미래 식문화의 3대 기술적 특징

구 분	설 명
대체	• 식품 과학 기술의 발달로 다양한 대용 식품이 등장함. 친환경, 동물 복지 대체육 시장의 성장이 이뤄짐 • 식물성 단백질로 가짜 고기를 만드는 '비욘드 미트' • 근육 세포를 배양해 식품을 제조하는 '멤파스' • 식물성 기반의 달걀을 제조하는 '저스트 에그' • 식물성 우유를 생산하는 '무프리'
자동화	• 사람을 대신해 로봇이 조리를 하는 시스템 • 햄버거 제조과정을 자동화한 '크리에이터' • 비대면 자동화 레스토랑 '브라이트룸' • 로봇과 자동화 시스템을 적용한 식음료의 유통기한 관리 '하이디라오'
간소화	• 간단한 형태만으로도 요리할 수 있는 가정간편식과 밀키트의 수요로 증가 • 가정간편식: 가정에서 간편하게 요리하여 먹을 수 있도록 미리 만들어 파는 음식(HMR. Home Meal Replacement) • 밀키트: 쿠킹박스, 레시피 박스라고도 불림. 손질된 식재료와 믹스된 소스를 이용해 쉽고 빠르게 조리할 수 있는 식사키트(meal kit)

④ 자연적 요인

오늘날 지구촌은 생태계를 파괴함으로써 산성비와 오존층 파괴 및 지구 온난화 현상 등을 야기시켰다. 또한 각종 산업 폐기물에 의해 해양오염과 수질오염 및 각종 질병 등을 발생시키고 있다. 바다 위 플라스틱으로 인한 해양 생태계가 파괴되고 있다. 이러한 환경문제를 방지하기 위하여 대부분의 국가들은 각종 규제조치를 전 산업에 적용시키고 있으며, 외식산업도 예외 없이 여러 가지 규제를 받게 된다.

기업이 단순히 자연을 보호한다는 환경친화적인 마케팅 전략_{그린 마케팅 green marketing. 자연환경을 보호하고 생태계 균형을 중시하는 기업 판매전략}을 실행하는 것만이 아니라 지구생태에 영향을 주는 생산활동, 서비스활동, 판매활동 등도 신중해야 한다.

어떤 문제가 발생하면 제재조치가 있다는 의미보다 사전에 지구생태를 파괴시킬 가능성이 있는 행위를 차단하는 조치를 요구하기도 한다. 음식물 쓰레기가 전혀 발생하지 못하도록 극소량의 식단을 만들게 하며, 음식이 부족할 경우에는 보충하는 방식의 영업을 하도록 법적인 사전규제를 행하는 국가도 생겨났다.

국가에 따라서는 음식 쓰레기의 발생이나 예방을 취해 저학년때부터 필요한 교육을 실시하고, 전 국민이 생태환경을 보호하고, 관광자원을 보유하게 됨으로써 세계적인 관광지로 탈바꿈한 지역도 있다. 생태환경보호에 대한 규제는 점점 강화될 것으로 보인다.

② 외식산업의 특성

외식산업이 지니고 있는 특징을 다른 산업과 비교해볼 때 여러 가지의 차이점이 있다. 즉, 외식산업이 음식과 음료를 만들거나 가공한다는 점에는 제조업과 같지만 일반 대중에게 직접 판매를 한다는 점에서는 소매업이고, 상품의 생산 외에 장소가 갖는 특성과 인적 자원이 판매에 영향을 끼친다는 점에서는 서비스업의 특징을 가지고 있다.

외식산업은 다음과 같은 특성을 지니고 있다.

첫째, 상품의 시간적·공간적 제약을 받는다.
음식은 시간이 지나게 되면 품질이 떨어지고 쉽게 변질되므로 철저한 위생관리가 요구된다. 수요예측을 잘못하면 막대한 손실을 가져올 수 있다. 또한 상품을 소비할 공간도 필요한데, 그 공간의 위치나 시설, 분위기 등이 매출에 큰 영향을 미친다.

둘째, 계절과 시간 등에 따른 수요의 편차가 뚜렷하다.
메뉴의 특성 및 계절적 요인, 사회적 환경변화 등에 의해 수요의 편차가 나타나고, 이로 인해 수요예측이 매우 어렵다. 아침, 점심, 저녁 한정된 시간 내에 매출이 집중되어 있고, 기후변화에 따른 수요변동이 많아 인력의 수급과 공간 활용이 쉽지 않다.

셋째, 유형의 상품과 무형의 서비스가 결합된 형태와 기술 혁신이다.

음식의 조리에서부터 제공까지 모두 인적 서비스가 요구되며, 오랜 근무시간과 강한 육체노동으로 타 산업에 비해 이직률이 높은 편이다. 인적 서비스에 따라 매출의 증감이 발생하게 된다. 또한, 온라인 주문 시스템, 무인 주문 키오스크, 로봇 배달 서비스 등 최신 기술이 외식산업에 도입되면서 고객 편의성과 운영 효율성을 높이고 있다. COVID-19 팬데믹 이후 비대면 서비스의 수요가 급증하며 이러한 기술 도입이 더욱 가속화되고 있다. 소비자들은 건강과 환경에 대한 관심이 높아지면서 친환경 포장, 로컬 푸드, 건강식 메뉴 등 지속 가능성을 고려한 외식업체를 선호하는 경향이 있다.

넷째, 모방이 용이하다.

미묘한 맛의 차이는 있을 수 있으나, 메뉴에 대한 모방이 쉬워 차별화되기가 쉽지 않다. 특히 인터넷과 매스미디어의 발달로 외식정보와 아이디어가 활발히 공유되고 있어 상품의 라이프 사이클이 점점 짧아지고 있다. 인터넷으로 간편 레시피를 찾을 수 있으며, 유튜브 등의 플랫폼에서 푸드 먹방, 음식조리 경연, 음식 관련 프로그램 등 다양한 채널과 경로를 통한 모방이 쉽게 이루어지고 있다.

다섯째, 메뉴의 규격화, 표준화가 어렵다.

음식은 언제 어디에서 만드느냐, 어떤 식재료를 사용했느냐, 누가 만들었느냐 등에 따라 맛이 달라질 수 있는 요인이많다.

외식산업은 식품제조업, 소매업, 서비스업의 특성을 가진 복합 산업으로 다음과 같은 특징을 가진다.

① 생산과 판매가 함께 동시에 이루어지는 서비스 산업이다.

② 사람 중심의 인재 산업: 고객, 종업원, 경영주가 하나가 되어 고감도 서비스 연출인간관계로 이루어진다.

③ 입지 산업: 상권과 입지분석을 통한 경제성을 고려하여 점포의 입지에 의존한다.

④ 체계적인 매뉴얼 산업: 표준화, 전문화, 단순화 등의 시스템을 통한 체계적인 매뉴얼을 갖추고 있다.

⑤ 프랜차이즈 기반 창업 선호 산업: 식당 운영 경험과 노하우를 통해 점포 전개에 따른 규모의 경제와 표준화가 가능하다.

⑥ 가치판매 산업: 식당의 기본 요소품질, 청결, 서비스. QSC에 분위기를 가미시켜 고객 만족의 가치를 추구한다.

⑦ 복합산업의 최종 산물: 식품, 식재, 급식, 조리, 제조, 호텔, 관광, 레저, 유통, 부동산, 패션, IT 산업 등의 요소를 모두 포함한다.

이 외에 외식산업의 장점으로는 현금매출이 큰 비중을 차지하고 있어 자금회전율이 빠르고, 원가관리 여부에 따라 타 산업에 비해 아직도 높은 영업이익을 실현할 수 있다는 것이다.

반면에 노동 집약적 경영구조가 대다수인데 따른 경영 합리화 및 서비스 수준 향상이 쉽지 않으며, 수요예측의 어려움, 식재료의 높은 부패성, 조·중·석식의 시간과 공간의 한계가 있으며, 종업자의 이직률이 높고, 개별 주문이 강한 업종이다. 또 식당의 건물, 설비, 분위기에 따른 영향이 많고, 다품종 소량생산과 경영주의 개인적 성향이 경영전반에 미칠 수 있다는 단점도 지닌 산업으로 아직도 생계형으로 영세성을 면치 못하고 있는 점포가 많다.

③ 외식업소의 개념

식당, 음식점, 레스토랑 등으로 다양하게 불리는 외식업소는 우리의 일상과 가장 밀접해 있는 장소 중 하나다. 과거에는 단순히 식음료를 제공하는 곳이었지만 지금은 레저와 문화생활은 물론, 상호 간 유대감을 쌓고 정보를 교환하는 커뮤니케이션의 장소로 바뀌고 있다. 이처럼 외식업소는 인간이 생존하고 생활을 영위하는 데 중요한 기능과 역할을 맡고 있으며 경제발전과 더불어 그 비중은 더 커지고 있다.

1 외식업소의 정의

1) 레스토랑의 어원

모든 사람은 음식을 섭취해야 한다. 식생활이 단순히 생존을 위한 욕구에서 생활을 즐긴다는 욕구의 차원으로 변화하면서 소비자들은 한 끼의 식사가 아닌 즐거운 식사를 위해 레스토랑Restaurant을 찾고 있다.

외식업소를 대표하는 레스토랑이라는 어원은 프랑스에서 생성되었다. 이 단어의 의미는 '회복한다, 기력을 회복시킨다'라는 뜻으로 피로한 심신을 원상태로 회복시킨다는 의미를 지니고 있다. 영양 있는 음식물을 섭취하고 휴식을 취함으로써 체력을 회복시켜 원기를 되찾는다는 의미로 해석할 수 있다. 또한, 1760년 루이 15세때 몽 블랑제Mon Boulanger가 양의 다리를 식재료로 사용하여 원기회복을 해준다는 수프를 만들어 판매하였는데, 그 수프를 Restaurers, 판매하던 장소를 Restorante라고 부른 것에서 유래된 것으로 전해진다. 그 후 이 스테미너 요리의 이름이 문표화되어 어느 사이에 Restaurant라는 식당의 이름으로 변하여왔다고 전해진다.

한국에서는 그들보다 훨씬 앞서서 식당이라는 개념을 찾아볼 수가 있다. 즉, 조

외식산업의 이해

38

선왕조 당시 1398년_{태조 7년}에 이태조는 명륜동에 성균관 건물을 준공하고 고려 방식대로 유학을 강의하는 명륜당을 두었는데 이곳에 유생들이 거처하는 '양재' 라는 유생들의 숙박소를 두어 선비들에게 음식을 전달하는 사람이 생겨나게 되었다. 그 후 서양식으로서의 식당은 1900년에 손탁이 건립한 '손탁호텔'에 프랑스식의 식당이 처음 서울에 등장하여 한국의 서양식의 식당 발전사를 열게된다. 또한 호텔의 등장과 함께 서울에 서양식의 그릴_{grill. 일품요리·특별요리를 제공하는 식당으로 아침,} _{점심, 저녁이 제공됨}이 1925년에 탄생하면서 오늘에 이르게 된다.

2) 외식업소의 정의

앞서 말한 바와 같이 외식업소_{外食業所}를 정의하면 '외식업소란, 조리 주체·조리장소·취식장소 등의 요건을 갖추고, 영리 또는 비영리를 목적으로 식사와 음료 등의 물적 상품과 인적 서비스 및 오락 등을 제공하는 곳'을 말한다.

한편 각국의 사전에는 외식업소에 해당하는 장소를 〈표 2.2〉와 같이 정의하고 있다.

종합하여 말하자면, 외식업소의 레스토랑이란 일정한 객실_{또는 장소}을 마련해놓고 고객을 맞아 음식물을 제공할 수 있는 설비와 서비스가 갖추어진 영업형태의 시설이라고 설명할 수 있다. 따라서 레스토랑은 첫째, 영리 또는 비영리를 목적으로 하는 업종이어야 하고, 둘째, 인적 및 물적의 서비스가 동반하고, 셋째, 일정한 장소와 시설을 갖추어 음식물을 제공하는 서비스 업종이라 풀이할 수 있다.

표 2.2_ **국가별 레스토랑의 정의**

구 분	설 명
프랑스의 대백과사전	• 사람들에게 음식물을 제공하는 공중시설, 정가판매점, 일품요리점이라고 표현하고 있고, 음식물과 휴식장소를 제공하고 원기를 회복시키는 장소라고 정의
미국의 웹스터 사전	• 대중들이 가벼운 음식물이나 식사를 할 수 있는 시설이라고 정의
영국의 옥스퍼드 사전	• 식사를 얻을 수 있는 시설이라고 정의
일본의 일본어대사전	• 식사를 제공해서 영업을 하는 외식업소, 식사를 하기 위해 시설된 방이라고 정의
한국의 국어사전	• 식사하기에 편리하도록 갖추어놓은 방, 또는 식사를 주로 만들어 손님에게 파는 집이라고 정의

3) 외식업소의 역할과 기능

외식업소는 단순히 음식을 제공하는 곳 또는 시설이라는 사전적 정의로는 설명이 부족하다. 외식업소의 역할은 식생활을 향상시키고 고용인구를 창출하며, 농수축산물의 수요를 달성하는 등 산업 전반에 걸쳐 중요한 역할을 맡고 있는 것은 물론, 집을 떠나 있는 사람들에게 식사의 편리성과 식사를 통한 레저문화생활도 제공한다.

한편 외식업소는 식사가 본래 가지고 있는 기능, 즉 생리적 기능과 감각적·심리적 기능 및 사회적·문화적 기능을 구체적으로 담당하고 있는 유형재인 식음료와 무형재인 인적·물적 서비스를 복합화·일체화하여 브랜드 있는 상품으로 제공하는 데 있다.

결국 외식업소는 식음료와 서비스의 제공은 물론, 엔터테인먼트가 포함된 인간의 필수적인 생활공간으로서의 역할과 기능을 갖고 있으며 그 비중은 더욱 커지고 있다.

② 외식업소의 분류

외식산업은 끊임없이 새로운 업태가 등장하고 소멸하면서 성장한다. 따라서 시장에서 외식업소라는 개념을 갖고 경영활동을 하고 있는 수많은 레스토랑들을 정의하고 일정한 기준에 따라 분류하기란 쉽지 않다. 일반적으로 서비스방법, 메뉴품목, 명칭에 따라 분류하고 미국레스토랑협회NRA에서 분류하는 방법에 따르기도 한다.

1) 서비스 방법에 의한 분류

외식업을 가장 간단하게 분류하는 것으로 서비스 형태로 분류하는 것이 일반적이다. 셀프 서비스, 테이블 서비스, 카운터 서비스 등의 서비스 방법 중에서 어떤 서비스로 제공하는 레스토랑인가 하는 것이다. 이렇게 서비스 방법을 결정

표 2.3_ **외식업소의 분류**

서비스	메뉴품목	명 칭
· 셀프 서비스 · 테이블 서비스 · 카운터 서비스	· 한국식 · 서양식 · 동양식	· 패밀리 레스토랑 · 카페테리아 · 커피숍 · 푸드코트

하게 되면 그에 따라 가격·메뉴·분위기 등의 요소들도 대부분 결정된다.

1 셀프 서비스 레스토랑

셀프 서비스 레스토랑self service restaurant은 고객이 직접 음식을 운반하고 식사 후 남은 음식도 스스로 처리하는 레스토랑을 말한다. 셀프 서비스 형태에는 테이크아웃 서비스, 카페테리아 서비스, 뷔페 서비스, 픽업pick up 서비스 등이 있으며, 패스트푸드 레스토랑, 푸드 코트foof court, 단체급식 등이 여기에 속한다. 최근에는 무인 키오스크와 모바일 주문 시스템이 도입되어 고객 편의성이 더욱 향상되었다.

셀프 서비스 레스토랑은 기본적인 식사의 필요성과 편리함을 찾는 고객의 욕구를 만족시켜 주는 데 있기 때문에 음식의 질, 서비스, 분위기 등보다는 시간·가격·편의성 등이 구매의사 결정요인이 된다.

셀프 서비스 레스토랑은 가격이 저렴하고 짧은 식사시간으로 좌석회전율seat turnover rate이 높다. 또한 고객 스스로 서비스에 참여하기 때문에 인건비가 절약되고, 단순화, 자동화, 표준화를 통한 대량의 효율적 생산이 가능하다. 이로 인해 셀프 서비스 레스토랑은 환경 친화적인 경영과 비용 절감 측면에서도 주목받고 있다.

2 테이블 서비스 레스토랑

테이블 서비스 레스토랑table service restaurant은 고객이 메뉴를 살펴보고 고객의 주문에 따라 서비스 직원이 식음료를 제공하는 레스토랑을 말한다. 테이블 서비스 형태에는 한정적 서비스limited service와 풀 서비스full service가 있으며 패밀리 레스토랑, 캐주얼다이닝casual-dining, 파인다이닝fine-dining 등이 여기에 속한다.

테이블 서비스 레스토랑에서는 맛있는 음식을 먹는 즐거움과 사교, 그리고 심리적·신체적만족과 안정은 물론, 레저를 제공하기 위한 상품을 제공하기때문에 음식의 질, 메뉴, 서비스, 분위기, 엔터테인먼트 등이 구매의사 결정요인이 된다. 최근에는 디지털 메뉴판과 예약 시스템을 도입하여 고객의 편의성을 높이고 있다.

이러한 레스토랑은 숙련된 전문조리사 및 일정 수의 조리사가 필요하며, 직원에 의한 직접적 서비스로 인건비 지출이 높다. 또한 전문 메뉴와 노동력에 지출되는 비용 때문에 식사 가격이 높고 일정한 조리시간이 소요되며 정중한 서비스 제공으로 좌석회전율이 낮다. 하지만 이러한 특성은 고품질 서비스와 높은 고객 만족도를 제공하는 데 기여한다.

❸ 카운터 서비스 레스토랑

카운터 서비스 레스토랑counter service restaurant은 주방이 개방되고 고객이 일련의 조리과정을 직접 볼 수 있도록 카운터와 테이블이 일체화되어 음식을 제공하는 레스토랑이다. 회전 초밥, 스낵바, 기타 즉석 메뉴전문점 등이 여기에 속한다.

카운터 서비스 레스토랑은 조리사의 동작을 고객이 직접 볼 수 있기 때문에 음식에 대한 흥미를 유도할 수 있으며 청결하고 위생적인 분위기를 함께 공감할 수 있다. 특별한 인적 서비스가 제공되지 않으며 식사시간이 짧고 좌석회전율이 비교적 높다.

외식산업의 이해

③ 메뉴품목에 의한 분류

레스토랑은 각국의 조리기술에 따라 음식의 종류와 메뉴품목이 다른 음식을 조리하고 판매한다. 따라서 메뉴품목에 따라 한국식·서양식·동양식 등으로 구분할 수 있다.

1) 한국식 레스토랑korean style restaurant

한국식 레스토랑은 우리나라 고유의 음식을 제공하는 레스토랑으로서 특히 외국인들에게 한국음식을 맛볼 수 있는 좋은 기회를 제공한다. 한국음식은 손끝 맛을 강조하는데, 주식과 부식이 분리되어 있고 곡물조리법이 발달되었으며, 음식의 간을 중요하게 여긴다. 한식 메뉴는 크게 밥·죽·면 등의 주식류와 국·찌개·구이·찜·조림·산적·나물·전·편육·젓갈·김치·육류 등의 부식류로 구성된다.

밥 정식

찜 정식

2) 서양식 레스토랑western style restaurant

❶ 미국식 레스토랑american restaurant

미국의 대표적 음식으로는 비프 스테이크, 바베큐, 햄버거 등이 있다. 미국 음식은 간소한 메뉴와 경제적인 재료로 구성되어 있으며 대부분의 재료를 빵과 곡물, 고기와 계란, 낙농제품, 과일 및 야채 등을 사용한다.

비프 스테이크(뉴욕)   햄버거

② **프랑스식 레스토랑**french restaurant

프랑스 요리는 서양요리 중에서도 세계적으로 가장 잘 알려진 요리로서 자연적인 식재료를 충분히 살리는 고도의 조리기술로 섬세한 맛을 자랑한다. 프랑스 요리에서는 조리기술이나 재료의 종류도 특별하지만 격조 높은 요리의 내용만큼 그릇의 선택이나 식탁의 조화를 찾는 음식문화가 큰 비중을 차지한다. 저녁식사의 경우 메뉴가 8~10코스이고 시간은 보통 3~4시간이 소요된다. 달팽이, 거위의 간을 재료로 한 푸아그라foie gras, 바닷가 솔밭 모래 속에서 나는 흑갈색의 버섯으로 만든 트러플truffle 요리 등이 세계적으로 알려진 대표적 프랑스 요리이다.

푸아그라   트러플

❸ 이탈리안식 레스토랑 italian restaurant

이탈리아 요리는 프랑스 요리와 비슷하나 프랑스 요리의 맛이 소스에 있다면, 이탈리아 요리는 신선한 육류와 해산물 등의 식재료 그 자체에 맛이 있다. 지역별로 요리가 다양하며 면류·샐러드류 등의 식재료를 많이 사용한다. 스파게티, 라비올리, 리소토, 폴렌타 등의 요리가 유명하다.

스파게티   리비올리

❹ 스페인식 레스토랑 spainish restaurant

스페인은 주위가 바다로 둘러싸여 해산물이 많은 관계로 생선요리가 유명하며 특히 왕새우요리는 세계적인 음식으로 꼽힌다. 올리브유, 포도주, 마늘, 파프리카, 사프란 등의 식재료를 많이 사용하는 것이 특색이다. 대표적인 스페인 요리로는 파에야 paella, 가스파초 gazpacho, 타파스 tapas 등이 있다.

3) 동양식 레스토랑 oriental restaurant

❶ 중국식 레스토랑 chinese restaurant

중국음식은 양쯔강을 경계로 크게 북방음식과 남방음식으로, 또는 대륙을 4계통으로 나누어 동·서·남·북부로 세분화하기도 한다. 북방음식을 대표하는 북경요리, 중부를 대표하는 상해요리, 남부의 광동요리, 양쯔강 상류의 산악지방과 사천을 중심으로 한 사천요리가 있다. 음식색채의 배합이 일본요리나 서양요리에 비해 화려하지는 않지만 미각을 중요하게 여기며, 정식의 경우 전채, 주채, 뎬신 등으로 구성되어 있다.

광동요리

사천요리

❷ 일본식 레스토랑 japanese style restaurant

일본요리는 지리적 특성에 따라 관서요리와 관동요리로 뚜렷하게 구분된다. 관서요리는 식재료의 색과 형태는 물론, 맛을 최대한 살리는 연한 맛이 특징이며 국물이 많다. 관동요리는 관서요리에 비해 맛이 농후하며 국물이 적다. 한편 전통적인 방법 또는 이국의 영향을 받아 혼용한 조리방법에 따라 혼젠요리, 가이세키요리, 세이진요리 등이 있다.

덮밥 요리

가이세키요리

③ 태국식 레스토랑tai style restaurant

태국음식은 조미료와 향신료로 특별한 맛을 낸다. 일반적으로 밥과 세 가지 이상의 반찬으로 구성되며 각각의 요리가 순서대로 나오지 않고 한 식탁에 동시에 제공된다. 카레·장류 등에 찍어먹는 음식이 주요리이고 샐러드 종류가 곁들여진다. 특히 칸토크·카이양·솜탐·똠양·마사만요리 등의 요리가 유명하다.

똠양   솜탐

④ 명칭에 의한 분류

명칭에 의한 분류로 본다면 패밀리 레스토랑, 다이너, 카페테리아, 다이닝룸 등이 있으며 아래와 같이 설명할 수 있다.

표 2.4_ **명칭에 의한 분류**

구 분	세부 설명
패밀리 레스토랑 (family restaurant)	가장 넓은 의미로 사용되고 있는 레스토랑의 대표적 명칭이다. 가족·연인·친구들끼리 이용하기 쉬운 곳에 위치하고 있으며 어린이부터 노인층까지 즐길 수 있는 폭넓은 메뉴를 갖추고 있다. 고객의 주문에 의하여 서비스 직원이 식음료를 제공하는 테이블 서비스를 하며 대중적인 음식과 중간 정도의 식사가격, 정중한 서비스, 기타 부대시설을 갖추고 있다.
다이너 (diner)	다이너는 중간 정도의 가격의 풀 서비스 레스토랑으로 영업시간이 비교적 길며 24시간 영업을 하는 곳도 있다. 대부분의 다이너는 식사 시간대에 따라 제공되는 메뉴에 구애받지 않고 모든 메뉴를 주문할 수 있다. 예를 들면, 밤 11시에도 아침 또는 점심식사 메뉴를 주문할 수 있다.

구 분	세부 설명
스페셜티 레스토랑 (specialty restaurant)	해산물·팬케이크·치킨·야채·스테이크·도넛·오믈렛·샌드위치 등 한 가지 음식만을 전문적으로 생산하고 판매하는 레스토랑이다.
카페테리아 (cafeteria)	음식물이 진열되어 있는 카운터 테이블에서 선택한 음식만큼에 해당하는 가격을 지불하고 고객이 직접 운반하여 먹는 셀프 서비스방식의 레스토랑이다.
다이닝 룸 (dining room)	일반적으로 영업시간을 정해놓고 조식을 제외한 점심과 저녁식사만을 위해 정식요리를 제공한다. 최고급 음식에서부터 캐주얼 레스토랑과 패밀리 레스토랑 스타일 등의 음식까지 제공한다. 최근에는 다이닝 룸이라는 명칭으로 사용되지 않고 있으며 고유의 명칭을 붙인 전문요리 레스토랑과 그릴로 바뀌고 있다.
테마 레스토랑 (thema restaurant)	기차·항공기·열대우림·스포츠·음악 등 테마에 적합한 엔터테인먼트 요소를 갖춘 레스토랑을 말한다. 테마의 콘셉트에 부흥하는 분위기를 창출하기 위해 실내장식·유니폼 등은 물론 독특한 부대시설과 서비스를 강조한다.
그릴 (grill)	주로 일품요리를 제공하는 레스토랑으로서 메뉴선택의 편의와 매출증대를 위해 그날의 특별요리를 제공하는 레스토랑이다. 아침·점심·저녁 등 모든 식사시간에 식사를 할 수 있다.
런치 카운터 (lunch counter)	주로 신속하고 편리하게 식사를 즐길 수 있는 점심시간대를 목표로 하는 레스토랑으로서 식사대신 카운터 테이블에 앉아 조리과정을 보고 조리사에게 직접 주문하여 식사를 제공받는다. 직접 조리과정을 지켜볼 수 있기 때문에 기다리는 시간의 지루함을 덜 수 있고 고객의 식욕을 촉진시켜준다.
스탠드 (stand)	스탠드는 특별한 영업장 시설 없이 카운터 테이블만을 갖추고 핫도그·햄버거·피자·샌드위치·음료 등의 간단한 메뉴를 판매하는 레스토랑이다. 고객이 카운터 테이블로 와서 음식을 주문하고 그 앞에 서서 음식을 먹는다.
커피숍 (coffee shop)	고객이 많이 왕래하는 장소에서 커피·음료·도넛·샌드위치·파이 등과 같이 간단한 메뉴를 판매하는 레스토랑이다. 외국에서는 보통 레스토랑의 기능과 겸비해 운영하고 있으나, 한국에서는 커피와 간단한 스낵류를 판매하는 호텔 커피숍과 커피만을 전문적으로 판매하는 일반 커피숍이 있다.
다이닝 카 (dining car)	기차를 이용하는 여행객을 대상으로 여객차와 연결된 식당차에서 식음료를 제공하는 레스토랑이다.
푸드 코트 (food court)	백화점, 대형 상가, 쇼핑몰 등의 내부에 다양한 업종 및 업태의 레스토랑을 일정 장소에 집결시켜 테이블과 좌석을 공동으로 사용하면서 레스토랑 상호 간에 이점을 얻을 수 있도록 운영하는 레스토랑이다.
델리카트슨 (delicatessen)	다양한 종류의 햄·치즈·샐러드 등을 선택하여 샌드위치를 만들 수 있는 식재료 또는 완성된 메뉴를 판매하는 레스토랑이다. 주로 통행인구가 많은 대도시에 위치하고 있으며 호텔에서의 델리카트슨은 제과·제빵류를 판매하는 곳을 일컫는다.
드라이브 스루 (drive through)	주로 자동차가 진입하기 편리한 도로변에 위치하며 고객이 레스토랑 내부로 들어가지 않고 자동차에 앉은 채로 음식을 주문하고 제공받는 레스토랑이다. 커피·햄버거·피자·치킨 등의 패스트푸드를 주로 판매한다.
컨세션 (consession)	주로 경기장·공항·체육관 등과 같이 사람들이 많이 모이는 대형 시설과 임대계약을 맺고 이곳을 이용하는 고객에게 햄버거·음료 등의 간단한 식음료를 판매하는 레스토랑이다.

외식산업의 이해

48

(4) 외식산업의 분류

(1) 표준산업분류에 의한 외식산업 분류

외식산업시장을 분류한다는 것은 산업에 대한 각종 정보나 경영지표 등 경영에 유용한 통계자료를 제공한다는 점에서 중요한 의미를 갖는다. 그렇지만 현재한국은 외식산업에 대한 통일된 분류표가 없으며, 단지 정부기관의 목적에 따라한국표준산업분류·표준 소득률·식품위생법 등에서 외식산업에 속해 있는 여러외식산업들을 분류하고 있다.

표 2.5_ **업종코드–표준산업분류 연계표**

대분류	코드	중분류	코드	소분류	코드	세분류	세세분류
숙박 및 음식점업	55	음식점 및 주점업	552	음식점업	5521	한식 음식점업	한식 일반 음식점업
숙박 및 음식점업	55	음식점 및 주점업	552	음식점업	5521	외국식 음식점업	중식 음식점업
숙박 및 음식점업	55	음식점 및 주점업	552	음식점업	5521	외국식 음식점업	일식 음식점업
숙박 및 음식점업	55	음식점 및 주점업	552	음식점업	5521	외국식 음식점업	서양식 음식점업
숙박 및 음식점업	55	음식점 및 주점업	552	음식점업	5521	출장 및 이동 음식점업	출장 음식 서비스업
숙박 및 음식점업	55	음식점 및 주점업	552	음식점업	5521	기타 간이 음식점업	치킨 전문점
숙박 및 음식점업	55	음식점 및 주점업	552	음식점업	5521	기타 간이 음식점업	김밥 및 기타 간이 음식점업
숙박 및 음식점업	55	음식점 및 주점업	552	음식점업	5521	기관 구내식당업	기관 구내식당업
숙박 및 음식점업	55	음식점 및 주점업	552	음식점업	5521	한식 음식점업	한식 면 요리 전문점
숙박 및 음식점업	55	음식점 및 주점업	552	음식점업	5521	한식 음식점업	한식 육류 요리 전문점
숙박 및 음식점업	55	음식점 및 주점업	552	음식점업	5521	한식 음식점업	한식 해산물 요리 전문점
숙박 및 음식점업	55	음식점 및 주점업	552	음식점업	5521	외국식 음식점업	기타 외국식 음식점업
숙박 및 음식점업	55	음식점 및 주점업	552	음식점업	5521	기타 간이 음식점업	피자, 햄버거, 샌드위치 및 유사 음식점업
숙박 및 음식점업	55	음식점 및 주점업	552	음식점업	5521	기타 간이 음식점업	김밥 및 기타 간이 음식점업
숙박 및 음식점업	55	음식점 및 주점업	552	음식점업	5521	기타 간이 음식점업	간이 음식 포장 판매 전문점

대분류	코드	중분류	코드	소분류	코드	세분류	세세분류
숙박 및 음식점업	55	음식점 및 주점업	552	주점 및 비알코올 음료점업	5522	주점업	일반 유흥 주점업
숙박 및 음식점업	55	음식점 및 주점업	552	주점 및 비알코올 음료점업	5522	주점업	일반 유흥 주점업
숙박 및 음식점업	55	음식점 및 주점업	552	주점 및 비알코올 음료점업	5522	주점업	무도 유흥 주점업
숙박 및 음식점업	55	음식점 및 주점업	552	주점 및 비알코올 음료점업	5522	주점업	일반 유흥 주점업
숙박 및 음식점업	55	음식점 및 주점업	552	주점 및 비알코올 음료점업	5522	주점업	생맥주 전문점
숙박 및 음식점업	55	음식점 및 주점업	552	주점 및 비알코올 음료점업	5522	주점업	일반 유흥 주점업
숙박 및 음식점업	55	음식점 및 주점업	552	주점 및 비알코올 음료점업	5522	주점업	기타 주점업
숙박 및 음식점업	55	음식점 및 주점업	552	주점 및 비알코올 음료점업	5522	주점업	기타 주점업
숙박 및 음식점업	55	음식점 및 주점업	552	주점 및 비알코올 음료점업	5522	주점업	기타 주점업
숙박 및 음식점업	55	음식점 및 주점업	552	주점 및 비알코올 음료점업	5522	주점업	기타 주점업
숙박 및 음식점업	55	음식점 및 주점업	552	음식점업	5523	기타 간이 음식점업	제과점업
숙박 및 음식점업	55	음식점 및 주점업	552	주점 및 비알코올 음료점업	5523	비알코올 음료점업	커피 전문점
숙박 및 음식점업	55	음식점 및 주점업	552	음식점업	5523	기타 간이 음식점업	간이 음식 포장 판매 전문점
숙박 및 음식점업	55	음식점 및 주점업	552	주점 및 비알코올 음료점업	5523	비알코올 음료점업	기타 비알코올 음료점업
숙박 및 음식점업	55	음식점 및 주점업	552	음식점업	5523	출장 및 이동 음식점업	이동 음식점업
숙박 및 음식점업	55	음식점 및 주점업	552	음식점업	5523	기타 간이 음식점업	피자, 햄버거, 샌드위치 및 유사 음식점업

표준산업분류는 국내의 모든 생산주체들이 수행하는 각종 산업활동 산출물과 투입물의 특성, 생산활동의 결합형태 등의 기준과 원칙에 따라 체계적으로 유형화한 것이다. 한국표준산업분류에서는 외식산업과 관련된 외식사업체들을 대분류의 숙박 및 음식점업, 중분류의 음식점 및 주점업, 소분류의 음식점업, 주점 및 비알코올 음료점업 등으로 구분하고 있고 세분류는 한식 음식점업, 기타 간이 음식점업, 주점업, 비알코올 음식점업, 출장 및 이동 음식점업 등으로 구분하고 있고, 세세분류는 한식 육류 요리전문점, 일반 유흥 주점업, 커피 전문점, 이동 음식점업 등으로 매우 세분화되어 있다. 이처럼 표준산업분류에서는 주로 메뉴를 기

준으로 음식업을 분류하고 있는데 메뉴에 따른 단순한 분류는 빠르게 변화하는 외식산업시장에서 서비스 수준, 객단가 등 업태별 분석을 어렵게 하며, 또한 퓨전 음식이나 다양한 메뉴의 혼합형 외식업소 등은 분류하기 어렵다는 문제가 있다.

❷ 업종·업태에 의한 분류

외식산업의 분류에 있어 가장 혼동되고 있는 부분이 업종·업태의 구분이다. '업종'이란 무엇을 먹을 것인가를 기준으로 판매할 메뉴의 대분류상의 종류로 한식, 일식, 양식, 중식, 단란주점, 유흥주점 등의 분류를 말하며, '업태'는 업종에 대한 소분류를 나타내는 것으로 어떻게 먹을 것인가가 핵심이 되어 시간, 장소, 목적에 따라 취급하는 상품의 분류 및 가격, 질, 운영매뉴얼, 특정의 영업방법, 서비스를 제공하는 방법, 점포 분위기 등에 차별을 둔 것을 말한다. 예를 들면, 양식의 경우 패밀리 레스토랑, 스페셜 레스토랑, 디너 레스토랑 등으로 구분하고, 한식의 경우 우동·김밥 등의 분식점, 탕이나 찌개류, 돼지갈비 등의 일반음식점, 호텔 등과 같은 고급한정식전문점 등으로 구분하는 것을 말한다. 식품산업에 해당하는 분류와 외식산업에 해당하는 분류를 구분하는 것은 '영업'의 종류로 구분이 되며 영업의 세부 종류와 그 범위는 다음과 같다.

표 2.6_ 영업의 종류에 따른 업태의 구분

식품분야(제조/가공/유통) 종류	외식분야(식품접객) 종류
· 식품제조·가공업 · 즉석판매제조·가공업 · 식품첨가물제조업 · 식품운반업 · 식품소분업 · 식품판매업(식용얼음판매업, 식품자동판매기영업, 유통전문판매업, 집단급식소 식품판매업, 기타 식품판매업) · 식품보존업 · 용기·포장류 제조업(용기·포장지 제조업, 용기류제조업)	· 식품접객업(휴게음식점영업, 일반음식점영업, 단란주점영업, 유흥주점영업, 위탁급식영업, 제과점영업)

③ 식품위생법 중 식품접객업에 의한 분류

📌 표 2.7_ **식품접객업에 따른 영업의 종류**

식품접객업(업태)		분류 내용
휴게음식점영업		주로 다류(茶類), 아이스크림류 등을 조리·판매하거나 패스트푸드점, 분식점 형태의 영업 등 음식류를 조리·판매하는 영업으로서 음주행위가 허용되지 아니하는 영업. 다만, 편의점, 슈퍼마켓, 휴게소, 그 밖에 음식류를 판매하는 장소(만화가게 및 「게임산업진흥에 관한 법률」 제2조제7호에 따른 인터넷컴퓨터게임시설제공업을 하는 영업소 등 음식류를 부수적으로 판매하는 장소를 포함한다)에서 컵라면, 일회용 다류 또는 그 밖의 음식류에 물을 부어주는 경우는 제외한다.
일반음식점영업		음식류를 조리·판매하는 영업으로서 식사와 함께 부수적으로 음주행위가 허용되는 영업
단란주점영업		주로 주류를 조리·판매하는 영업으로서 손님이 노래를 부르는 행위가 허용되는 영업
유흥주점영업		주로 주류를 조리·판매하는 영업으로서 <u>유흥종사자</u>를 두거나 <u>유흥시설</u>을 설치할 수 있고 손님이 노래를 부르거나 춤을 추는 행위가 허용되는 영업
위탁급식영업		집단급식소를 설치·운영하는 자와의 계약에 따라 그 집단급식소에서 음식류를 조리하여 제공하는 영업
제과점영업		주로 빵, 떡, 과자 등을 제조·판매하는 영업으로서 음주행위가 허용되지 아니하는 영업
*추가 설명	유흥 종사자	"유흥종사자"란 손님과 함께 술을 마시거나 노래 또는 춤으로 손님의 유흥을 돕는 부녀자인 유흥접객원을 말한다.
	유흥 시설	"유흥시설"이란 유흥종사자 또는 손님이 춤을 출 수 있도록 설치한 무도장을 말한다.

    분류의 특성을 살펴보면 판매상품_{메뉴} 또는 장소에서 먹거나 마시는 것_곳인가 아닌가, 고객에게 주류를 마실 수 있도록 판매를 할 수 있는가 없는가, 그리고 노래를 부를 수 있는가 없는가, 유흥시설을 할 수 있는가 없는가, 유흥종사자를 두고 가무를 할 수 있는가 없는가 등에 따라 분류를 해보면 더욱 쉽게 이해할 수 있다. 그 개념을 좀 더 자세히 살펴보면 위 표와 같다. 그리고 식품 접객업 분류에 따른 시설 기준은 다음과 같다.

표 2.8_ **식품접객업의 공통시설기준**

시설명	시설기준
영업장	1) 독립된 건물이거나 식품접객업의 영업허가 또는 영업신고를 한 업종 외의 용도로 사용되는 시설과 분리되어야 한다. 다만, 다음의 어느 하나에 해당하는 경우에는 그러하지 아니하다. 가) 일반음식점에서 「축산물가공처리법 시행령」 제21조제6호가목의 식육판매업을 하려는 경우 나) 휴게음식점에서 「음악산업진흥에 관한 법률」 제2조제10호에 따른 음반·음악영상물 판매업을 하는 경우 다) 관할세무서장의 의제 주류판매 면허를 받고 제과점에서 영업을 하는 경우 2) 영업장은 연기·유해가스 등의 환기가 잘 되도록 하여야 한다. 3) 음향 및 반주시설을 설치하는 영업자는 「소음·진동규제법」 제21조에 따른 생활소음·진동이 규제기준에 적합한 방음장치 등을 갖추어야 한다. 4) 공연을 하려는 휴게음식점·일반음식점 및 단란주점의 영업자는 무대시설을 영업장 안에 객석과 구분되게 설치하되, 객실 안에 설치하여서는 아니 된다.
조리장	1) 조리장은 손님이 그 내부를 볼 수 있는 구조로 되어 있어야 한다. 다만, 제21조 제8호 바목에 따른 제과점영업소로서 같은 건물 안에 조리장을 설치하는 경우와 「관광진흥법시행령」 제2조제 1항 제2호 가목 및 같은 항 제3호 마목에 따른 관광호텔업 및 관광공연장업의 조리장의 경우에는 그러하지 아니하다. 2) 조리장 바닥에 배수구가 있는 경우에는 덮개를 설치하여야 한다. 3) 조리장 안에는 취급하는 음식을 위생적으로 조리하기 위하여 필요한 조리시설·세척시설·폐기물용기 및 손 씻는 시설을 각각 설치하여야 하고, 폐기물용기는 오물·악취 등이 누출되지 아니하도록 뚜껑이 있고 내수성 재질로 된 것이어야 한다. 4) 1명의 영업자가 하나의 조리장을 둘 이상의 영업에 공동으로 사용할 수 있는 경우는 다음과 같다. 가) 같은 건물 안의 같은 통로를 출입구로 사용하여 휴게음식점·제과점영업 및 일반음식점 영업을 하려는 경우 나) 「관광진흥법 시행령」에 따른 전문휴양업, 종합휴양업 및 유원시설업 시설 안의 같은 장소에서 휴게음식점·제과점영업 또는 일반음식점영업 중 둘 이상의 영업을 하려는 경우 다) 일반음식점 영업자가 일반음식점의 영업장과 직접 접한 장소에서 도시락류를 제조하는 즉석판 매 제조·가공업을 하려는 경우 라) 제과점 영업자가 식품제조·가공업의 제과·제빵류 품목을 제조·가공하려는 경우 마) 제과점영업자가 기존 제과점의 영업신고관청과 같은 관할 구역에서 5킬로미터 이내에 둘 이상의 제과점을 운영하려는 경우 5) 조리장에는 주방용 식기류를 소독하기 위한 자외선 또는 전기살균소독기를 설치하거나 열탕세척소독시설(식중독을 일으키는 병원성 미생물 등이 살균될 수 있는 시설이어야 한다. 이하 같다)을 갖추어야 한다. 6) 충분한 환기를 시킬 수 있는 시설을 갖추어야 한다. 다만, 자연적으로 통풍이 가능한 구조의 경우에는 그러하지 아니하다. 7) 식품 등의 기준 및 규격 중 식품별 보존 및 유통기준에 적합한 온도가 유지될 수 있는 냉장시설 또는 냉동시설을 갖추어야 한다.
급수시설	1) 수돗물이나 「먹는물관리법」 제5조에 따른 먹는 물의 수질기준에 적합한 지하수 등을 공급할 수 있는 시설을 갖추어야 한다. 2) 지하수를 사용하는 경우 취수원은 화장실·폐기물처리시설·동물사육장, 그 밖에 지하수가 오염될 우려가 있는 장소로부터 영향을 받지 아니하는 곳에 위치하여야 한다.

시설명	시설기준
화장실	1) 화장실은 콘크리트 등으로 내수처리를 하여야 한다. 다만, 공중화장실이 설치되어 있는 역·터미널·유원지 등에 위치하는 업소, 공동화장실이 설치된 건물 안에 있는 업소 및 인근에 사용하기 편리한 화장실이 있는 경우에는 따로 화장실을 설치하지 아니할 수 있다. 2) 화장실은 조리장에 영향을 미치지 아니하는 장소에 설치하여야 한다. 3) 정화조를 갖춘 수세식 화장실을 설치하여야 한다. 다만, 상·하수도가 설치되지 아니한 지역에서는 수세식이 아닌 화장실을 설치할 수 있다. 4) 3)단서에 따라 수세식이 아닌 화장실을 설치하는 경우에는 변기의 뚜껑과 환기시설을 갖추어야 한다. 5) 화장실에는 손을 씻는 시설을 갖추어야 한다
공통시설기준의 적용특례	1) 공통시설기준에도 불구하고 다음의 경우에는 특별자치도지사·시장·군수·구청장(시·도에서 음식물의 조리·판매행위를 하는 경우에는 시·도지사)이 시설기준을 따로 정할 수 있다. 　가) 「재래시장 및 상점가 육성을 위한 특별법」 제2조제1호에 따른 재래시장에서 음식점 영업을 하는 경우 　나) 해수욕장 등에서 계절적으로 음식점영업을 하는 경우 　다) 고속도로·자동차전용도로·공원·유원시설 등의 휴게장소에서 영업을 하는 경우 　라) 건설공사현장에서 영업을 하는 경우 　마) 지방자치단체 및 농림수산식품부장관이 인정한 생산자단체 등에서 국내산 농·수·축산 물의 판매촉진 및 소비홍보 등을 위하여 14일 이내의 기간에 한하여 특정장소에서 음식 물의 조리·판매행위를 하려는 경우 2) 「도시와 농어촌 간의 교류촉진에 관한 법률」 제10조에 따라 농어촌체험·휴양마을 사업자가 농어촌체험·휴양프로그램에 부수하여 음식을 제공하는 경우로서 그 영업시설 기준을 따로 정한 경우에는 그 시설기준에 따른다. 3) 백화점, 슈퍼마켓 등에서 휴게음식점영업 또는 제과점영업을 하려는 경우와 음식물을 전문으로 조리하여 판매하는 백화점 등의 일정장소(식당가를 말한다)에서 휴게음식점 영업·일반음식점영업 또는 제과점영업을 하려는 경우로서 위생상 위해발생의 우려가 없다고 인정되는 경우에는 각 영업소와 영업소 사이를 분리 또는 구획하는 별도의 차단벽이나 칸막이 등을 설치하지 아니할 수 있다. 4) 「관광진흥법」 제70조에 따라 시·도지사가 지정한 관광특구에서 휴게음식점영업, 일반음식점영업 또는 제과점영업을 하는 경우에는 영업장 신고면적에 포함되어 있지 아니한 옥외시설에서 2009년 7월 1일부터 2011년 6월 30일까지는 해당 영업별 식품을 제공할 수 있다. 이 경우 옥외시설의 기준에 관한 사항은 시장·군수 또는 구청장이 따로 정하여야 한다. 5) 「관광진흥법 시행령」 제2조제2호가목의 관광호텔업을 영위하는 장소 안에서 휴게음식점 영업, 일반음식점영업 또는 제과점영업을 하는 경우에는 공통시설기준에도 불구하고 시장·군수 또는 구청장이 시설기준 등을 따로 정하여 영업장 신고면적 외 옥외 등에서 음식을 제공할 수 있다.

표 2.9_ **식품접객업의 업종별 시설기준**

시설명	시설 기준
휴게음식점영업· 일반음식점영업 및 제과점영업	1) 일반음식점에 객실(투명한 칸막이 또는 투명한 차단벽을 설치하여 내부가 전체적으로 보이는 경우는 제외한다)을 설치하는 경우 객실에는 잠금장치를 설치할 수 없다. 2) 휴게음식점 또는 제과점에는 객실(투명한 칸막이 또는 투명한 차단벽을 설치하여 내부가 전체적으로 보이는 경우는 제외한다)을 둘 수 없으며, 객석을 설치하는 경우 객석에는 높이 1.5미터 미만의 칸막이(이동식 또는 고정식)를 설치할 수 있다. 이 경우 2면 이상을 완전히 차단하지 아니하여야 하고, 다른 객석에서 내부가 서로 보이도록 하여야 한다. 3) 기차·자동차·선박 또는 수상구조물로 된 유선장(遊船場)·도선장(渡船場) 또는 수상레저사업장을 이용하는 경우 다음 시설을 갖추어야 한다. 　가. 1일의 영업시간에 사용할 수 있는 충분한 양의 물을 저장할 수 있는 내구성이 있는 식수탱크 　나. 1일의 영업시간에 발생할 수 있는 음식물 찌꺼기 등을 처리하기에 충분한 크기의 오물통 및 폐수탱크 　다. 음식물의 재료(원료)를 위생적으로 보관할 수 있는 시설 4) 소방시설 설치유지 및 안전관리에 관한 법령이 정하는 소방·방화시설을 갖추어야 한다. 5) 휴게음식점·일반음식점 또는 제과점의 영업장에는 손님이 이용할 수 있는 자막용 영상장치 또는 자동반주장치를 설치하여서는 아니 된다. 다만, 연회석을 보유한 일반음식점에서 회갑연, 칠순연 등 가정의 의례로서 행하는 경우에는 그러하지 아니하다. 6) 일반음식점의 객실 안에는 무대장치, 음향 및 반주시설, 우주볼 등의 특수조명시설을 설치하여서는 아니 된다. 7) 영업장의 넓이가 150제곱미터 이상인 휴게음식점영업소, 일반음식점영업소 및 제과점영업소는 「국민건강증진법」 제9조제4항에 따라 해당 영업장 전체를 금연구역으로 지정하거나 영업장 면적의 2분의 1 이상을 금연구역으로 지정하여야 하되, 금연구역의 표시 및 시설기준은 「국민건강증진법 시행규칙」 별표 3에 따른다.
단란주점영업	1) 영업장 안에 객실이나 칸막이를 설치하려는 경우에는 다음 기준에 적합하여야 한다. 　가. 객실을 설치하는 경우 주된 객장의 중앙에서 객실 내부가 전체적으로 보일 수 있도록 설비하여야 하며, 통로형태 또는 복도형태로 설비하여서는 아니 된다. 　나. 객실로 설치할 수 있는 면적은 객석면적의 2분의 1을 초과할 수 없다. 　다. 주된 객장 안에서는 높이 1.5미터 미만의 칸막이(이동식 또는 고정식)를 설치할 수 있다. 이 경우 2면 이상을 완전히 차단하지 아니하여야 하고, 다른 객석에서 내부가 서로 보이도록 하여야 한다. 2) 객실에는 잠금장치를 설치할 수 없다. 3) 소방시설 설치유지 및 안전관리에 관한 법령이 정하는 소방·방화시설 등을 갖추어야 한다.
유흥주점영업	1) 객실에는 잠금장치를 설치할 수 없다. 2) 소방시설 설치유지 및 안전관리에 관한 법령이 정하는 소방·방화시설 등을 갖추어야 한다.

외식산업의 변천사와 트렌드

1 외식산업의 역사

인간의 역사는 곧 음식과 더불어 살아온 역사이다. 초기에는 생존을 위하여 음식을 만들어 먹었다. 그 후 거래를 하면서 상인들은 도구·옷·가축 등을 교환하였으며, 또한 식사를 즐기기 위해 일정한 대가를 지불하였다.

전통적인 유럽의 여관inn은 여행객들에게 식음료는 물론, 쉴 수 있는 곳을 제공하던 개인소유의 집으로서 숙식을 제공하는 역할을 하였다. 이처럼 일정한 장소에서 음식과 서비스라는 상품을 매개체로 경제활동을 하게 되면서 산업의 발전과 함께 외식산업이라는 형태로 발전하였다.

1 서양 외식산업의 역사

1) 고대의 외식산업

음식의 역사는 인간이 불과 무기를 사용하여 사냥을 하고 음식을 만들어 먹었던 공동생활과 함께 시작되었으며 축제와 연회를 위한 음식을 만들면서 발전하였다. 식생활의 발전은 물론, 외식산업의 모태가 되는 조리의 시작은 인류가 불과 도구를 사용하면서부터다. 도기를 사용하여 음식물을 삶고 가열함으로써 보다 먹기 쉽게 만들 뿐만 아니라 부패의 진행을 막고 살균도 되며 음식물의 보존도 가능하게 되었다.

고대 이집트분묘의 벽화에는 제빵사와 조리사들의 작업과정이나 상인들이 시장에서 음식을 판매하는 모습들이 잘 묘사되어 있다. 특히 빵을 만드는 사람은 이집트인들에게서 존경을 받았던 것으로 전해지고 있다. 인도에서는 길가의 여관·여인숙·음식점들이 많아 이들을 통제하는 법률이 제정되기도 하였다. 또한 파키스탄에서 발굴된 고대 모헨죠다로Mohenjo-daro 유적에는 당시 사람들이 많은 양의 음식을 준비할 수 있는 석조 오븐과 스토브를 갖춘 곳에서 식사하였음을 나타내는 유적이 발견되었다. 고대 페르시아는 화려한 연회나 축제를 즐긴 것으로 유명하다. 그들이 만든 고대의 음식들은 오늘날에도 세계적으로 널리 알려져 전해지고 있다. 특히 그리스인은 페르시안의 식생활을 계승받았으며 연회와 대중적 축제를 즐겼다. 그 당시 조리사들은 사회적으로 존경을 받았으며 그들 고유의 조리방법이 법적으로 보호되기도 하였다. 그리스시대의 많은 조리법들이 로마인과 프랑스인들을 통해 후세로 전래되었다.

2) 로마시대의 연회

로마는 그리스의 조리법을 전수받아 각종 연회나 식도락적인 축제의 발전을 오랫동안 지속시켰다. 루쿨루스Licullus 황제는 호화로운 연회를 매우 좋아하였는데 사치스럽고 낭비적인 식사를 의미하는 루쿨란licullan이란 단어가 여기서 유래되었다. 그리고 음식판매와 레스토랑 운영에 관한 법률도 만들어졌다. AD 1세기경 아피시우스Apicius는 세계 최초의 조리책으로 전해지고 있는 '드 흐 꼬끼나리아De Re Coquinaria'를 남겼으며 수록된 조리법 중의 몇 가지는 뉴욕의 유명한 레스토랑 '포럼Forum of the Caesars'에서 현재도 사용되고 있다. 로마제국의 몰락과 더불어 조리·문학·예술 등도 쇠퇴하였지만 수도원이 로마의 예술을 유지시키는 중추적 역할을 계속하였다.

3) 중세시대와 푸드 서비스 길드

암흑시대로 불리던 중세시대는 수도원을 중심으로 보다 발달된 형태의 음식 서비스가 등장하였다. 빵굽기와 포도주·맥주 등의 제조에 관련된 기술이 개발되었다. 푸드 서비스 길드guilds. 중세시대에 상공업자들이 만든 상호 부조적인 동업 조합의 기술자들은 수도원과 같은 종교적인 공동체에서 음식에 관한 지식을 얻었다. 오늘날에도 사용되고 있는 밀가루 케이크와 고기의 다양한 요리법들이 이때 개발되었다. 또한 지금도 전해지고 있는 유명한 기술들이 개발된 것도 바로 이 시기로 몇몇 제조자들에 의해 그 비법이 전수되어오고 있다.

중세시대에는 길드에 의해 음식이 생산되고 판매되었다. 길드는 특정제품에 대해 독점생산을 하였으며, 그 제품에 대한 다른 사람의 생산을 금지시킬 수 있는 막강한 조직이었다. 12세기 굽는 사람roaster 길드의 하나인 쉔 드 로티시에르 Chaine de Rotissierres는 미식가들의 모임과 같은 단체로서 프랑스 파리에서 허가를 받아 독점적으로 음식을 생산하였다. 길드는 조리장이 조리사들을 전담하여 기술을 전수하면서 조리교육 발전에 기여하였다. 현재까지 전해지고 있는 조리에 관한 기술과 표준화의 토대를 이루었던 것이다.

4) 프랑스 요리의 시작

대부분의 프랑스 귀족들은 자신의 성castle 안에서 경쟁하듯 화려한 연회를 베풀었다. 그리고 능력 있는 조리사는 생활을 보장받으면서 음식의 연구와 개발에 전념할 수 있는 생활을 누렸다. 바로 이러한 환경 속에서 프랑스 요리가 발전하게 되었다.

14~15세기 르네상스시대에는 무역활동이 활발해짐에 따라 상품의 수요가 크게 늘었고 생산방법도 가내수공업에서 공장제 수공업체제로 전환되었다. 자본주의가 싹트기 시작하였으며 활발한 상공업의 영향으로 경제적 힘을 가진 신흥귀족이 등장하였다.

르네상스시대는 문화와 예술의 부흥뿐만 아니라 음식에서도 눈부신 발전을 이룩한 시기였다. 외식산업의 르네상스는 이탈리아에서 시작되었으며 프랑스에서 화려한 꽃을 피웠다. 프랑스요리가 처음부터 화려하고 훌륭했던 것은 아니었다. 중세시대의 프랑스요리는 단순하고 볼품이 없었다. 프랑스요리로 불리는 음식의 형태가 갖추어진 것은 14세기였다. 본격적인 프랑스 요리의 등장은 1533년 앙리 2세Henry II와 이탈리아 피렌체Florence 메디치Medici 가문의 까뜨린느Catherine, 1519~1589의 결혼식이 시초이다. 메디치 가문의 문화와 예술적 분위기에서 자란 까뜨린느, 그리고 그녀와 함께 온 수석요리사에 의해 프랑스에 알려지지 않았던 여러 음식들을 전파하였다.

루이 14세Louis XIV, 1643~1715는 조리사들이 마음 놓고 조리기술을 배울 수 있는 학교의 설립지원에 매우 열성적이었다. 바로 이 시기에 맞있고 다양한 소스를 비롯한 많은 음식들이 왕실을 중심으로 계속 개발되었다. 귀족들이 즐겨먹던 요리 중에서 그들의 이름을 딴 음식들이 현재까지 전해지고 있다. 예들 들면, 베샤멜 Bechamel 공작, 수비쓰Soubisse 공작 등의 이름에서 유래된 베샤멜 소스, 모르네 소스, 수비쓰 소스 등이 그것이다. 루이 14세 때는 프랑스 문화가 유럽 전체에 전파되었는데 문화의 일부와 함께 음식도 전파되어 유럽의 각 궁전뿐만 아니라 귀족들까지도 식음료부문의 모든 권한을 프랑스 조리사에게 맡길 정도였다. 이 시대의 음식이 세련된 것은 사실이나 엄격히 말해 실제보다는 눈에 어울리는 음식이었다.

루이 15세Louis XV, 1715~1774는 보다 과학적이고 예술적인 조리로의 미술적 감각을 창조하였다. 그의 왕후 마리아 레친스카Maria Lesczynska는 유명한 미식가로서 요리를 즐겼으며 왕실의 많은 역할 중에서도 조리와 관련된 활동을 활발하게 하였다. 특히 까뜨린느가 즐겨 만들었던 음식을 모방하기 위해 연구실과 주방을 만드는 등 요리연구에도 열성을 보였다.

5) 산업혁명과 외식산업

프랑스에서 고급 음식이 쇠퇴하고 대중을 위한 레스토랑이 출현한 18세기 산업혁명이 시작되었다. 산업혁명은 길드조직의 붕괴를 가져왔으며 상업무역이 국가경제의 가장 중요한 분야로 등장하는 결과를 가져왔다. 또한 사업가·제조업자·금융업자 등 부를 축적한 새로운 계급이 나타나면서 사회의 지배구조가 변하였다. 그들은 귀족이 누렸던 고급 요리에 관심을 갖게 되었고 대다수 부자들은 자신의 조리사를 고용하였다.

산업혁명은 외식산업역사에서도 전환점이 되는 매우 중요한 시기가 된다. 자본가들이 출입하는 클럽에서 고급 요리가 명맥을 이었으나 중산계급 중에서도 소득이 낮은 사람들까지도 상류층이 좋아하는 고급 요리를 찾았다. 이때부터 외부에서 즐기는 식사, 즉 외식이 사회적으로 등장하기 시작했다.

② 조선시대의 외식산업

사람들이 모이는 곳이면 먹고, 마시고, 머물 곳이 생기는 법이다. 시장市場, 여러 가지 상품을 사고파는 일정한 장소과 포구浦口, 배가 드나드는 강의 어귀를 중심으로 처음에는 단순한 형태에서 출발했다.

조선시대의 식생활을 살펴보면 조선시대에도 고려의 식생활 형태가 거의 답습되었다고 한다. 고려시대는 불교의 영향으로 육류와 어류를 먹는 것이 억제되었고, 물고기와 가축을 잡아 먹는 것이 금지되면서 곡류와 채식요리가 발달하게 되었다. 떡과 한과류 조리법이 자연스럽게 발달하게 되었으나 고려 말기에는 제주도에 목장을 개설하게 되는 것처럼 몽골의 도살법을 사용하거나 고기요리법이 발달하게 되어 식물성과 동물성 식품이 함께 선호되기도 하였다.

16세기 말 임진왜란을 통해서 호박과 고추가 들어와 고추는 일반조미를 비롯해서 고추장의 재료가 되어 찬류가 변하게 되었고, 감자·고구마·옥수수가 들어와 구황작물흉년이 들 때 큰 도움이 되는 작물로 귀히 여겼다고 전해진다.

17세기에는 오늘날에 볼 수 있는 김치류가 고추의 보급에 의해 발달되고 배추통김치는 19세기를 전후해서 배추의 재배가 이루어지면서 김치의 형태로 담그기 시작했다. 또한 조선시대에는 설날에 시작하여 동지로 끝나는 절기음식제철재료로 만든 음식과 사계절마다 바뀌는 시식侍食으로서 식생활의 여유와 멋을 더했으며, 여기에 지방 특유의 향토음식이 곁들여져 식생활의 정취를 돋우었다고 한다.

육류의 경우 소나 말은 농사와 운반에 필수적인 존재였기 때문에 식용으로 사용하는 것을 적극적으로 금지하였으나, 일부에서는 명을 어기고 소고기를 즐겼다고 한다. 그러나 조선 후기에 접어들어서는 소고기의 소비가 일반화되어 농사에 지장을 초래할 것을 염려하는 수준에 이르게 되었다고 한다. 그래서 소고기

대신 돼지고기나 염소고기 먹기를 주장하였으나 돼지고기와 염소고기를 선호하지 않았다고 한다. 그리고 수산물 또한 풍부하여 다종의 수산물을 식용으로 이용하였으며, 젓갈의 종류도 다양해져 고추와 함께 젓갈이 김치에 이용되기 시작하여 김치가 급격히 발달한 것으로 사료된다.

또한 강력한 왕권 중심의 중앙집권 정치가 성립되어 500년의 왕조를 이어오는 동안 궁중음식이 발달하게 된다. 궁중음식은 양반계급이나 기타 여러 경로를 통해 민가에 전래된다. 이것이 민가의 식생활에 여러 가지로 영향을 미치게 되었고 양반가의 식생활을 풍부하게 하였다고 한다.

❸ 재래시장의 등장과 발전

재래시장전통시장이란 오늘날에 소상인들이 모여서 물건을 파는 전통적 구조의 시장을 말하고 3일장, 5일장과 같은 정기시장과 매일 열리는 상설시장으로 나뉜다. 영국, 프랑스 등의 서유럽국가들에서도 재래시장을 많이 찾아볼 수 있으며 최근 재래시장이라는 명칭 대신 '전통시장traditional market'이라고 부르고 있다.

대다수 지방 농촌에는 상설점포가 없었다. 일정한 장소에서 열리는 장시조선후기 상업이 발달하면서 자리 잡은 정기시장도 조선이 건국될 당시부터 존재한 것은 아니었다. 상설점포가 발달하지 않았던 조선시대에는 행상이 상품유통의 주된 담당자였다. 아직 장터가 없었을 때 지방의 마을을 돌아다니면서 물건을 파는 상인, 즉 행상장꾼, 보부상이라고도 함이 있어 그 지방에서 생산되지 않는 물건을 교환하여 구매하던 시기 이후부터는 늘 존재하였고 잉여농산물이 증가하고 사회분업의 폭이 확대될수록 활발하게 활동하였다.

농촌의 경우 농촌 시장인 장시가 처음 등장하였던 것은 15세기 말이었다. 고려시대에는 부정기적으로 주현시州縣가 열리고 있었다. 조선시대 장시는 '가지고 있는 것'으로 '필요한 것'을 교환하여 생계를 도모하는 수준에서 출발한 시장이었다. 그러므로 장시는 몇 개 촌락의 주민이 하루에 왕복하여 교역할 수 있는 교통의 요지에서 30~40리의 거리를 두고 확산되었으며, 장시에서 거래된 물품들은 농업생산을 보완하고 농민생활을 보충하는 데 필요한 것들이 대부분이었다.

이와 같이 상업 활동의 발전과정을 근거로 조선시대 외식업의 발전과정을 추론해보면, 도시의 시전과 농촌 시장을 장시로 이동하는 도로변에 행상들을 위한 숙식시설宿食施設, 주막이 있었을 것이며, 포구를 중심으로 숙식시설이 발달하였을 것이다.

특히, 전국 각지에서 상시 사람들이 모이는 포구의 경우는 항상 거래가 이루어졌으므로 상설 음식점이 생길 수 있는 조건이 되기 때문에 많은 음식점과 술집들이 생겨나기 시작했다.

조선시대 말 서울 거리에는 모주母酒, 막걸리에 한약재를 넣고 끓인 탁주와 비지찌개콩을 갈아 끓인 찌개를 파는 노상주점이 생겨서 가난한 사람들의 허기를 채워주었다고 한다. 또 내외주점內外酒店, 목로술집, 선술집, 색주가 등이 생겼다고 한다. 일본인 혼마 규스케가 쓴 '조선잡기1894'에서는 주막酒幕에는 명태, 돼지고기, 김치뿐인 안주와 술을 팔고 여인숙에서도 음식을 파는데 음식값만 지불하면 숙박료는 받지 않았으나 한 방에서 수십 명씩 자기도 하였으며, 때로는 방에 메주 덩어리를 천장에 매달아놓는 집도 있었다고 한다.

경성번창기1915에는 이들 음식점에 대한 좀 더 구체적인 기록이 있다. 즉, 식사만을 하는 곳을 '국밥집', 약주만을 파는 집을 '약주집', 탁주만을 파는 집을 '주막', 하등의 음식점을 '전골집'이라 하고, 지방의 주막에서는 음식도 팔고 숙박을 겸업하고 있다고 설명하고 있다.

19세기 후반 개화기와 20세기 초 일제강점기를 거치면서 한국에는 구미인歐美人, 유럽과 미국에 사는 사람들을 아울러 이르는 말과 일본인, 중국인들이 들어오고 이들로부터 새로운 음식이 전래되기 시작한다. 한 나라의 문화는 끊임없는 교류를 통해 발전한다고 했을 때, 음식의 전래는 음식문화를 한 단계 발전시키는 계기일 수 있었다. 그런데 개화기와 일제강점기를 거치면서 나타난 외식문화의 변화는 바로 '양극화'였다. 즉, 한국식과 서양식, 그리고 저급과 고급의 이중 구조를 말한다.

반면, 조선 후기 시장을 중심으로 상인과 장꾼들에게 저렴한 음식을 공급하면 주막이 답보 상태를 걷는 반면, 상류층을 대상으로 하는 고급 요릿집들은 문전성시를 이루게 된 것이다. 즉, 서양문물을 받아들이고, 일본에서 유학을 하고, 신교육을 받고, 일제와 손을 잡고 살아가는 친일파들을 위한 식당이 고급 요릿집이었다. 또한 은밀한 모임의 장소가 고급 음식점 밀실이었다는 것이다. 모던 보이modern boy, 1920년대 서울에 나타난 새로운 스타일의 남성 소비주체를 지칭와 여성들이 모이는 카페가 등장하고 외국인들이 모이는 사교장이 생기고, 이들을 위한 일식과 양식, 그리고 중식 음식점들이 등장하기 시작하게 된다.

2 국내 외식산업의 변천과정

1 2000년대까지의 외식산업 변천사

과거부터 현재까지 우리나라 외식산업의 변천과정을 살펴보기 전 해방 후 1960년대까지의 변천사를 우선 살펴보면 〈표 3.1〉과 같다.

우리나라는 본격적으로 외식업이 부각되기 시작한 것은 1970년대 이후로 볼 수 있다. 그전까지는 전쟁으로 인한 절대적 빈곤과 사회적 침체기로 중국집, 요정料亭, 일반 유흥음식점의 종류 정도가 외식업의 주를 이루고 있었다. 그 규모 또한 작고 영세한 수준이었으며, 그나마 쌀 부족을 채우기 위해 실시되었던 분식장려운동은 라면, 빵 등과 같은 서구식 문화가 자리 잡게 된 계기가 되었다.

그 후 70년대로 넘어오면서 눈부신 경제발전을 이룩하며 사람들은 이제 삶의 질에 대해 관심을 갖기 시작하였고, 식생활과 업종에 있어서도 더욱더 다양화, 전문화 현상이 뚜렷하게 나타나 양적·질적으로 괄목할 수준의 발전이 이루어졌던 시기였다.

표 3.1_ **한국 외식산업의 변천사(~1960년대)**

연대별 구분	특 징
고조선 ~ 삼국시대	• 주·부식 분리형의 식문화(주식: 쌀, 보리, 조 등) (부식: 장류, 짱아찌, 생선포, 구이 등)
통일신라 ~ 고려시대	• 숭불사상에 의한 한과류, 채소음식 발달 • 고기숭상과 요리법 재현 • 일상식과 다른 상용 필수 식품화
조선시대	• 유교사상을 근본으로 한 공동체 의식 • 대가족제도와 식생활의 규범 정착 • 김치의 발달과 상용 필수 식품화
해방 이전	• 전통 음식점 중심의 요식업 태동 • 식품 소비형태의 침체화 • 식량부족과 빈곤으로 인한 식문화 침체(1945년 166점포) • 1902년 한국 최초의 양식당(손탁호텔) • 이문설렁탕(1907), 용금옥(1930), 한일관(1934), 안동장(1934) 등 설렁탕, 해장국이 주류
해방 후 1960년대	• 식생활의 궁핍 및 침체기 • 밀가루 위주의 식생활이 유입(UN 원조품) • 개인업소와 노점상의 출현 • 소득 1인당 GNP(100~210달러) • 뉴욕제과, 원조이동갈비 • 자장면, 떡볶이, 부대찌개, 오뎅찌개 • 분식의 장려운동과 서구식 식생활의 유입

이러한 양적, 질적 성장은 1990년대에도 그대로 이어졌다. 소득의 증가와 여가 생활의 증가, 여성의 사회진출로 인한 외식의 생활화, 대기업의 외식업 진출, 학교 급식의 증가, 해외 패밀리 레스토랑 런칭 등의 사회현상이 외식산업의 확대와 변화로 이어지게 되었다. 그러나 과도한 외식 점포의 출점과 중소프랜차이즈의 난립 등으로 시장 포화 상태에 이르게 되었고 양적 성장에 비해 질적인 성장은 매우 저조한 시기였다. 이러한 현상은 1997년 말 국제통화기금IMF에 의한 외환위기를 겪으면서 더욱 악화되었다. 많은 외식업체가 출혈경쟁으로 도산하였으나 그럼에도 불구하고 대량 실업사태로 인한 많은 실업자들이 진입장벽이 낮은 외식업으로 진출하게 되었다.

그러나 2000년대 들어서면서 시작된 웰빙 열풍은 우리 식생활에 있어 건강과 안전성을 생각하게 하였고 보다 안전한 먹거리, 건강한 먹거리에 대한 요구가 높아지게 되었다. 이러한 현상은 광우병, 구제역, 조류독감 등 잇따른 식품사고로

외식산업의 이해

표 3.2_ **한국 외식산업의 변천사(1970~2000년대)**

연대별 구분	특 징

1970년대	• 영세성 요식업의 출현
	• 경제발전과 핵가족화로 인한 식생활 수준향상
	• 영양가와 맛의 추구
	• 한식, 분식, 중식 중심의 대중음식점 우후죽순 출현
	• 해외 브랜드 도입 및 프랜차이즈의 태동(서구식 외식시스템)
	  – 햄버거: 롯데리아 상륙(1976년 10월 25일 롯데백화점 내 소공점)
	  – 난다랑: 1978년(국내효시)
	• 250~1,600\$(1인당 GNP)

1980년대 초반	• 음식에 대한 가치관의 변화 • 외식산업의 태동기(요식업 ┄→ 외식산업) • 영세 체인의 난립(햄버거, 치킨, 국수, 생맥주 등) • 해외 유명 브랜드 진출 가속화 • 1,600~2,200\$(1인당 GNP) (아메리카나 '80, 버거킹' '80, KFC '84, 피자헛' '84 등)
1980년대 후반	• 외식산업의 성장기(중소기업, 영세업체 난립) • 식생활의 외식화, 국제화, 레저화, 가공식품화 • 건강식에 대한 관심 고조, 다이어트식 증대 • 패스트푸드 및 프랜차이즈 중심의 시장 확대 • 패밀리 레스토랑의 도입, 커피숍, 호프점, 양념치킨의 약진 (맥도날드 '86, 코코스' '88, 크라운베이커리 '88, 놀부보쌈' '88, 쟈뎅 '89 등) • 보쌈족발의 선호 • 2,200~4,100\$(1인당 GNP)
1990년대 초반	• 외식산업의 전환기(산업으로서의 정책: 1995년) • 중, 대기업의 신규진출 가속화 및 해외유명 브랜드 도입 • 프랜차이즈의 급성장 및 도태(외식 근대화) • 92년 히트아이템 – 쇠고기 뷔페 • 시즐러 '93, 스카이락' '94, T.G.I.F' '92 등
1990년대 후반	• IMF시대 외식산업의 최대 위기 돌출 • 중산층의 붕괴 및 소자본 창업의 증가 • 외식산업 혼돈의 시대 • 이탈리안 음식의 신장세 지속 • 퓨전 푸드 출현으로 음식의 무국적시대 및 복합점화 • 저렴하고 실속 있는 단체급식의 급성장 • 가격 파괴점 속출, 고단가 음식의 신상제 지속, 마르쉐 '96, 아웃백 스테이크' '97 • 전원카페 등 이색업소 등장 '99(비행기, 열차, 배 카페 등)
2000년대	• 이탈리안 음식(파스타, 스파게티 등)의 전성시대 • 한국 고유음식의 재등장(보쌈, 두부요리, 버섯요리, 감자탕, 순대국 등) • 생돈가스, 요리주점, 참치 등 일본식과 에스프레소커피 등 T/O음식 발전 • 기능성 식품(DHA 등), 건강 지향식(웰빙)과 다이어트 음식의 가속화 • 허브 등의 향신료와 신선한 재료를 이용한 음식의 소비량 증가 • 매운맛 열풍(불닭, 떡볶이, 낙지볶음 등) • 패스트푸드의 쇠퇴, 웰빙 트렌드와 함께 슬로우푸드 급성장 • 가격파괴, 트레이딩 업 현상(trading up, 상향구매. 즉, 중산층이 새로운 명품브랜드를 소비하는 현상)등 양극화 심화(가격, 규모, 매출, 개설금액 등) • 동남아 및 제3세계 음식 등장 • 한식시장의 성장과 한식의 세계화 선언 • 커피 및 디저트 카페 급성장 • 한식뷔페, 무한리필 고깃집, 한 점포 2~3아이템의 콜라보레이션 등장

2010년대	• 수제 버거와 일본 대중식 • 한류 열풍으로 인한 막걸리와 주먹밥 • 수제 고로케와 스몰 비어 • 샤브샤브와 포차 주점 • 프리미엄 김밥과 빙수, 한식 뷔페 열풍 • 프리미엄 어묵과 저가 커피, 대왕 카스테라 • 푸드 트럭 창업 열풍과 핫도그 및 에스닉 푸드 • 꼬막 비빔밥과 흑당 버블티 & 샌드위치 • 배달 플랫폼과 배달업계의 급성장(배달의민족, 요기요, 배달통)
2020년대	• 불황에는 매운맛 마라 유행 • 배달 플랫폼과 배달업계의 급성장(배달의민족, 요기요, 배달통) • 곰표, 말표 맥주 등 컬래버레이션 상품 유행 • 레스토랑 간편식 RMR(Restaurant Meal Replacement) 확대 • 상시 할인을 제공하는 구독 서비스(예 편의점 구독) • 1인 가구 증가와 함께 편의점의 성장, 간편식 다양화·쿠팡, 마켓컬리 등 단기간 배송 • 오마카세 열풍(스시에서부터 한우, 파스타 등 다양) • 건강하면서 맛있는 건강 관리(효능 중심 건강식품도 맛 강화), 비건 식품 • 프리미엄 간편식, 고급 식재료, 건강한 간식, 스페셜티 커피 • 비대면의 선호와 인력난으로 푸드테크 확대 • 외식시장의 양극화(평일 점심은 도시락, 주말은 구찌 레스토랑) • SNS 발달로 인한 포모(FOMO - Fear Of Missing Out) 신드롬 • 코로나로 인해 로컬 푸드 관심 증가 • 돈까스의 고급 버전 카츠, 베이커리 성장과 함께 산도(샌드위치) 성장

인해 더욱 강해지게 되었다. 또한 심각한 경제적 양극화 현상은 외식산업에도 양극화 현상을 가져왔다.

② 최근까지의 외식산업 변천사

흔히 예비 창업자들은 외식 아이템을 찾기 전 '요즘 트렌드는 뭘까?' 하는 고민을 많이 한다. 외식산업의 트렌드는 한때의 유행일 수 있겠지만 유행은 돌고 도는 법이다. 어떤 메뉴나 아이템은 반짝 호황기를 누리다가 사라지기도 하고 아주 오랜 사랑을 받기도 한다. 기존의 아이템이 업그레이드되어 새로운 모습으로 변화하기도 한다. 외식창업시장에는 영원한 아이템은 없다. 비즈니스 콘셉트와 아이템의 재구성이 중요하기 때문이다.

1) 2010년대

❶ 수제 버거와 일본 대중식

웰빙 열풍과 함께 수제 버거가 인기를 끌며 크라제버거, 미스터빅 수제버거, 맘스터치 등 다양한 브랜드가 등장했다. 유기농 재료와 고품질 패티로 소비자들의 사랑을 받았고, 수제 버거의 홈쇼핑 진출로 가정에서도 즐길 수 있게 되었다. 일본 대중식인 돈부리, 라멘, 오므라이스 등도 많은 사랑을 받았다.

미스터빅(Mr.big)
(출처: 미스터빅 홈페이지)

맘스터치(Momstouch)
(출처: 맘스터치 홈페이지)

크라제(Kraze)
(출처: 크라제 공식 페이스북)

❷ 막걸리와 주먹밥

공씨네 주먹밥
(출처: 공씨네 주먹밥 홈페이지)

봉구스 밥버거
(출처: 봉구스 밥버거 홈페이지)

더컵
(출처: 더컵 홈페이지)

2011년 한류 열풍으로 막걸리가 재조명되었다. 세련된 막걸리 바가 등장하며 젊은 층의 인기를 끌었고, 주먹밥과 컵밥도 간편한 한 끼 식사로 주목받았다. 봉구스 밥버거는 이 트렌드의 성공 사례로 빠르게 성장하였다.

❸ 수제고로케와 스몰비어

수제 고로케는 2012년 무렵 인기를 끌며 다양한 맛으로 소비자들을 사로잡았다. 스몰 비어는 작은 규모와 저렴한 가격으로 봉구비어, 용구비어, 봉봉살롱 등 다양한 브랜드가 등장했지만, 시간이 지나면서 인기가 시들해졌다.

용구비어
(출처: 용구비어 홈페이지)

역전할머니맥주
(출처: 역전할머니맥주 홈페이지)

봉구비어
(출처: 봉구비어 홈페이지)

❹ 샤부샤부와 포차주점

한신포차
(출처: 더본코리아 홈페이지)

바르미
(출처: 바르미 홈페이지)

샤브향
(출처: 샤브향 홈페이지)

샤부샤부 전문점은 월남쌈과 샐러드바를 결합해 인기를 끌었으며, 채선당, 샤브향, 바르미 등의 브랜드가 론칭되었다. 포차 주점은 서민적인 분위기와 다양한 메뉴로 한신포차, 수상한포차, 칠성포차 등의 브랜드가 주목받았다.

⑤ 프리미엄 김밥과 빙수, 한식뷔페

고봉민김밥, 바르다김선생, 롤링라이스 등 김밥에 프리미엄을 더한 브랜드들이 등장하고, 설빙의 눈꽃빙수와 한식 뷔페는 저렴한 가격에 푸짐한 음식을 제공하여 인기를 끌었다. 한식 뷔페는 CJ푸드빌의 계절밥상, 풀잎채, 이랜드의 자연별곡, 신세계푸드의 올반 등이 론칭되며 주부들의 단골 모임장소로 인기가 높았다.

풀잎채
(출처: 풀잎채 홈페이지)

설빙
(출처: 설빙 홈페이지)

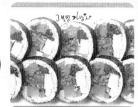
고봉민김밥
(출처: 고봉민김밥 홈페이지)

자연별곡
(출처: 이랜드이츠(Elandeats))

⑥ 프리미엄 어묵과 저가 커피, 대왕카스테라

삼진어묵, 쿠시오뎅 등의 어묵 베이커리가 등장해 어묵을 간편식으로 재해석하였다. 이디야 커피, 빽다방 등 저가 커피 브랜드가 커피 시장에 변화를 가져왔으며, 금미 대만대왕카스테라, 대만 락 카스테라 등 대왕 카스테라는 일시적으로 인기를 끌었으나 품질 문제로 사라지게 되었다.

삼진어묵
(출처: 삼진어묵 홈페이지)

이디야 커피
(출처: 이디야 커피 홈페이지)

대왕카스테라
(출처: 라오제 홈페이지)

❼ 푸드 트럭 창업 열풍과 핫도그 및 에스닉 푸드

푸드 트럭 창업이 청년 창업자들 사이에서 인기를 끌며 다양한 음식 아이템이 등장하였다. 명랑시대 쌀핫도그와 같은 핫도그 브랜드가 인기를 끌었으며, 포베이, 호아빈, 에머이 등 베트남, 태국 등의 에스닉 푸드도 주목받았다.

푸드트럭 #1
(출처: 대한청년푸드트럭협동조합)

푸드트럭 #2
(출처: 안전신문 홈페이지)

푸드트럭 #3
(출처: 뉴시스 홈페이지)

❽ 핫도그와 에스닉푸드

2016년 명랑시대 쌀핫도그는 협동조합 형태로 출발해 가성비 높은 간식으로 인기를 끌었으며, 1,000호점을 돌파하고 해외 진출에도 성공했다. 그러나 경쟁으로 인해 반짝 아이템으로 전락했다. 또한 편의점 도시락이 인기를 끌면서 1인 가구와 직장인들의 구매욕을 자극했고, 베트남·태국 등의 에스닉푸드가 제2의 전성기를 맞이하며 다양한 브랜드가 론칭되었다.

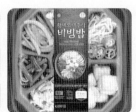

명랑핫도그
(출처: 명랑핫도그 홈페이지)

포베이
(출처: 포베이 홈페이지)

편의점 도시락
(출처: 메디컬 투데이)

❾ 꼬막 비빔밥과 흑당 버블티 & 샌드위치

연안식당의 꼬막 비빔밥과 흑화당, 타이거슈가 등의 흑당 버블티는 SNS를 통해 인기를 끌며 다양한 브랜드가 론칭되었다. 또한, 퀴즈노스, 샌드리아, 에그박스 등 다양한 샌드위치 메뉴도 인기를 끌었다.

꼬막 비빔밥
(출처: 연안식당 홈페이지)

흑당 버블티
(출처: 흑화당 홈페이지)

샌드위치
(출처: 샌드리아 홈페이지)

2) 2020년대

❶ 불황과 매운맛 마라 유행

경제 불황 속에서도 매운맛과 마라의 인기는 꾸준히 증가하고 있다. 소비자들은 자극적인 맛을 통해 스트레스를 해소하고 해방감을 느끼기 때문에 매운맛을 선호한다. 삼양식품의 불닭볶음면 시리즈는 글로벌 시장에서 큰 성공을 거두었으며, 농심의 '신라면 더 레드', 오뚜기의 '마열라면', 팔도의 '킹뚜껑 마라맛' 등 강력한 매운맛 제품들이 잇따라 출시되었다. 마라탕 프랜차이즈도 급성장 중이며, 대표적으로 '탕화쿵푸마라탕', '소림마라', '라화쿵부', '마라하오' 등이 있다. 편의점에서도 다양한 매운맛 제품이 인기를 끌고 있으며, 매운맛은 경제적 상황과 심리적 상태를 반영하는 중요한 요소로 자리 잡고 있다. 지속적인 성장이 기대된다.

신라면 더 레드
(출처: 농심)

탕화쿵푸마라탕
(출처: 탕화쿵푸마라탕 홈페이지)

❷ 배달 플랫폼과 배달업계의 급성장

코로나19 팬데믹 이후 배달 플랫폼과 배달업계는 빠르게 성장했다. 배달의민족, 요기요, 쿠팡이츠는 각각 다양한 전략으로 시장 점유율을 확대하고 있다. 배달의민족은 '배민라이더스'를 통해 프리미엄 배달 서비스를 제공하고, GS25와 제휴해 배달 및 픽업 서비스를 확대했다. 요기요는 '요기패스X' 구독 서비스로

무제한 무료 배달을 제공하며, 쿠팡이츠는 '와우 멤버십' 혜택을 배달 서비스로 확장했다. 2021년 배달 시장 거래액은 25조 6,847억 원으로 연평균 75.1% 성장했다. 그러나 배달 라이더와 플랫폼 노동자 수는 감소 추세에 있으며, 이는 배달비 인상과 함께 소비자 부담을 가중시키고 있다. 배달 플랫폼은 다양한 혁신을 통해 시장 점유율을 유지하고 있으며, 배달 서비스는 생활 전반에 걸친 다양한 서비스로 확장되고 있다.

❸ 콜라보레이션 상품 유행

식품업계에서 브랜드 간 협업을 통한 콜라보레이션 상품이 인기를 끌고 있다. 곰표 밀맥주는 대한제분과 세븐브로이의 협업으로 출시되어 뉴트로 트렌드를 반영해 큰 인기를 끌었다. 말표 맥주는 스퀴즈브루어리와 말표 구두약 브랜드가 협업하여 출시한 흑맥주로, 레트로 디자인과 독특한 브랜드 이미지가 소비자들에게 큰 호응을 얻었다. 풀무원과 한화 이글스는 '포기하지 마라탕면'을 출시해 마라 열풍을 반영한 제품으로 인기를 끌었다. CJ제일제당과 CJ프레시웨이는 '햇반 라이스크림'을 출시하여 햇반의 친숙한 이미지와 쌀을 활용한 독특한 아이스크림으로 주목받았다. 이러한 다양한 브랜드의 콜라보레이션 상품은 시장에서 큰 반향을 일으키며 소비자들의 이목을 끌고 있다.

포기하지 마라탕면
(출처: 풀무원식품의 한화이글스 한정판)

햇반 라이스크림
(출처: CJ제일제당)

④ 레스토랑 간편식 RMR 확대

레스토랑 간편식rmr 시장은 코로나19 팬데믹 이후 빠르게 성장하고 있다. 세븐일레븐은 정호영 쉐프와 협업하여 '카덴' RMR 상품군을 확대하고 있으며, CJ푸드빌은 네이버 스마트스토어를 통해 빕스와 계절밥상의 다양한 RMR 제품을 판매하고 있다. 더반찬&은 '한남북엇국', '일호식', '툭툭누들타이' 등과 협업하여 매장에서 맛보던 메뉴를 가정에서도 즐길 수 있게 하였다. 이러한 RMR 제품은 코로나19로 인한 사회적 거리두기와 집콕 생활의 연장으로 더욱 인기를 끌고 있다. 소비자들은 유명 레스토랑의 요리를 집에서 간편하게 구현할 수 있어 큰 만족감을 얻고 있으며, RMR 시장은 지속적으로 성장할 것으로 예상된다.

⑤ 상시 할인을 제공하는 구독 서비스

외식업계에서 상시 할인을 제공하는 구독 서비스가 인기를 끌고 있다. 더플레이스는 '더 샐러드 클럽', 더스테이크하우스는 '아너스클럽' 구독 서비스를 통해 할인된 가격으로 매장을 이용할 수 있게 하고, 계절밥상은 정기 구독권을 통해 저렴하게 다양한 메뉴를 즐길 수 있다. 베이커리 업계에서는 파리바게뜨와 뚜레쥬르가 구독 서비스를 시작했다. 뚜레쥬르는 월 1만9900원에 매일 아메리카노 한 잔을 제공하며, 파리바게뜨는 월 4만8900원에 아메리카노와 샌드위치를 매일 제공한다. 롯데제과는 과자 구독 서비스 '월간 과자'를, 신세계백화점 강남점은 VIP 고객에게 제철 과일을 정기적으로 배송하는 서비스를 제공한다. 이처럼 구독 서비스는 소비자에게 경제적 부담을 줄이고, 외식업체에는 고정적인 수익을 확보할 수 있는 윈윈 모델로 자리 잡고 있다.

⑥ 1인 가구 증가와 함께 편의점의 성장, 간편식 다양화

1인 가구의 급증으로 편의점과 간편식 시장이 성장하고 있다. 2022년 1인 가구는 전체 가구의 34.5%를 차지하며, 편의점과 간편식의 주요 소비층이 되고 있다. BGF리테일의 분석에 따르면, 20~30대의 1인 가구가 편의점 점유율을 높이는 요인이 되고 있으며, 편의점은 소량 패키지와 간편식을 주로 제공해 1인 가구의 소량 구매와 간편함에 대한 니즈를 충족시키고 있다. aT에 따르면, 국내 간편식 시장은 2024년에 약 5조 원 규모로 성장할 것으로 예상된다. 다양한 밀키트와 HMR 제품들이 출시되어 1인 가구의 입맛을 사로잡고 있으며, 롯데마트의 분석에 따르면, 최근 3년간 가정간편식 상품의 매출이 지속적으로 증가하고 있다. 이처럼 1인 가구의 증가는 편의점과 간편식 시장의 성장에 중요한 역할을 하고 있으며, 다양한 업계에서 1인 가구를 타깃으로 한 상품과 서비스를 확대해 나갈 것이다.

❼ 쿠팡, 마켓컬리 등 단기간 배송

쿠팡과 마켓컬리 등 온라인 쇼핑 플랫폼이 단기간 배송 서비스로 인기를 끌고 있다. 쿠팡은 '로켓배송'과 '로켓프레시'를 통해 빠르고 신선한 상품을 제공하며, 전날 주문하면 다음날 도착을 보장하고, 신선식품은 새벽에 배송한다. 마켓컬리는 '샛별배송' 서비스를 통해 밤 11시까지 주문하면 다음날 아침 7시 이전에 신선식품을 배송한다. SSG닷컴은 '쓱배송'과 '새벽배송' 서비스를 제공해 이마트와 신세계 백화점의 다양한 상품을 신속하게 배송하고 있다. 이러한 단기간 배송 서비스는 1인 가구와 바쁜 현대인들에게 큰 호응을 얻고 있으며, 온라인 쇼핑 플랫폼들의 경쟁력을 높이고 있다. 앞으로도 이러한 서비스는 계속해서 발전하고 확장될 것으로 예상된다.

SSG닷컴의 쓱배송
(출처: SSG닷컴)

마켓컬리
(출처: 마켓컬리)

⑧ 오마카세 열풍

오마카세는 셰프가 그날의 신선한 재료로 요리를 준비해 손님에게 제공하는 맞춤형 서비스로, 특별한 경험을 제공하며 인기를 끌고 있다. 소비자들은 셰프와의 직접적인 소통을 통해 음식의 깊은 이야기를 듣고, 요리와 재료에 대한 정보를 얻으며, 셰프의 손길을 느끼는 경험을 중시한다. 오마카세는 스시 외에도 '커피카세', '티 오마카세' 등 다양한 형태로 발전하고 있다. 이러한 오마카세는 바리스타가 맞춤형 커피를 제공하거나, 전문적으로 준비된 차를 제공하는 방식이다. 오마카세 열풍은 외식업계에 새로운 활력을 불어넣고 있으며, 앞으로도 다양한 형태로 발전할 것으로 예상된다. 소비자들은 셰프의 손길이 담긴 맞춤형 요리를 통해 특별한 외식 경험을 즐기고 있다.

⑨ 건강하면서 맛있는 건강 관리

건강한 식습관에 대한 관심이 높아지면서 맛있으면서도 건강한 음식을 찾는 소비자들이 늘고 있다. 비건 식품과 대체육의 인기는 계속 상승 중이며, 이는 건강과 환경을 고려한 소비자의 선택으로 자리 잡았다. 비건 식품은 고단백, 저칼로리, 저지방 등의 장점을 제공하며, 대체육은 식물성 단백질이나 재배육을 사용해 실제 고기와 유사한 맛과 식감을 제공한다. 비욘드미트와 임파서블푸드 같은 글로벌 브랜드들이 인기를 끌고 있으며, 국내에서도 신세계푸드, 풀무원, CJ제일제당 등이 대체육 시장에 진출했다. 건강한 간편식도 인기를 얻고 있으며, 비건 라면, 피자, 버거 등이 다양한 형태로 출시되고 있다. 이는 바쁜 현대인들에게 간편하면서도 건강한 식사를 제공해 많은 사랑을 받고 있다.

⑩ 프리미엄 간편식, 고급 식재료, 건강한 간식, 스페셜티 커피

소비자들이 건강과 품질을 중시하면서 프리미엄 간편식, 고급 식재료, 건강한 간식, 스페셜티 커피의 인기가 높아지고 있다. 프리미엄 간편식 시장은 다양한 고급 식재료를 사용하여 식사의 품질을 높이고 있으며, CJ제일제당의 '비비고'와 롯데푸드의 '쉐푸드'가 대표적이다. 이 제품들은 집에서도 레스토랑 수준의 식사를 가능하게 하며, 맛과 영양을 동시에 만족시킨다. 건강한 간식으로는 다양한 견과류와 과일을 이용한 스낵이 인기를 끌고 있으며, 특히 무설탕, 무방부제 제품이 주목받고 있다. 스페셜티 커피는 높은 품질의 원두를 사용하여 특별한 맛과 향을 제공하며, 블루보틀, 만랩커피, 테라로사 등이 대표적이다. 이러한 트렌드는 소비자들이 건강과 품질을 중시하는 경향을 반영하며, 앞으로도 지속적으로 성장할 것으로 예상된다.

⑪ 비대면의 선호와 인력난으로 푸드테크 확대

비대면 서비스 선호와 인력난 문제로 푸드테크가 급속히 확대되고 있다. 코로나19 팬데믹으로 비대면 서비스 수요가 증가하면서 푸드테크 산업은 새로운 성장 동력으로 부상했다. 로보아르테는 로봇 치킨 매장을 운영해 인력난을 해결하며, 고피자는 사람과 로봇이 협업해 피자를 만든다. 편의점의 무인매장 확대와 외식업계의 키오스크, 서빙 및 조리 로봇 도입이 가속화되고 있다. 이는 소비자들에게 편리성과 효율성을 제공하며, 푸드테크 산업의 성장을 촉진하고 있다. 정부와 기업들은 푸드테크 관련 연구개발과 투자, 정책 지원을 강화하고 있다.

⑫ 외식시장의 양극화

외식시장에서 소비 양극화 현상이 뚜렷해지고 있다. 평일에는 저렴한 편의점 도시락을 선호하며 비용을 절감하고, 주말에는 고급 레스토랑이나 오마카세를 즐긴다. 이는 물가 상승과 경기 불황으로 더욱 심화되었다. 오마카세 매장은 2021년 100여 개에서 2023년 413개로 급증하며 프리미엄 소비가 증가하고 있다. 소비양극화로 인해 중간 가격대의 외식업체들은 경쟁력을 잃고 있다. 외식업계는 고급화와 저가화 전략을 동시에 추진하는 것이 중요하다.

⑬ SNS 발달로 FOMO 신드롬

SNS의 발달로 'FOMO Fear of Missing Out' 신드롬이 외식 트렌드에 큰 영향을 미치고 있다. SNS에서 화제가 되는 맛집과 음식은 소비자들에게 큰 매력을 느끼게 하며, 특정 레스토랑의 독특한 메뉴나 아름다운 인테리어가 빠르게 확산된다. 이는 레스토랑의 매출 증대와 브랜드 인지도 향상에 기여한다. FOMO 신드롬은 특히 젊은 층에서 두드러지며, 이들은 주말마다 SNS에서 본 핫플레이스를 방문해 경험을 공유한다. 외식업체들은 SNS 마케팅을 강화하고, 독특한 메뉴와 이벤트를 기획해 소비자들의 관심을 끌고 있다.

⑭ 코로나로 인해 로컬푸드 인기

코로나19 팬데믹 이후 로컬푸드의 인기가 급상승하고 있다. 팬데믹으로 글로벌 식품 공급망이 위협받으면서 지역 내에서 생산된 안전하고 신선한 식품에 대한 수요가 높아졌다. 로컬푸드는 이동거리가 짧아 신선도와 영양소를 유지할 수 있으며, 화석연료 사용과 온실가스 배출을 줄여 환경 보호에도 기여한다. 거제시와 같은 지역에서는 로컬푸드 직매장의 매출이 증가하였으며, 이는 소비자들이 외식보다 가정식을 선호하게 된 결과이다. 로컬푸드 소비는 앞으로도 증가할 것으로 예상되며, 이는 지역 농가의 소득 증대와 경제 활성화에도 긍정적인 영향을 미친다.

⑮ 돈까스 고급 버전 가츠, 베이커리 성장과 함께 산도샌드위치 성장

돈까스의 고급 버전인 가츠와 고급 베이커리가 인기를 얻고 있으며, 일본식 샌드위치인 산도도 주목받고 있다. 가츠는 고급 재료를 사용해 품질을 높인 돈까스로 많은 소비자들이 찾고 있다. 예를 들어, 연돈은 두툼한 고기와 바삭한 빵가루로 유명하다. 고급 베이커리들은 다양한 산도를 선보이며, 산도는 고급 식재료와 정교한 조리법을 통해 일반 샌드위치보다 높은 품질을 제공한다. 이러한 베이커리와 산도의 인기는 소비자들에게 새로운 외식 경험을 제공하며 지속적으로 성장하고 있다.

③ 배달의 시대

① 배달 플랫폼의 탄생

최근 배달 외식시장은 20조 원 이상으로 빠르게 성장하고 있다. 공정거래위원회에 따르면 음식 배달앱 거래규모는 2013년 3,347억 원에서 2023년 20조 원으로 급증하였다. 배달앱 이용자 수는 87만 명에서 2024년 3월 기준으로 약 3,370만 명에 이른다.

배달시장은 초기 중화요리나 출장 뷔페, 케이터링 등에서 시작하여 다양한 소규모 아이템의 포장패키지가 가능해지면서 성장하였다. 초기에는 배달책자, 전단지, 쿠폰, 신문 등 전통적인 광고 형태에서 벗어나 정보통신의 발달과 스마트폰 보급을 통한 O2O Online to Offline 서비스 기반의 외식 배달 애플리케이션의 급격한 성장이 한몫을 했다.

현재 외식 배달 애플리케이션은 스마트폰의 위치정보와 주문, 결제, 음식점 정보를 제공하여 언제 어디서든 이용할 수 있도록 발전하고 있다. 2010년 배달의민족, 요기요, 배달통 등이 처음 서비스를 선보였으며, 최근에는 약 50%가량 배달앱을 통해 배달 서비  스가 이루어지고 있다. 배달앱 이용자 수는 약 3,370만 명에 달하고 있으며, 쇼핑몰의 유통 및 서비스 플랫폼 기업까지 배달 플랫폼 서비스에 진출하고 있는 상황이다.

또한, 배달시장 수요가 증가하면서 배달 서비스만 제공하는 것이 아니라 배달을 대행하는 배달대행서비스가 등장하여 직원의 직접 고용 없이 메뉴를 전달할 수 있게 되었다. 배달 서비스 구조는 배달앱, 배달외식업체, 배달대행업체로 변화되고 있다. 배달앱의 등장은 O2O 서비스와 플랫폼 서비스의 융합으로 스마트폰과 같은 모바일 기술과 GPS, WiFi 등의 위치정보기술, 상거래 활동을 지원하는 NFC, QR코드, 블루투스 등의 기술이 도입되어 가능해졌다. 또한, 95% 이상의 스마트폰 보급률을 자랑하는 한국에서 모바일이 온라인과 오프라인을 연결하는 대표적 채널로 자리매김하였다.

표 3.3_ **주요 O2O 기반의 외식서비스 분류**

분류	주요 내용	국내 업체명
배달중개서비스	배달 음식 주문 및 결제	배달의 민족, 요기요, 배달통
배달대행서비스	음식 배달 서비스 대행	푸드 플라이, 쿠팡이츠, 부릉, 부탁해
식재료배송서비스	신선한 식재료 및 밀키트 배송	마켓컬리, SSG닷컴, 새벽배송, 쿠팡 로켓프레시
스마트 오더	앱을 통한 주문 및 결제	스타벅스 사이렌 오더, 이디야 오더
키오스크	무인 주문 시스템	맥도날드, KFC, 버거킹 외 다수
빅데이터	빅데이터 기반 맛집 추천	다이닝코드, 망고플레이트

❷ 배달 플랫폼의 성장

배달 외식 애플리케이션은 모바일 플랫폼을 통해 음식점과 소비자를 연결해준 다는 점에서 O2O 기술을 기반으로 한 '배달 중개 플랫폼'이라 할 수 있다. 초기의 배달앱은 오프라인의 배달전문점 정보를 한곳에 모아 플랫폼 사업자가 제공하는 모바일앱으로 활용할 수 있도록 하여 간편하게 주문하고 결제현금 또는 신용카드 할 수 있도록 해 소비자들에게 주목을 받기 시작했다. 최근에는 간편 결제 서비스 도입과 사용자 리뷰, 평점 정보, 식재료 배달, 테이크아웃 주문 등의 서비스까지 제공하여 소비자들의 편리함과 선택의 다양성을 제공하며 외식산업에 큰 영향을 끼치고 있다.

배달시장이 커질 수 있는 요인으로는 1인 가구의 증가와 혼밥족의 증가가 가장 큰 요인으로 작용한다. 2023년 대한민국 1인 가구 수는 750만 2천 가구로 전체 가구수의 약 28%를 차지하고 있다. 하루 2회 이상 1인분 주문이 가장 많았던 날이 일요일로 나타났고, 불편해하지 않고 1인 활동인 혼밥·혼술을 즐기는 소비자들이 증가하고 있는 것도 사실이다. 1인 가구와 함께 맞벌이 부부의 온라인 장보기, 배달 반찬·이유식 등의 수요증가도 눈에 띄게 나타났다.

온라인 쇼핑이 편리해진 것도 배달앱 수요가 늘게 된 요인이다. 클릭이나 터치 몇 번으로 주문에서 결제까지 끝낼 수 있게 되었고, 직장인과 학생, 주부 등 다양한 소비자들의 취향을 저격하고자 배달앱도 많이 생기게 되었다.

배달음식으로 연상되는 음식은 '치킨'과 '중식', '피자'가 떠오른다. 배달앱으로 주문하는 메뉴 또한 치킨과 중식, 피자가 상위권을 차지한다. 배달앱을 사용하여 음식을 주문하는 이유로는 검색부터 결제까지의 '원스탑 서비스가 가능'함과 동시에 '가격 할인 혜택' 이 두 가지로 압축된다. 또한, 배달앱 이용 빈도는 일주일에 1~2회가 가장 많고 활용하는 배달앱은 '배달의 민족'과 '요기요'가 압도적으로 많다. 두 앱 모두 대중성과 다양한 이벤트가 많다는 것을 손꼽았다.

최근 배달앱 서비스 증가의 체감 수준은 높은 편이며, 서비스 자체 참신도 역시 긍정적으로 평가받고 있다. 단, 2030대 저연령층이 가장 많이 사용하고 있어 특정 세대에서만 사용빈도가 높다.

표 3.4_ **국내 주요 배달앱 서비스 현황(2019년 기준)**

구 분	배달의민족	요기요	쿠팡이츠
출범시기	2010.6	2012.6	2019.4
기업	우아한형제들	딜리버리히어로	쿠팡
시장 점유율	65%	20%	15%
인지도	95%	85%	80%

배달앱 시장이 확대되면서 배달앱 서비스 업체는 외식분야 등록 업체를 늘려 주문할 수 있는 음식 범위를 카페, 맛집 등으로 다양하게 확장할 뿐만 아니라 다른 브랜드와 협업하여 편의점 제품, 밀키트, 신선식품, 반찬 배달 등으로 배달의 범위를 넓혀가고 있다. 또한 테이크아웃 주문, 직장인 모바일 식권 서비스를 연동하여 시장의 범위를 확대하고 정기구독 서비스, 할인 프로모션 등을 도입하고 있고 국내 시장 점유율을 90% 이상 넓혀가고 있는 추세이다.

③ 배달 플랫폼의 명암

하지만 배달앱에 좋은 점만 있는 것은 아니다. 배달 시 발생하는 포장용기를 처리하는 문제가 그중 하나다. 신선식품을 담은 스티로폼 박스와 음식을 겹겹이 싸놓은 비닐랩, 배달음식이 담긴 일회용기는 환경에 부담을 주는 요인으로 손꼽히고 있다. 배달앱으로 인한 배달산업의 성장 이면에는 열악한 환경에 놓인 배달업 종사자들이 있다. 배달 서비스가 소비자의 입장에서는 편리해지고 있지만, 배달업 종사자들은 산재보험과 사고위험, 보상단계의 사각지대로 내몰리고 있는 것이 현실이다.

소상공인연합회의 설문조사에 따르면 많은 소상공인의 경우 배달앱을 이용하고 있는 것으로 나타났다. 배달앱을 이용하고 있는 이유로는 '매출증대를 위해서 71%', '타 업체와의 경쟁 등 영업을 위해서 어쩔 수 없이 가입43.5%', '배달앱 성장에 따른 불가피한 선택34%' 순으로 나타났다. 배달앱이 소상공인의 전체 업종에서 확산되고 있는 실정이다. 소비자들의 구매수단이 급격히 스마트폰이나 인터넷을 활용한 온라인 배달시장으로 변화하면서 어쩔 수 없이 소상공인들이 배달앱에 초점을 맞추고 있는 것이 현실이다.

배달앱이라는 거대 공룡마케팅에 종속되는 소상공인들과 소비자들의 건강과 자영업시장이 함께 위험할 수밖에 없다. 소상공인시장진흥공단의 '포털광고 O2O 서비스 이용실태 조사결과'에 따르면 소상공인들의 월평균 광고비는 39만 5,000원으로 조사됐다. 이 가운데 앱 광고 비용이 29만 5,000원으로 약 75%를 차지하였고 포털 광고비는 28만 원 수준으로 약 71% 수준이다. 앱 광고 불공정 거래 경험 소상공인의 62.5%가 '광고비 과다'를 불공정 행위로 꼽았다. 또한 배달앱 상단 노출 입찰 광고도 소상공인들의 빈익빈 부익부를 부추기고 있다. 배달앱 시스템은 일명 '노른자위'로 평가받는 화면 최상단에 광고할 수 있는 업체를 입찰방식으로 선정하고 있다. 이러한 방식으로 앱 화면 상단 또는 1페이지에 광고를 했던 소상공인 중 60% 이상이 만족스럽지 못하다고 평가하고 있다. 그 이유는 높은 낙찰가와 성과 불확실이었다.

배달앱 서비스에서 소비자가 얻고자 하는 것 중 가장 중요한 것은 정확한 정보이며, 소상공인에게 바라는 것은 음식의 질이다. 소상공인들은 비싼 광고료에 불필요한 지출을 하기보다 음식의 맛과 질에, 배달앱 기업은 정확하고 객관적인 정보를 제공하는 데 집중해야만 한다. 가맹사업법에는 가맹점 간의 영업권역을 보장하고 있지만 배달앱 기업이 이것을 무시하고 지역 단위를 분할해 상권 충돌이 생겨나는 사례도 발생한다.

배달앱 시장에 뛰어들어 활용하는 소상공인들과 배달앱 플랫폼을 제공하는 기업의 상생을 모색해야 한다. 배달앱 서비스 이용 수수료·광고료 인하와 댓글 관리 시스템, 법적장치 마련, 배달앱 서비스 연계 카드 결제 시 자금결제 기일 단축도 필요하며, 배달앱 이용자 개인정보와 보안관리를 강화해야 하며, 배달음식 위생과 식품안전 강화를 위한 별도의 제도도 함께 마련되어야 할 것이다. 소비자 피해방지와 소상공인들과의 공정거래질서도 필요한 시점이다.

4 주목해야 할 외식산업 트렌드

1 편도족

편도족이란 편의점 도시락으로 식사를 해결하는 사람들이다. 1인 가구와 시간적·경제적 여유가 부족한 사람들이 증가하면서 편도족도 늘어나고 있다. 편의점 도시락 시장은 3,000억 원대 규모로 성장 중이며, 외식 트렌드 변화와 함께 소비 패턴도 변하고 있다. 본래 편의점은 일회용품과 간단한 식료품을 주로 팔았으나, 이제는 가성비 좋은 도시락과 간편식이 인기를 끌고 있다. 3,000~4,000원에 다양한 반찬을 포함한 편의점 도시락은 일반 식당보다 저렴하여 인기가 많다. 고령화, 1인

2012~13	2014~15	2016	2017	2018	2019	2020	2021	2022	2023	2024
1인 외식	먹방 신드롬	미각 노마드	나홀로 열풍	가심비	비대면 서비스화	Buy me For me	홀로 만찬	퍼플오션 다이닝	양극화	N극화 취향시대
매스티지	로케팅 소비	푸드 플랫폼	반외식의 다양화	빅블러	편도족의 확산	멀티스트리밍소비	진화하는 그린슈머	취향을 공유하다	경험이 곧 소유	Helthy & Easy
홈메이드	한식의 재해석	나홀로 다이닝	패스트 프리미엄	반외식의 확산	뉴트로 감성	편리미엄 외식	취향소비	속자생존 24시	건강도 힙하게	스토리 탐닉
복고	HMR	SNS 외식 경험	모던한식의 리부팅	한식 단품의 진화	간편식	그린오션	안심 푸드테크		휴먼테크	다각화 & 다변화
슬로푸드, 웰빙	가치소비	1인가구, HMR	쿡방, 먹방, SNS	골목상권 체크슈머	친환경	온라인 체험소비	동네상권의 재발견			

표 3.5_ **연도별 외식트렌드 변화**

출처: 농림축산식품부(2024)

가구 증가, ICT 보급 확대, 핀테크 고도화, 환경 친화, 웰빙, 힐링, 개성 추구 등의 사회적·기술적 변화로 소비 패턴이 바뀌고 있다. 특히 크로스오버 쇼퍼의 등장으로 가성비와 간편 결제 수요가 확대되며, 편도족의 전성시대가 도래할 가능성이 크다.

② 비대면 서비스

외식산업에서 무인점포의 확산이 지속되고 있다. 이는 고객들이 종업원과 대면하지 않고 메뉴를 주문하고 받는 비대면untact 서비스에 대한 니즈가 증가하고 있기 때문이다. 첨단 기술의 발전으로 온라인 구매가 늘어나고 있으며, 오프라인에서도 비슷한 현상이 발생하고 있다. 인건비와  임대료 상승도 무인 서비스 도입을 촉진하고 있다. 외식산업에서는 완전 무인점포와 일부 시간대에 인력을 투입하는 스마트 점포가 함께 도입되고 있다. 그러나 현재 무인점포는 키오스크 수준에 머물러 있다. 일반 음식점 중 키오스크를 도입한 곳은 0.3%, 피자·햄버거·샌드위치 업종은 8.8%, 카페 등 비알콜 음료점은

외식산업의 이해

3.4%에 불과하다. 까다로운 서비스나 특정 상품의 경우 무인점포 이용에 제한이 있다.

③ 뉴트로

뉴트로New-Tro는 과거를 재현하는 '레트로retro'와 새로움을 의미하는 'new'의 합성어다. 단순 복고와 달리 밀레니얼 세대가 주도하며, 이들은 경험해보지 못한 신선함에 이끌려 옛것을 선호한다. 외식산업에서는 70~80년대 문화를 중·장년 층에게는 향수를, 젊은층에게는 재미와 호기심을 자극하는 방식으로 활용하고 있다. 복고풍 인테리어, 향수를 자극하는 메뉴 네이밍, 그릇과 푸드코디, 브랜드 디자인 변화 등을 통해 마케팅에 적극 활용된다.

서울 을지로 뒷골목은 뉴트로 열풍으로 최신 유행거리로 자리 잡았다. 특히 20대 여성이 많이 찾는다. 2019년 주요 상권별 외식업 카드 이용건수 분석에 따르면, 20대 여성의 이용건수가 세운상가, 을지로3가에서 크게 증가했다. 뉴트로 식당골목은 아는 사람만 찾아가는 특별한 경험을 제공해 각광받고 있다.

④ 양극화의 극대화

양극화는 경제적 양극화와 사회적 양극화로 나뉘는데 주로 경제적 양극화의 결과로 사회적 양극화 현상이 나타난다. 즉, 빈부의 격차가 심해질수록 빈익빈 부익부 현상이 두드러지고, 부유층과 서민층의 사회갈등이 생기면서 사회가 통합되지 못하고 양극화로 분리가 되고 있다. 가구당 월 평균소득의 격차, 줄어드는 고용원과 자영업자 수의 감소, 외환위기 이후 소득상위 10%의 비중이 더욱더 늘어나게 되었다.

양극화의 극대화 원인으로는 최저임금의 가파른 인상과 판매부진, 임대료 등의 고정비 상승, 업체 간 경쟁심화를 들 수 있으며, 외환위기 이후 구조조정과정에서 실직자들이 선택한 유일한 대안이었던 자영업자들의 무한 경쟁이 원인이 되었다. 누군가 실패하고 나간 자리에 새로운 경쟁자가 들어와 실패를 반복하는 생존경쟁을 탈피해야 할 것이다.

5 다업종·다브랜드 시대

외식산업 중 프랜차이즈 업계에 해당되는 다업종·다브랜드 추세는 브랜드 확장과 신규개발로 수익 다각화 및 수익의 극대화를 모색하기 위한 현상으로 볼 수 있다. 소비자들의 니즈와 유행하는 아이템의 급속한 변화, 다브랜드를 통해 위험을 분산시키고 회사의 수익구조를 안정화하는 목적이 강하다. 외식산업의 브랜드 확장은 기존 브랜드의 콘셉트을 약간 변형시켜 새로운 브랜드로 탄생하는 것이고, 브랜드 개발은 기존 브랜드와 다른 콘셉트의 브랜드로 탄생되어 외식시장 내의 파워와 시장 점유율을 상승화하게 된다.

6 그린오션

경쟁이 치열한 '레드오션'을 떠나 새로운 시장을 개척하는 '블루오션'을 넘어, 친환경 가치를 경쟁요소로 새로운 부가가치를 창출하고자 하는 시장을 의미한다. 외식업계에서도 일회용 플라스틱 근절과 같은 친환경 운동부터 비건 레스토랑, 식물성 고기 등 친환경 외식시장이 각광받고 있다. 또한 고령화 시대와 맞물려 친환경적인 식재를 사용한 음식, 맞춤형 건강식 등이 부상하고 있다.

7 멀티스트리밍 소비

유튜브, 카카오, 페이스북, 인스타그램 등 사회 관계망 서비스SNS 채널을 통해 외식소비 감성을 자극하는 콘텐츠와 마케팅이 활발하게 이루어지고 있는 현상을 뜻한다. 스마트폰이 대중화된 이후 다양한 SNS 채널을 통해 일상과 경험, 취향을 공유하는 문화가 점차 확산되면서 외식업계에서도 이를 활용한 홍보에 적극 나서고 있다.

8 편리미엄 외식

혼밥, 혼술 등 1인 외식의 증가와 배달앱 등 비대면 서비스의 발달에 힘입어 편리함과 프리미엄을 함께 추구하는 현대 사회의 소비 성향을 뜻한다. 이에 따라 간편식HMR의 고급화, 밀키트meal kit. 손질된 식재료와 양념 등을 넣고 레시피에 따라 조리만 하면 되는 HMR의 일종, 프리미엄 음식배달 서비스 등 편의성과 함께 소비자의 만족을 충족시켜줄 프리미엄 재료, 서비스 등이 확대되고 있다.

9 Buy me-For me

'나를 위한 소비'를 뜻하는 개념으로서, 개인이 추구하는 가치나 개성이 다양화, 세분화되면서 자신의 취향이나 감성적인 욕구를 충족시켜줄 수 있는 상품이나 서비스를 소비하는 성향을 일컫는다. 이러한 성향의 소비자들은 자신이 가치를 두는 제품이 다소 비싸더라도 과감히 투자하는 소비 행태를 보인다. '나를 위한 소비' 트렌드는 주관적 만족과 취향을 중요시하는 밀레니얼세대를 중심으로 확산되고 있다.

⑩ 홀로만찬

1인 가구 증가, 코로나19의 영향으로 혼자서 원하는 장소에서 원하는 식사를 하는 외식 경향을 말한다. 밀키트는 이제 식품외식 시장에서 인기 상품으로 자리 잡았고, 성장하는 트렌드로 손꼽히고 있다. 소비자의 취향이 갈수록 편리함을 추구하고, 다양해지고, 언제 어디서나 시간과 장소에 구애받지 않으면서 식사가 가능함을 추구하는 소비 성향과 맞닿아 있다.

⑪ 진화하는 그린슈머

환경보호, 동물복지 등 윤리적 가치에 따라 소비를 결정하는 가치소비가 늘면서 소비자가 친환경 포장재 사용, 대체육 소비, 채식주의 등을 추구하는 현상을 말한다. 세계적 팬데믹 상황이 발생하면서 환경 보호에 대한 경각심과 의식은 더욱 완고해졌으며 소비자들 또한 이에 맞춘 소비성향을 가지고 있다. 이에 외식 기업들은 환경보호를 중요한 경영 요소로 분류하고 환경경영 목표 수립, 실행과제를 선정해 실천하고 있다. 예를 들면 유기농을 표방한 먹을거리와 화학 성분이 첨가되지 않은 식품, 천연소재 또는 천연자재로 만든 화장품·의류·생활용품 등을 구매할 때 제품의 친환경성 여부를 중요한 기준으로 삼는 것이다.

⑫ 취향 소비

1980년부터 2004년생 소비자를 중심으로 유행하는 체험소비와 구독 서비스, 이색 식재료 및 음식과 패션 브랜드 간 조합 또는 레트로복고풍의 재유행을 말한다. 다시 말해 '유행을 따라 하는 게 아니라 개인 취향을 존중하는 것 자체가 유행이 된 시대'라고 말하기도 한다. 트렌드에 맞추기보다는 소비자들의 취향을 정

외식산업의 이해

확히 파악하고 그에 맞는 상품을 출시하는 브랜드가 꾸준한 인기를 얻고 있다.

샌드위치 브랜드 서브웨이는 모든 재료를 주문자가 직접 선택해 '나만의 샌드위치'를 즐길 수 있는 서비스의 대표적 브랜드이다. 소비자 개개인의 입맛에 맞춘 각기 다른 조합의 상품으로 현재 소비 트렌드에 부합하고 있는 것이다. 피자헛의 '쉬림프 올인' 상품은 새우 토핑의 양이 적다는 의견을 반영해 새우의 양을 늘리고 중간 크기 새우를 더 담아준다.

⑬ 안심 푸드테크

편리한 외식소비와 위생·안전에 대한 소비자의 관심이 늘면서 정보통신기술 ICT을 이용한 비대면 예약·주문·배달·결제 등의 서비스 이용이 증가하는 현상을 뜻한다. 코로나19의 방역강화로 인해 안전과 안심에 민감한 소비자들이 외식을 소비하는 방식을 키오스크, 사전주문 앱, 조리로봇, 배달로봇 등 다양한 푸드테크 기술과 함께 외식산업에 접목되면서 접객서비스, 주문 결제방식도 고루 발전하고 있는 것이다. 무인카페, 무인편의점을 예로 들면, 점포 입장부터 결제까지 전 과정이 논스톱으로 이뤄지며 상품이동 추적, 동선 추적, 매장 전경 촬영, 이상 행동 감지, AI카메라, 선반 무게 센서, POS시스템을 적용한다. 이미 무인 카페는 자리매김하여 젊은 소비자층에게는 활성화되어 있으며, 프랜차이즈 시스템으로 전국적 확산이 이뤄지고 있다.

⑭ 동네상권의 재발견

코로나19 등으로 인해 거주지 인근의 배달 음식점 등을 이용하는 경우가 늘면서 동네 맛집, 동네 상권 들에 대한 관심과 소비가 증가하는 현상을 표현한 것이다. 재택근무가 늘어나고 대중교통 이용자가 많아지면서 소비의 지역화 현상이 일어나는 것이다. 소상공인들의 코로나19 피해는 시간이 갈수록 더욱 늘어날 전망이며, 폐업률, 임대료 미지급, 명도소송은 더욱 늘어날 것이다.

동네상권을 위한 정부와 지역사회, 기업들은 동네상권을 살리기 위해 다양한 정책을 시도하고 있다. 재난 지원금을 지역화폐로 발행하며, 배달앱은 동네맛집 찾기 이벤트를 주기적으로 펼치고 있으며, 스마트슈퍼를 육성한다. 또한 제로페이로 신용카드 수수료를 지원하고, 온누리상품권을 할인 판매하여 소비촉진을 한다. 광역단체별로 별도의 '배달앱'을 개발해 전통시장과 골목상권의 배달 수수료를 지원한다. 이에 발맞춰 동네상권 소상공인들은 온오프라인 서비스를 강화하고, 상품의 질을 높이며 지역사회 공헌활동도 하는 것이 동네상권에서 살아남는 지름길이 되는 것이다.

⑮ 퍼플오션 다이닝

퍼플오션이란, 경쟁시장레드오션과 미개척시장블루오션을 혼합한 것으로, 간편식 경쟁이 격화되면서 '위드 코로나'로 새로운 시장이 출현한 것이다. 대표적인 것이 '레스토랑 간편식-RMR'로 식품 제조사가 아닌 유명 맛집 등 식당이 유통업체와 협업하여 간편식 제품을 출시한다. 기존의 기업 대 개인B2C 위주의 유통환경이 기업 대 기업B2B 영역으로 확대되어 식당에 식자재뿐만 아니라 밀키트에도 큰 영향을 미치고 있다. 여기에 1인 외식의 개념도 확장되어 고급 레스토랑에서 혼자 여유롭게 식사하는 형태로 변화하는 것이다. 이에 발맞춰 외식기업은 단순히 유행을 따라가지 말고 간편식을 해야 하는 이유와 목적, 간편식화가 가능한 메뉴, 생산과 판매 전략, 고객층과 프리미엄 요소 등의 구매력을 강화하여 진출하는 것이 필요하다.

⑯ 취향을 연결하다

남과 같음을 통해 소속감을 얻고자 하는 과거와 달리 최근의 소비형태는 나만의 가치를 느낄 수 있는 취향을 소비하는 것이라 말할 수 있다. 특히 젊은 소비층일수록 나의 취향을 중시하고, 온라인을 통해 나의 취향과 타인의 취향을 공유하며, 생산에도 참여하는 '재미 요소'가 작용한다. 외식업소는 메인 타깃층의 취향과 경험, 재미를 느낄 수 있는 요소를 발굴하고 외식업소의 스토리, 고객의견 청취와 소통, 플랫폼 활용 등을 통해 디지털 네이티브를 강화하는 방법을 강구해야 한다.

⑰ 속자생존 24시

배달 시간이 더욱 단축되고 24시간 영업이 확산하는 변화를 부르는 말로 배달시장의 가속화, 대중화, 푸드테크의 진화, 무無시간성, 고스트 레스토랑의 확대 등이 핵심 키워드로 꼽힌다. 배달시장이 치열해지고, 음식 배달시간을 줄이며 24시간 영업이 확대되며, 아점 · 점저 · 야식 · 간식 등 정해진 시간이 아닌 먹고 싶을 때 먹는 식습관이 늘어나는 것이다. 또한, 자본력이 부족한 청년 창업희망자들에게 매우 매력적인 창업모델로서 고스트 레스토랑ghost restaurant를 활용하기도 한다.

⑱ N극화 취향시대

개인의 취향이 다양화되고 세분화되면서 소비자들은 독특한 외식 경험을 선호한다. 고물가 시대에 가성비 좋은 프리미엄 도시락이나 편의점 외식을 찾는 경향이 두드러지며, 0.5인분 샐러드나 대용량 음료 같은 맞춤형 제품들이 인기를 끌고있다. 외식 선택 요인이 개인화되고, '취향 저격'이라는 표현이 일반화되고 있다.

환경 보호와 건강을 중시하는 소비자 요구에 따라 외식업체들은 친환경 포장재와 건강한 식재료를 사용하는 방향으로 변화하고 있다. 배달앱은 일회용품 사용을 줄이고 친환경 용기를 도입하며, 외식 옵션은 편의점 외식, 테이크아웃, 다양한 퓨전 음식 등으로 다양해지고 있다.

19 Healthy & Easy

건강하고 간편한 식사를 추구하는 경향이 부각되고 있다. 바쁜 일상 속에서도 건강을 챙기려는 소비자들이 늘어나면서 저칼로리, 저염식, 저당 메뉴가 인기를 끈다. 샐러드, 저염식, 저칼로리 음식 등 건강을 고려한 간편식과 제로 칼로리 음료, 대체육 음료 등이 주목받고 있다. 소비자들은 환경 보호에도 관심이 많아 친환경 포장재를 사용하는 외식업체가 주목받는다. 일회용품 사용을 줄이고 재사용 가능한 용기를 사용하는 등의 친환경 노력도 강조된다. 바쁜 현대인들은 간편하게 준비할 수 있는 건강식을 선호하며, 온라인으로 쉽게 주문할 수 있는 간편식과 프리미엄 도시락 등이 인기를 끌고 있다. 이는 시간과 노력을 절약할 수 있어 매력적이다.

20 스토리 탐닉

소비자들이 외식에서 차별화된 경험을 중요시하는 경향이 늘고 있다. 이는 음식뿐만 아니라 장소, 방법, 선택 요인 등에서 개인화된 경험을 중시하는 트렌드를 반영한다. 주요 특징으로는 '경험 스펙트럼의 확장', '로코노미', '팝업 다이닝', '힙해진 전통시장' 등이 있다. 소비자들은 음식 관련 이야기와 경험을 통해 만족을 추구하며, 외식업체들은 다양한 시도로 이를 충족시키려 한다. 팝업스토어는 한정된 기간 동안 새로운 경험을 제공하여 브랜드 이미지에 긍정적인 영향을 미친다. Z세대의 97.2%가 팝업스토어를 방문했으며, 81.6%는 브랜드 이미지에 긍정적 변화를 느꼈다. 전통시장은 로컬 식재료와 역사적 이야기를 강조하는 전략으로 인기를 끌고 있다.

21 다각화 & 다변화

외식업체들은 급변하는 환경에서 생존과 성장을 위해 다양한 전략을 구사하고 있다. 팬데믹 이후 인플레이션과 경제 불황으로 경쟁이 치열해지자 메뉴, 운영방식, 마케팅의 다각화와 다변화를 추구하고 있다. 테이블 주문 시스템, 서빙 로봇, 키오스크, 자동조리기 등 푸드테크 도입으로 인건비를 절감하고 운영 효율성을 높인다. 식자재 유통 플랫폼, 음식 쓰레기 관리 플랫폼, 경영 관리 통합 솔루션을 통해 디지털 전환도 가속화하고 있다. 메뉴 다각화로 새로운 고객층을 확보하며, 밀키트 전문점과의 협업으로 소비자 선택지를 늘려 수익 창출 기회를 제공한다. 인력 부족 문제 해결을 위해 언택트 시스템과 자동화 기술 도입이 중요하며, 이는 외식업체들이 변화하는 환경에 적응하고 경쟁력을 유지하는 데 필수적이다.

외식산업의 정책

외식업을 경영하기 위해서는 창업하고자 하는 점포입지별로 제약조건이 있다. 최근 1년간 점포운영에 있어 위반행위로 행정처분 또는 영업정지를 받았던 곳이나 정화조의 용량조건, 오폐수관련 제한지역, 상수원보호지역 등에 관하여 제약이 있으므로 점포를 계약하기 전에 영업신고가 가능한지를 시·군·구청의 민원실(위생계)에 반드시 확인 후에 계약을 체결해야 한다. 향후 허가 승인을 받지 못하여 낭패를 보는 경우가 있으므로 다음 사항들을 충분히 숙지할 필요가 있다.

1 식품접객업 관련 인·허가

1) 식품접객 영업자 준수사항

일반음식점, 휴게음식점 등을 경영하는 경영주는 식품위생법 및 관련법규에서 규정하고 있는 식품접객영업자 준수사항을 지켜나가야 하며, 위반 시에는 행정제재, 과징금, 벌칙, 과태료 등이 부과된다.

영업자 준수사항 중 중요한 사항들을 요약해서 정리해보면 다음과 같다.

 표 4.1_ **영업자 준수사항**

NO	영업자 준수사항
1	물수건·숟가락·젓가락·식기·찬기·도마·칼·행주 기타 주방용품은 식품첨가물인 살균제 또는 열탕의 방법으로 소독한 것을 사용하여야 한다.
2	축산물 위생관리법 제12조(축산물의 검사)의 규정에 의하여 검사를 받지 아니한 축산물은 이를 음식물 조리에 사용하여서는 안 된다.
3	업소 내에서는 도박 기타 사행 행위나 풍기문란행위를 방지하여야 하며, 배달판매 등의 영업행위 중 직원의 이러한 행위를 조장하거나 묵인하여서는 안 된다.
4	간판에는 옥외광고물 등의 관리와 옥외광고산업 진흥에 관한 법률 제12조(일반적 표시방법)의 규정에 의한 해당 업종명과 허가를 받거나 신고한 상호를 표시하여야 한다. 이 경우 상호와 함께 외국어를 병행하여 표시할 수 있으나 업종 구분에 혼동을 줄 수 있는 사항은 표시하여서는 안 된다.

5	손님이 보기 쉽도록 영업소의 외부 또는 내부에 가격표(부가세 포함 손님이 실제로 지불해야하는 가격이 표시된 가격표를 말함)를 붙이거나 게시하되, 신고한 영업장 면적이 150제곱미터 이상인 휴게음식점 및 일반음식점은 영업소의 외부와 내부에 가격표를 붙이거나 게시하여야 하고 가격표대로 요금을 받아야 한다.
6	영업허가증·영업신고증·조리사 면허증(조리사를 채용해야하는 영업에 한함)을 영업소 내부에 보관하거나 게시하고 허가관청 또는 신고관청이 식품위생·식생활 개선 등을 위하여 게시할 것을 요청하는 사항을 손님이 보기 쉬운 곳에 게시하여야 한다.
7	식품의약안전처장이 국민에게 혐오감을 준다고 인정하는 식품을 조리·판매하여서는 안 되며, 멸종위기에 처한 야생 동식물종의 국제거래에 관한 협약에 위반하여 포획·채취한 야생 동·식물을 사용하여 조리·판매하여서는 안 된다.
8	유통기한이 경과된 원료 또는 완제품은 조리·판매의 목적으로 보관하거나 이를 음식물의 조리에 사용하여서는 안 된다.
9	허가를 받거나 신고한 영업 외의 다른 영업시설을 설치하거나 다음에 해당하는 영업행위를 하여서는 안 된다. • 휴게음식점영업자·일반음식점영업자 또는 단란주점영업자가 유흥접객원을 고용하여 유흥접객행위를 하게 하거나 직원의 이러한 행위를 조장하거나 묵인하는 행위 • 휴게음식점영업자 또는 일반음식점영업자가 음향 및 반주시설을 갖추고 손님이 노래를 부르도록 허용하는 행위. 다만, 연회석을 보유한 일반음식점에서 회갑연, 칠순연 등 가정의 의례로서 행하는 경우에는 그러하지 아니하다. • 일반음식점영업자가 주류만을 판매하거나 주로 다류를 조리·판매하는 다방형태의 영업을 하는 행위 • 식품접객업소의 직원이 영업장을 벗어나 시간적 요소의 대가로 금품을 수수하거나, 직원의 이러한 행위를 조장하거나 묵인하는 행위 • 휴게음식점 영업 중 주로 다류 등을 조리·판매하는 영업소에서 청소년보호법 제2조의 규정에 의한 청소년인 직원에게 영업소를 벗어나 다류 등을 배달하게 하여 판매하는 행위
10	유흥주점 영업자는 성명·주민번호·취업일·이직일·종사분야를 기록한 직원명부를 비치하여 기록·관리하여야 한다.
11	손님을 꾀어서 끌어들이는 행위를 하여서는 안 된다.
12	업소 내에서 선량한 미풍양속을 해치는 공연·영화·비디오 또는 음반을 상영하거나 사용하여서는 안 된다.
13	수돗물이 아닌 지하수 등을 먹는 물 도는 식품의 조리·세척 등에 사용하는 경우에는 먹는 물 관리법 제35조의 규정에 의한 먹는 물 수질검사기관에서 다음의 구분에 따라 검사를 받아 마시기에 적합하다고 인정된 물을 사용하여야 한다. 다만, 동일 건물에서 동일 수원을 사용하는 경우에는 하나의 업소에 대한 실험결과로 갈음할 수 있다. • 일부항목 검사: 1년 마다(전항목 검사를 하는 연도의 경우를 제외한다)먹는 물 수질기준 및 검사 등에 관한 규칙 제4조의 규정에 의한 간이상수의 검사기준에 따른 검사(잔류 염소검사를 제외한다). 다만, 시·도지사가 오염의 염려가 있다고 판단하여 지정한 지역에서는 먹는 물 수질기준 및 검사 등에 관한 규칙 제2조의 규정에 의한 먹는 물의 수질기준에 따른 검사를 하여야 한다. • 전항목 검사: 2년마다 먹는 물 수질기준 및 검사 등에 관한 규칙 제2조의 규정에 의한 먹는 물의 수질기준에 따른 검사
14	동물의 내장을 조리한 경우에는 이에 하용한 기계·기구류 등을 세척하여 살균하여야 한다.
15	행정처분기준에 의하여 시정명령·폐기처분·시설개수명령 등 사후조치가 필요한 행정처분을 받은 영업자는 그 명령에 따른 사후조치를 이행한 경우 그 이행결과를 지체 없이 처분청에 보고하여야 한다.
16	식품접객영업자는 낭비 없는 식생활 등 음식문화개선을 위해 노력하여야 하고 공통 찬통과 소형 또는 복합찬기를 사용하도록 하여야 하며, 손님이 남은 음식물을 싸서 갈 수 있도록 포장용기를 비치하고 이를 손님에게 알리도록 하여야 한다.
17	일반음식점영업자·휴게음식점영업자·단란주점영업자는 영업장 내부에 설치된 무대시설 외의 장소에서 공연을 하거나 공연을 하는 행위를 조장·묵인하여서는 아니 된다. 다만, 연회석을 보유한 일반음식점에서 회갑연, 칠순연 등 가정의 의례로서 행하는 경우에는 그러하지 아니하다.
18	조수보호 및 수렵에 관한 법률에 위반하여 포획한 야생동물을 사용한 식품을 조리·판매하여서는 안 된다.
19	식품접객업자는 손님이 먹고 남은 음식물을 다시 사용하거나 조리하거나 또는 보관(폐기용이라는 표시를 명확하게 하여 보관하는 경우는 제외한다)하여서는 안 된다.

2) 식품접객업의 영업허가

식품접객업은 음식류 또는 음료, 주류를 조리하여 식당 내에서 손님에게 판매하는 영업을 말하며, 이 경우 손님의 요구에 의하여 식당 인근의 가정 또는 일정한 장소에 배달·판매하는 행위는 서비스 차원에서 제한적으로 허용을 하고 있다. 영업신고·허가를 받기 위해서는 법령에 규정하고 있는 업종별 시설기준에 적합한 시설을 갖추어야 한다. 또 식품위생 수준의 향상을 위하여 모든 식품접객 영업자 또는 직원은 보건복지부 장관이 지정·고시한 위생교육전문기관에서 실시하는 교육을 영업개시 전 또는 후에 수료해야 하는데 이 위생교육은 보건복지부장관 승인에 의해 '한국외식업중앙회'에서 위탁실시하고 있다. 위생교육은 6시간을 반드시 대표자가 이수하고 일정한 구비서류를 갖추어 관할 시·군·구청 민원실에 제출해야 하는데, 예외적으로 도서, 벽지 등에서 영업하고자 하는 자와 부득이한 사유로 미리 교육을 받을 수 없는 경우에는 신고를 한 날로부터 3개월 이내에 교육을 이수하면 된다. 대표자가 영업활동에 직접 종사하지 않거나 2곳 이상의 사업장을 운영하고자 할 경우에는 식품위생책임자를 지정하여 교육을 수료할 수도 있다. 이때 주의할 점은 위생교육필증을 위한 교육은 매일 진행하는 것이 아니므로 한국외식업중앙회의 중앙교육원 또는 지역분회 교육원에 사전문의를 해서 수료하여야 한다. 그리고 필수 조리사 자격증은 집단급식소_{1회 식사 시 50인 이상 기준}와 복어요리전문점을 운영하는 경우에는 반드시 조리사 자격증이 필요하다.

영업신고 처리절차는 시·군·구청의 민원실 또는 식품위생과를 방문하여 문의 후 서류작성 및 구비서류를 구비하여 여유 있게 영업개시 5일 전쯤에 신청하면 담당 직원이 서류 검토 후 신고증을 교부하고 있으며, 이때부터 영업개시를 해도 무방하나 확인이 필요한 곳은 접수 후 1개월 이내에 현장을 방문하여 신고사항과 동일한지 현장확인을 하고 있다. 현장 확인은 현장의 신고사항과 건물증축, 가설건축물 설치여부, 주방의 기본요건 변경 등 사전 점검이 필수다.

조리사 및 영양사가 식품접객업으로 영업을 하고자 할 경우 신규 위생교육을 면제하고 있다.

표 4.2_ **식품 등의 영업허가 및 신고대상 업종**

구 분	근거 법령	업 종	변경대상
허가 업종	식품위생법 제37조	· 식품접객업(단란주점영 업·유흥주점영업) · 식품조사처리업	· 소재지 변경
신고 업종	식품위생법 제37조·38조	· 식품접객업(휴게음식점영 업·일반음식점영업·위탁 급식영업·제과점영업) · 즉석판매제조가공업	· 영업자의 성명 · 영업소의 명칭 또는 상호 · 영업소의 소재지 · 영업장의 면적 · 추가로 새로운 시설을 갖추어 새로운 식품군을 제조가 공하고자 하는 경우(식품제조가공업) · 즉석판매제조가공 대상식품 중 식품의 유형을 달리하 여 새로운 식품을 제조가공하고자 하는 경우 · 냉동, 냉장차량을 증감하고자 하는 경우(식품운반업) · 식품자동판매기의 설치 대수를 증감하고자 하는 경우

한편, 각종 규제의 완화 차원에서 폐지되었던 기존영업자 위생교육과정이 2004년 부활되어 한국외식업중앙회 산하 지회 또는 지부에서 실시하는 위생교육을 매년 3시간 수료하여야 한다.미 수료시 과태료 20만 원 부과

3) 영업신고허가 절차

영업허가는 아래의 내용대로 구비서류를 맞추어 신고하면 되는데, 소방관련 시행령의 개정에 따른 소방·방화시설기준이 강화되었으므로 주의가 요구된다. 특히 사전에 확인사항으로는 건축물관리대장상의 용도, 도시계획확인원, 오수분 뇨 및 축산물폐수처리에 관한 업종, 복어전문점인 경우 복어조리사자격증, 정화 조용량 등을 꼭 확인해야 한다.

표 4.3_ 영업허가 및 신고절차

단 계	내 용
1단계 접수 전 상담	• 민원인이 재산상 손실을 최대한 방지하는 차원에서 영업허가, 신고의 경우 반드시 식품 등의 허가 또는 신고처리 담당자와 상담을 한 후 접수 • 신고에 대하여는 즉시 처리하거나 다른 법령에 위반되거나 저촉되는 사항이 있는지에 대하여 신고인이 직접 확인 • 다른 법령에 위반되거나 저촉이 되면 그 법령에 의거 고발되거나 처분되므로 식품위생법령에 의하여 신고수리가 되더라도 영업하기가 어려움
2단계 접수	• 관할 구청 위생과 접수 수수료: 수입증지 28,000원
3단계 서류검토	• 식품위생법령으로 규정한 구비서류의 완비여부 검토 • 제출된 구비서류 검토 　- 건축법, 소방법 등의 법에서 명시된 타법령 관련사항에 대하여는 그 법령에 위반되거나 저촉되는 사항이 있는지 여부 확인 　- 관련법령에서 규정한 사항에 적합한 때에는 즉시 처리하되, 적합하지 않거나 제출서류가 미비한 때에는 보완요청하거나 반려
4단계 현장실사 및 시설조사 (허가 시 해당)	• 식품위생법 시행규칙상 업종별 시설기준에 적합한지 여부 판별
5단계 결재	• 영업허가의 경우 신원조회필요(법 제24조 제1항5호 규정 참조), 영업신고의 경우 신원조회 불필요(법 제24조 제2항의 규정 참조) • 서류검토로 적합하다고 판단될 경우 즉시 신고수리
6단계 허가신고증 교부	• 시설조사가 필요한 경우 신고수리 후 15일 이내에 실시 • 시설기준에 위반되거나 신고한 사항이 다를 경우 확인서를 징구하여 행정처분기준에 의거 시설 개수명령을 하거나 영업정지 등 행정처분

2 음식점 원산지 표시 의무

수입 개방화 추세에 따라 값싼 외국산 농산물이 무분별하게 수입되고, 이들 농산물이 국산으로 둔갑 판매되는 등 부정유통사례가 발생함에 따라 공정한 거래질서를 확립하고 생산농업인과 소비자를 보호하기 위해 1991년 7월 1일 농수축산물 원산지표시제도를 도입하게 되었다. 원산지는 농산물이 생산 또는 채취된 국가 또는 지역을 말하며, 국제적 거래에 있어서의 원산지는 생산된 정치적 실체를 지닌 국가를 가리키고 국내적으로는 지역 또는 지방을 의미한다고 할 수 있다.

표 4.4_ **원산지 의무 표시품목**

축산물 5종	농산물 3종	수산물 20종
· 소고기 · 돼지고기 · 닭고기 · 오리고기 · 양고기(염소고기) 포함	· 쌀(밥, 죽, 누룽지) · 배추김치(배추 및 고춧가루) · 콩(두부, 콩비지, 콩국수)	· 넙치(광어) · 조피볼락(우럭) · 참돔, 미꾸라지 · 민물장어, 낙지 · 고등어, 갈치 · 명태(황태, 복어 등 건조품 제외) · 오징어, 꽃게 · 참조기, 다랑어, 아귀, 쭈꾸미 · 가리비, 우렁쉥이(멍게), · 방어, 전복, 부세

음식점 원산지 표시제는 음식점에서 조리하여 판매, 제공하는 식재료 중 농수축산물 '20종'에 대하여 일정 기준에 따라 원산지를 표시하도록 의무화한 제도이다. 2016년 2월 3일부터 음식점 원산지 표시 품목 확대 및 표시방법이 대폭 변경되어 시행되고 있다.

최근 음식점 원산지 의무 표시품목은 변경 전 16개 품목에서 변경 후 29개 품목으로 확대 되었고, 기존의 표시대상 중 일부 품목에 대해서는 그 표시사항을 강화하게 되었다.

1) 음식점 원산지 표시 대상

음식점 원산지 표시 대상품목으로는 쇠고기, 돼지고기, 닭고기, 오리고기, 수산물, 쌀, 배추김치를 조리하여 판매·제공하는 경우 원산지를 표시하게 되어 있으며 국내산 쇠고기는 식육의 종류인 한우, 육우, 젖소를 추가 표시하게 된다. 원산지 표시 대상 음식점은 일반음식점, 휴게음식점, 위탁급식소, 집단급식소가 되며 원산지 표시 방법은 다음과 같다.

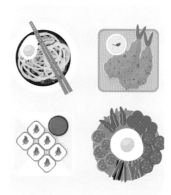

표 4.5_ 주요 원산지 표시 방법

품목	구분	내용
소고기	국내산	• 갈비(국내산 한우), 등심(국내산 육우), 갈비탕(국내산 젖소)
	수입산	• 갈비(미국산), 등심(호주산), 갈비탕(뉴질랜드산)
	국내산과 수입산을 섞은 경우	• 설렁탕(육수: 국내산 한우, 고기: 호주산) • 국내산 한우 갈비뼈에 호주산 쇠고기를 접착한 양념갈비의 경우 '소갈비(호주산)'또는 '국내산 한우' 갈비뼈와 호주산 쇠고기 섞음' ※ 국내산 소고기의 경우 원산지와 식육의 종류(한우, 육우, 젖소)를 함께 표시 ※ 수입산 소고기의 경우 '수입 국가명'을 표시
돼지고기	국내산	• 갈비(국내산), 삼겹살(국내산)
	수입산	• 갈비(미국산), 삼겹살(호주산), 보쌈(돼지고기 미국산)
	국내산과 수입산을 섞은 경우	• 김치찌개(돼지고기: 국내산과 벨기에산 섞음) • 국내산 갈비뼈에 미국산 소고기를 접착한 양념갈비의 경우'갈비(미국산)'또는 '국내산 갈비뼈와 미국산 돼지고기 섞음'
닭고기	국내산	• 삼계탕(닭고기 국내산), 후라이드치킨(닭고기 국내산)
	수입산	• 닭볶음탕(닭고기 미국산)
	국내산과 수입산을 섞은 경우	• 닭갈비(닭고기: 국내산과 미국산 섞음) ※ 배달용으로 판매하는 닭고기 음식(치킨, 찜닭 등)은 포장재에 표시하되,포장재에 표시하기 어려운 경우 영수증, 전단지 등에 표시 가능
오리고기	국내산	• 오리백숙(오리고기 국내산)
	수입산	• 오리훈제(오리고기 중국산)
	국내산과 수입산을 섞은 경우	• 오리로스(오리고기: 국내산과 중국산 섞음)
수산물		• 수족관 등에 보관·진열된 수산물 • 넙치(광어), 조피볼락(우럭), 참돔, 낙지, 미꾸라지, 뱀장어(민물장어) [2012.4.11부터 시행] • 생식용, 구이용, 탕용, 찌개용, 찜용, 튀김용, 데침용, 볶음용으로 조리·판매: 광어회(국내산), 참돔회(연근해산), 참돔구이(원양산), 광어매운탕(원양산(태평양산)), 우럭회(국내산과 일본산 섞음), 낙지볶음(국내산과 중국산 섞음), 모듬회(광어:국내산, 우럭:중국산, 참돔:일본산) ※ 국산은 '국내산' 또는 '연근해산'으로 표시하고, 원양산은 '원양산' 또는 '원양산 표시와 함께 해역명(태평양 등)'을, 수입산은 '수입국가명'으로 표시
쌀(밥류)		• 국내산: 쌀(국내산) • 수입산: 쌀(중국산), 잡곡밥(쌀: 중국산) • 국내산과 수입산을 섞은 경우: 쌀(국내산과 중국산 섞음) ※ 쌀은 찐쌀과 현미를 포함하며 원형이 유지된 밥류가 표시대상이며 죽, 식혜, 떡 및 면은 제외
배추김치		• 배추김치를 찌개·탕용으로 조리하여 판매·제공하는 경우: 김치전골(배추김치: 중국산), 묵은지 감자탕(배추김치: 중국산) [2012.4.11부터 시행] • 배추김치를 반찬용으로 제공하는 경우 – 국내산 배추 사용: 배추김치(배추 국내산) – 수입산 배추 사용: 배추김치(배추 중국산) – 배추김치를 수입: 배추김치(중국산) – 고춧가루, 젓갈 등 모든 원료를 국내산으로 제조한 경우: 배추김치(국내산) ※ 배추의 원산지를 표시하며 겉절이·씻은김치·보쌈김치 등도 표시 대상임

품 목	구 분	내 용

그 밖의 공통사항		• 쇠고기, 돼지고기, 닭고기 및 오리고기를 섞은 경우 각각의 원산지 표시
		  예시) 햄버그스테이크(쇠고기: 국내산 한우, 돼지고기: 덴마크산)
		• 국내산 쇠고기, 돼지고기, 닭고기, 오리고기, 쌀 또는 배추를 사용한 경우에는 "국내산"으로 표시
		  하는 대신에 이를 생산한 시·도명이나 시·군·자치구명으로 표시
		• 쇠고기·돼지고기·닭고기·오리고기의 식육가공품을 사용한 경우에는 그 가공품에 사용된 원료
		  의 원산지 표시. 단, 식육가공품 완제품을 구입하여 사용한 경우 그 포장재에 적힌 원산지를 표시
		  예시) 햄버거(쇠고기: 국내산), 양념불고기(쇠고기: 호주산)

2) 음식점 원산지 표시 규정

음식점 원산지 표시는 모든 메뉴판과 게시판의 바로 옆이나 밑에 표시하고, 크기는 음식명 글자크기와 같거나 그 이상으로 표시하게 되어 있다.

일반음식점 및 휴게음식점은 소비자가 알아볼 수 있도록 메뉴판과 게시판에 표시하되, 영업장 면적이 100㎡ 미만 업소에서는 메뉴판, 게시판, 푯말 중 하나를 선택하여 표시할 수 있다원산지 표시 글자 크기는 메뉴판 및 게시판 등에 표시된 음식명 글자 크기의 1/2 이상. 집단급식소와 위탁급식소는 취식장소에 월간 메뉴표, 게시판 형태로 표시하며, 교육·보육시설은 원산지가 표시된 주간 또는 월간 메뉴표를 가정통신문으로 통보하거나 인터넷 홈페이지에 추가로 공개하여야 한다. 장례식장, 예식장, 병원 등 많은 사람이 이용하는 장소는 소비자가 쉽게 볼 수 있는 장소에 푯말, 게시판 등으로 표시하여야 한다. 또한, 냉장고 등에 보관 중인 축산물도 원산지를 표시하여야 한다.

표 4.6_ **원산지 표시방법**

구 분	표시방법
글자크기	• 음식명과 가격크기와 동일 또는 크게 표시

표시장소	• 영업장 면적과 상관없이 메뉴판과 게시판에 표시하며, 메뉴판과 게시판 중 한 가지만 사용할 경
	  우에는 그곳에 표시함 단, 원산지 표시판을 제작하여 사용하는 경우 메뉴판 및 게시판의 표시 생
	  략 가능(규격 29㎝×42㎝ 이상, 글자크기 60포인트 이상)

표시위치	• 음식명과 가격 바로 옆 또는 밑에 표시
배추김치	• 배추와 고춧가루 함께 표시
혼합표시	• 섞음비율이 높은 순으로 표시
보관식재료	• 보관 중인 농수축산물의 제품포장재나 냉장고앞면, 식재료창고, 수족관 등에 원산지 표시

② 지원제도 및 정책방향

외식산업의 지원제도와 정책은 매년 달라지고 있다. 청년 외식창업 지원체계 구축, 외식 수요확대 및 소비 촉진 유도, 외식산업과 농업 간 연계 강화 및 외식 경영 안정화 유도, 외식기업 해외진출 활성화를 위한 지원 내실화, 소상공인 지원 등 다양한 정책과 지원제도가 추진되고 있다. 중소벤처기업부와 농림축산식품부, 소상공인시장진흥공단 등 정부부처의 지원과 제도를 활용하여 외식사업을 운영할 수 있다.

1 (청년) 외식창업 인큐베이팅

외식창업을 희망하는 청년들을 대상으로 창업 전 일정기간 동안 실질적인 매장 운영의 기회를 제공하고 준비된 창업으로 유도하기 위해 운영된다. 사업시행자를 선정하여 참가팀의 외식사업 실전경험에 필요한 사업장, 주방기구 및 비품, 교육 및 컨설팅, 홍보비를 지원하여 창업을 유도하고 있다. 청년 외식창업 공동체 공간조성 사업과 연계한 다양한 단계별 지원으로 외식창업 인큐베이팅 수료자에 대한 사후관리 또한 이뤄지고 있다.

2 (청년) 외식창업 공동체 공간조성

해당 지역 내 유휴공간을 활용한 공유주방 시설 조성 및 운영을 지원하여 청년 외식창업의 자생력을 강화하기 위해 운영된다. 외식 창업 청년 대상 공동체 플랫폼 형성, 임차료 및 인테리어, 교육, 컨설팅 및 자체 네트워킹 활동을 지원한다. 다양한 외식업 사업모델의 입주 및 개발이 가능하도록 사업장을 구성하며, 지원기간 동안 지원액을 단계적으로 감축하는 시스템을 도입하고 공동체 활성화를 통해 창업자의 자생력을 강화한다. 또한, 지속적인 관리 점검을 통해 외식창업 허브로 육성하고 사업 초기단계부터 전문가의 지속적인 점검을 통해 안정적인 사업으로 정착시킬 수 있도록 많은 혜택을 부여하고 있다.

③ 외식업체 육성자금 및 수출지원

외식업체를 대상으로 운영, 시설자금 지원을 통해 외식업 경영 안정화 및 외식산업과 농업 간 연계를 강화하기 위해 운영된다. 국산 농산물 매입 자금과 시설현대화 자금을 지원하고 있으며 시설, 운전자금으로 활용하도록 한다.

해외진출을 준비하고 있는 국내 외식기업의 국제 프랜차이즈 박람회 참가 및 맞춤형 지원을 통해 중소 외식기업의 해외진출을 뒷받침하고 있다. 박람회 대상국 선정 및 새로운 시장 개척 기회를 확대하고 있으며, 지원내용으로는 박람회 부스임차비, 장치비, 통역비, 홍보비를 지원하고 있다.

또한, 역량 있는 글로벌 외식전문 인재육성으로 해외진출의 인프라를 강화하고 있다. 외국어가 우수한 대학생을 대상으로 외식실무, 기업 현장교육, 외식기업 취업 매칭도 지원하고 있다.

④ 소상공인 컨설팅과 무료법률구조 지원

소상공인의 경영 안정화 및 경쟁력 제고를 위해 마케팅, 점포운영, 경영진단, 세무&수출 등 다양한 분야의 전문인력을 활용하여 컨설팅을 지원하는 제도이다. 상시 근로자 5인 미만제조업 등은 10인 미만의 음식, 도소매 등을 영위하는 소상공인 또는 임대차계약서를 소지한 예비창업자가 해당된다. 경영애로 소상공인의 경영능력 등의 강화를 위해 전문인력을 활용한 현장방문 컨설팅 제공으로 안정적 영업

기반을 확보할 수 있고, 성공적으로 업종전환이 가능하도록 한다.

소상공인 무료법률구조 지원은 소상공인을 대상으로 물품대금, 상가보증금 등 기타 상거래 관련 법률상담 및 소송비용을 지원하는 사업이다. 1년에 500개 업체를 지원하고 있는데 중위소득 125% 이하인 소상공인에 해당하며 소상공인의 상행위 관련 민사사건에 대한 변호사비용과 인지대, 송달료 등 제반 소송비용을 지원하고 있다. 신청 및 접수는 대한법률구조공단 지부에서 진행한다.

5 소상공인 협업 활성화

소상공인 협업 활성화는 소상공인 간 협업 및 공동사업 지원을 통해 소상공인의 경쟁력을 제고하고, 협동조합의 성장을 촉진하기 위해 운영된다. 협동조합기본법에 의해 법인설립 및 등기완료된 영리사업을 목적으로 하는 협동조합 또는 중소기업협동조합법에 의해 법인설립 및 등기완료된 수익사업을 하는 협동조합을 위해 지원하는 제도이다. 협동조합 구성원은 최소 50% 이상이 지원제외 업종에 해당되어서는 안 되며 대기업 또한 지원이 불가하다. 지원내용으로는 공동 브랜드와 마케팅, 장비, R&D, 시스템 네트워크 등 5억 원 한도 내에서 지원하고 있으며 협업 전문 교육과 컨설팅, 인큐베이팅, 온오프라인 판로지원소셜커머스, 수출, 박람회, 지역판매전, V-커머스의 혜택이 주어지게 된다.

6 유망 프랜차이즈화 지원

프랜차이즈 가맹본부가 되고자 하는 소상공인 또는 소규모 사업체를 대상으로 프랜차이즈 브랜드로서 성장하도록 지원하는 제도이다. 가맹본부 시스템 체계, 브랜드 디자인 및 IT 환경 구축 등에 소요되는 일부와 멘토링, 홍보 등을 지원하고 있다. 외식업, 서비스업, 도소매업 종사자로써 업력이 최소 1년 이상 운영한 소상공인이 해당된다. 지원내용으로는 가맹본부 시스템 체계구축, 브랜드 디자인BI·CI, 캐릭터, 포장디자인, 인테리어, IT 환경구축모바일·웹 홈페이지, 온라인 쇼핑몰, 마케팅, 멘토링 등이 있다.

❼ 소상공인 홈쇼핑 지원 및 백년가게 육성지원

우수한 소상공인 제품을 발굴하여 판로구축의 다변화를 위한 홈쇼핑 입점 및 온라인 쇼핑몰 연계입점, 1인 크리에이터 양성 및 제품판매를 지원하는 제도이다. 유통채널 입점을 위한 상품화 컨설팅과 함께 홈쇼핑 입점, 홈쇼핑 기획전, 1인 방송 커머스 등을 통해 판로확대로 이어질 수 있다.

백년가게 육성지원은 100년을 이어갈 우수한 소상공인을 발굴하고 성장을 지원하기 위한 제도로 30년 이상 사업을 운영해오고 있는 우수한 소상공인을 발굴하여 컨설팅, 교육, 금융, 홍보, 네트워크에 대한 혜택이 부여된다. 2020년까지 약 600개 이상의 백년가게가 선정되었고 선정된 점포는 3년 후 성과평가 결과 재지정 또는 지정취소가 되도록 운영하고 있다.

③ 정책자금 활용

외식사업체와 소상공인을 위한 정책자금은 다양하게 지원하고 있다. 숙련기술 기반의 소공인을 지원하고, 장수 소상인의 재성장 및 재도약 지원, 소상공인의 점포운영 자금 지원, 청년 소상공인의 경영안정자금 지원, 일자리안정자금 지원, 생활 속 혁신적 아이템을 보유한 소상공인 지원, 협동조합이 필요로 하는 시설 및 경영안정자금 지원, 저신용 소상공인 운전자금 지원 등이 있다.

정책자금을 담당하는 기관은 해당지역에 위치한 소상공인시장진흥공단 지역센터에서 접수 및 문의가 가능하며, 19개 대출 취급 금융기관경남, 광주, 국민, 기업, 농협, 대구, 부산, 산업, 새마을금고, 수협, 신한, 신협, 우리, 저축은행, 전북, 제주, 한국스탠다드차타드, 한국씨티, KEB하나에서 운영하고 있다.

표 4.7_ **소상공인 정책자금 종류**

구 분	지원취지 및 지원대상	지원내용
소공인특화자금	• 숙련기술 기반의 소공인이 필요로 하는 장비 도입, 경영안정 등에 필요한 자금을 지원 • 제조업을 영위하는 상시근로자수 10인 미만의 소공인	• 변동금리 • 업체당 5억 원 한도 • 운전자금 1억 원 한도 • 5년 이내 상환 • 소상공인시장진흥공단
성장촉진자금	• 성장기 및 성숙기 소상인의 활력 제고 및 재도약을 위한 지원 • 사업자등록증 기준 업력 5년 이상 소상인	• 변동금리 • 업체당 1억 원 • 시설분야 2억 원 한도 • 5년 이내 상환 • 제1금융기관
일반경영안정자금	• 소상공인의 경영애로를 해소하고 영업지속률을 높이기 위해 점포운영 자금 지원 • 상시근로자 5인 미만 사업자	• 변동금리 • 업체당 7천만 원 한도 • 5년 이내 상환 • 제1금융기관
청년고용특별자금	• 우수한 사업성과 발전가능성은 있으나 자금력이 부족하여 애로사항을 겪고 있는 청년 소상공인의 경영 활성화 지원 • 청년 소상공인(만39세 이하), 과반수 이상 청년근로자 고용사업주, 최근 1년 이내 청년근로자 고용 사업주	• 변동금리 • 업체당 1억 원 한도 • 5년 이내 상환 • 제1금융기관
소상공인 긴급자금	• 최저임금 인상에 따른 소상공인 사업주의 부담 최소화 및 경영 안정화를 위한 경영안정자금 지원 • 일자리안정자금 수급 소상공인	• 고정금리 2.5% • 업체당 7천만 원 한도 • 5년 이내 상환 • 제1금융기관
사회적경제기업 전용자금	• 협동조합기본법 또는 중소기업협동조합법에 의거하여 설립된 협동조합	• 변동금리 • 업체당 10억 원 한도 • 운전자금 2억 원 한도 • 5년 이내 상환 • 소상공인시장진흥공단
재도전 특별자금	• 저신용 소상공인 대상 운전자금 지원 • 신용등급(CB) 7등급 이하 소상공인	• 변동금리 • 업체당 1억 원 한도 • 8년 이내 상환 • 소상공인시장진흥공단

외식산업의 이해

외식산업의 경영관리

1. 일반환경

2. 외식산업 경영전략

3. 글로벌 외식 경영전략

1 일반환경

경영환경Business environment은 기업을 둘러싼 여러 가지 환경요인과 상황 또는 조건으로서 기업의 내외부에 기업이나 기업활동에 영향을 미치는 모든 영역을 의미한다. 기업이 성장하고 존속하기 위해서는 환경에 적응해야 하기 때문에 경영환경과 기업간의 관계는 중요하다. 그리고 그 어떤 기업도 환경으로부터 자유로울 수 없다.

일반환경General environment은 모든 기업에 공통적으로 영향을 미치는 외부환경을 말한다. 일반환경은 경제적 환경, 사회적 환경, 문화적 환경, 정치적 환경, 법률적 환경, 기술적 환경 등으로 기업에 직접적인 영향을 미치지는 않지만 이러한 변화를 예측하고 고려하여 적절히 대응하여야 한다.

1 경제적 환경

외식산업의 성장과 발전은 곧 경제의 성장과정을 의미한다. 경제발전에 따른 소득증가로 외식의 기회가 증가하고 레저문화 생활의 대중화가 외식산업을 성장·발전시키는 계기가 되었기 때문이다. 특히 경제적 여유에 따른 소비활동은 소비자의 외식행위에 관한 가치관에 큰 영향을 주었다. 2024년부터 국내 외식 트렌드에는 '공존'의 키워드가 등장하였다. 이는 외식산업과 가정 간편식의 공존, 지속 가능성과 기술의 공존, 전통과 현대의 공존등 여러 측면에서 나타난다.

외식산업은 경제적 환경변화에 민감하다. 경제적 환경이 좋지 않을 때는 소비자의 소비심리가 위축되고 또한 가시적인 절약 방법으로 외식비를 먼저 줄이게 된다. 외식활동을 하더라도 최상의 소비가치를 획득할 수 있는 상품력을 갖춘 레스토랑을 선택하려 한다. 이처럼 경영환경의 변화로 고객의 외식행동이 변하게 되면 외식기업 또는 레스토랑들도 변화에 따른 대응전략이 요구될 수밖에 없다.

1) 소득의 변화

소득 증가는 외식 소비 패턴에 큰 변화를 가져왔다. 소득이 증가하면서 외식을 단순한 생리적 필요가 아닌 질 높은 경험으로 여기게 되었다. 소비자들은 외식 시 분위기, 서비스, 음식의 질을 중시하며, 다양한 고품질 외식 옵션을 선호하게 되었다.

고물가와 금리 상승으로 인해 소비자들은 외식 빈도를 줄이고 가성비 높은 외식 옵션을 찾고 있다. 이는 저가 외식상품에 대한 수요 증가와 프리미엄 외식 소비 증가라는 양극화 현상으로 나타나고 있다.

소득 증가와 함께 건강과 웰빙에 대한 관심도 높아졌다. 소비자들은 저칼로리, 저염식 등 건강식품을 선호하며, 제로 칼로리 음료 등의 판매가 급증하고 있다.

외식 서비스의 효율성을 높이기 위해 서빙 로봇, 키오스크, 자동 조리 기기 등 푸드테크의 도입이 가속화되고 있다. 이는 인건비 절감과 운영 효율성 증대에 기여하고 있다.

이러한 변화는 외식 산업 전반의 질적 성장을 촉진하며, 앞으로도 지속될 것으로 예상된다. 외식업체들은 소비자의 변화하는 요구를 충족시키기 위해 다양한 메뉴와 서비스를 개발하고 있다.

2) 소비지출동향

러시아 전쟁 등 글로벌 이슈로 경제 불확실성과 물가 상승, 금리 인상이 외식 소비에 영향을 미치고 있다. 한국은행의 2024년 1월 소비자동향조사에 따르면 소비자심리지수CSI는 101.6으로 전월 대비 소폭 상승했다. 전경련 조사에 따르면 응답자의 과반수가 2024년에 외식 소비를 줄일 계획이며, 이는 물가 상승43.9%과 소득 감소 우려13.5% 때문이다. 특히 비필수 소비를 줄이는 경향이 강하다. 소득 상위 20%의 고소득층은 외식 소비를 약간 늘릴 계획인 반면, 하위 80%의 저소득층은 크게 줄일 계획이다. 이는 고물가와 경기침체로 저소득층의 소비 여력이 축소되고 있기 때문이다.

필수 소비재 지출은 증가할 것으로 예상된다. 이러한 품목들은 가격 상승에도 불구하고 지출을 줄이기 어렵기 때문이다. 외식업체들은 운영 효율성을 높이기 위해 푸드테크 도입을 가속화하고 있다. 서빙 로봇, 키오스크, 자동 조리 기기 등의 기술을 활용해 인건비를 절감하고 서비스 질을 개선하고 있다. 이러한 변화는 외식 소비지출의 감소와 필수 소비재 지출 증가로 이어질 전망이다.

외식업체들은 변화하는 소비자 요구를 반영해 다양한 메뉴와 서비스를 개발하고 있다. 소비자들은 외식 빈도를 줄이면서도 건강과 웰빙을 중시하며, 가성비 높은 외식 옵션을 찾고 있다. 이러한 소비자 행동 변화는 외식업계가 혁신적이고 효율적인 운영 방식을 도입하도록 촉진한다. 팬데믹 이후 인플레이션과 경제 불황으로 경쟁이 치열해지자 외식업체들은 메뉴, 운영방식, 마케팅의 다각화와 다변화를 추구하고 있다. 푸드테크 도입으로 인건비를 절감하고 운영 효율성을 높인다. 식자재 유통 플랫폼, 음식 쓰레기 관리 플랫폼, 경영 관리 통합 솔루션을 통해 디지털 전환도 가속화하고 있다. 메뉴 다각화로 새로운 고객층을 확보하고 밀키트 전문점과 협업해 소비자 선택지를 늘리며 수익 창출 기회를 제공한다. 인력 부족 문제 해결을 위해 언택트 시스템과 자동화 기술 도입이 중요하며, 이는 외식업체들이 변화하는 환경에 적응하고 경쟁력을 유지하는 데 필수적이다.

3) 산업구조

산업구조가 경제환경으로서 중요한 의미를 갖는 것은 나라의 경제를 주도하는 산업이 어떤 것인가에 따라 그 산업에 속한 기업들이 경영활동에 영향을 받기 때문이다. 1980년대까지만 해도 경제발전은 제조업 중심의 산업정책이었다. 미국도 마찬가지로 정부의 정책입안자나 학자들 대부분이 서비스 산업을 비생산적인 것으로 인식하여 제조업의 성장과 발전에 아무런 도움이 되지 않는 것으로 간주하였다. 서비스 산업을 비생산소비적 산업으로 인식함에 따라 제조업과 서비스업의 발전이 매우 불균형적으로 진행되어왔다.

하지만 기술발전과 글로벌 경제의 심화로 생산성이 향상되면서 유형적 생산품인 재화를 생산하는 제조산업의 근로자가 급격히 감소하였으며, 지금은 통신·금융·오락·관광 등의 서비스 기업이 세계경제를 주도하고 있다. 그 결과 제조산업에서 일자리를 잃은 사람들이 서비스 산업에서 새로운 일자리를 찾게 되었다.

오늘날 서비스 산업은 경제발전의 주축은 물론, 엄청난 고용창출의 기회를 제공하는 산업으로 성장하고 있다. 서비스 산업 중에서도 대표적인 산업이라고 할 수 있는 외식산업은 소비적 기능보다 생산적 기능이 강조되면서 잠재성이 높은 산업으로서 지속적인 성장과 발전을 하고 있다.

최근에는 외식업과 ICT 기술이 접목되면서 외식 업주와 소비자의 음식점 이용·관리가 스마트해지고 편리해지면서 키오스크 주문, 사이렌 오더, 배달 서비스 애플리케이션 등 비대면 서비스 증가와 그 범위가 확대되고 있으며, 스마트 기기를 도입한 음식점, 카페 등이 점차 확산될 것으로 전망된다.

AI기술의 발달로 카페나 매장 등 로봇을 사용하여 매장 관리와 안내, 직접 요리로 활용되고 있다. 로봇 셰프, 로봇 바리스타, 로봇 바텐더, 서빙 로봇 등이 해당된다. 공유경제의 확대와 더불어 국내의 발달된 배달 시장을 배경으로 공유주방이 활성화되기 시작하면서 단순 주방 공간 대여가 아닌 창업교육, 물류시스템까지 함께 '플랫폼'으로 발전하고 있다.

O2OOnline to Offline에서 O4OOnline for Offline로 온라인과 오프라인 연계가 더욱 확대되면서 새로운 경험과 기술의 편의성이 제시되고 있으며 키오스크와 셀프 계산대, 전자식권으로 편리한 주문 및 지불결제로 발전하고 있다.

② 사회적·문화적 환경

외식산업은 사회·문화생활과 매우 밀접하게 관련되어 있다. 인구통계·문화·가치관·라이프 스타일 등의 사회적·문화적 환경요인은 외식기업의 경영활동은 물론, 소비자의 외식 패턴에 크게 영향을 미친다.

1) 가족구조_{핵가족, 어린이 소비자}

사회의 산업화, 교육수준의 향상, 해외문화의 유입 등으로 전통적인 가족구조의 형태가 변하고 있다. 최근 가장 주목할 만한 가족구조의 변화로는 가구 구성의 변화에 따른 가구의 소규모화와 조손가구, 분거가족의 증가로 표출되는 구조의 다양화를 들 수 있다. 평균 가구원 수가 1985년대에는 4.1명 이상이었으나 가속화되고 있는 1인 가구의 증가는 젊은 연령층에서 두드러지게 나타나고 있다. 1인 가구가 증가함에 따라 젊은층에서는 미혼율이 증가하고, 노년층에서는 독거

🫖 그림 5.1_ **연도별 1인가구 수 및 추계**

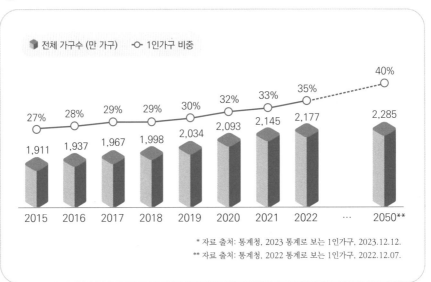

* 자료 출처: 통계청, 2023 통계로 보는 1인가구, 2023.12.12.
** 자료 출처: 통계청, 2022 통계로 보는 1인가구, 2022.12.07.

노인가구가 늘어났지만, 이혼으로 인한 새로운 독신자의 증가도 관련이 있다. 통계청의 '장래가구추계'에 따르면, 1인 가구의 비율은 계속 증가하여 2022년 기준 우리나라 전체 가구 수는 2,177만 가구였고, 1인가구는 750만 가구로 전체 가구의 35% 수준으로 조사됐다. 해를 거듭할수록 전체 가구 중 1인가구 비중이 지속적으로 증가하는 것을 알 수 있으며, 2050년에는 40%까지 증가할 것으로 예상된다.

한편 여성 세대주 가구 또한 지속적으로 증가하고 있으며, 초혼연령 상승으로 인해 미혼여성이 많아진 점, 2000년 이후 이혼율의 증가로 여성이 세대주가 되는 상황이 빈번해졌다는 점을 알 수 있다. 앞에서 살펴본 가족구조의 변화와 함께 가구원 수의 구성에 따라 외식활동과 외식비 지출도 달라질 것이다.

핵가족화로 가족사회가 가장 중심에서 자녀 중심으로 변하고 있다. 총 인구 중에서 어린이 인구0~14세가 차지하는 비율이 점차 감소하고 있는데 이러한 어린이 인구의 감소는 가정의 식단에서부터 가족동반의 외식활동, 즉 메뉴와 분위기 선택에 이르기까지 모든 결정권이 자녀 중심으로 옮겨지는 이유가 될 수 있다. 특히 맞벌이부부의 경우는 집에서 자녀와 함께할 시간이 적어 외식을 할 때 주로 자녀 중심의 식사를 할 수밖에 없어 아이들의 결정권은 더욱 커질 수 있다.

고학력 여성인구의 증가와 여성의 사회진출기회가 늘어나면서 맞벌이가구가 증가하고 있다. 맞벌이가구는 비맞벌이가구에 비하여 높은 가처분소득을 갖고 있으며 소득이 높은 만큼 소비 성향 또한 높아 외식비 지출도 당연히 높다. 또한 집에서 가족과 함께 지내는 시간보다 외부에 있는 시간이 많기 때문에 외식의 기회도 많은 편이다. 특히 부인이 가정생활에 전념할 수 없기 때문에 가족단위 외식·배달·테이크아웃·간편식 등으로 외식비가 증가할 수밖에 없다.

가족구조의 가장 큰 변화는 비가족세대nonfamily households의 증가이다. 부부와 자녀로 이루어진 전통적 핵가족 비율이 감소하고 있다. 처음부터 독신을 선택하거나 이혼·만혼 등의 이유로 혼자 사는 젊은층과 고학력·고소득 여성층, 이혼가정 등에 따라 증가하는 것이다. 이러한 집단은 독특한 라이프스타일과 소비성향으로 잠재소비세력으로 부상하고 있다. 특히 싱글 소비자들은 대부분 직장인으로서 경제적으로 여유가 있어 오락과 외식으로 지출할 수 있는 소득을 보다 많이 확보하고 있다. 따라서 배달, 테이크아웃, 간편식의 목표고객이 된다.

2) 밀레니얼 세대

밀레니얼 세대란 1980년부터 2000년 사이에 출생하여 아날로그와 디지털을 함께 경험하였고, 디지털과 함께 성장하고 있는 디지털 원주민digital native이다. 베이비붐 세대의 자녀이고, 전 세계 약 25억 명이라는 엄청난 규모로 가장 주목받고 있는 연령대에 속한다. 인터넷과 SNS의 발달과 함께해온 이들의 사고방식과 라이프 스타일 또한 다르다. 세계 소비시장의 약 30%를 차지하고 있고, 온라인과 오프라인을 넘어 가상현실까지 밀레니얼 세대의 소비층이 확대되고 있다.

밀레니얼 세대는 소득과 소비 둘 다 전성기를 향해가는 '젊은 세대'이지만 동시에 사회진출 시기에 2007년 글로벌 금융위기 등의 영향을 받은 'N포 세대'로 대표되기도 한다. 이 세대에게는 맛있는 음식은 기본이고, 재미있는 나만의 사진과 동영상을 찍어 소셜 미디어에 공유하고 자기만족을 한다. 복잡함을 싫어하고 재미있어야 하고, 솔직함을 추구하는 가치관과 행동이 외식문화와 산업에 상당한 영향을 미치고 있다.

3) 고령화 사회

인구연령구조의 가장 큰 변화는 아동층이 감소하고 65세 이상 고령층 인구가 증가하는 것이다. 생활수준의 향상과 보건·의료기술의 발달로 평균수명이 늘어남에 따라 노인인구가 빠르게 증가하고 있다.

한국은 이미 고령화 사회로 분류되고 있다. 생산가능인구와 고령인구의 전망을 살펴보면 생산연령인구는 2020~2029년 연평균 32만 명씩 줄어드는 반면, 노인인구는 2020~2029년 연평균 48만 명씩 늘어날 전망이다.

이러한 고령화 사회로의 진입은 '실버 마켓'에 대한 외식산업의 관심을 필요로하게 되었다. 즉, 연금제도의 활성화와 노후생활을 위한 저축 등으로 경제력을 갖춘 고령자가 증가하고 시간적으로 여유가 있기 때문에 새로운 노년문화가 형성되면서 실버 마켓이 잠재성이 높은 새로운 시장으로 등장하여 외식기업에게 새로운 비즈니스 기회를 제공할 것으로 전망된다. 따라서 실버 마켓의 욕구·라이프 스타일·구매행동 등을 통한 외식산업의 상품개발과 마케팅이 필요하다.

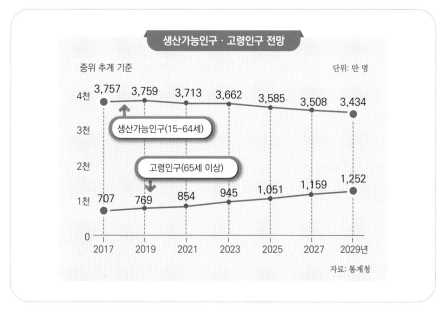

그림 5.2_ 2017~2029년 장래인구추계

4) 환경문제

환경에 관한 문제는 개인과 기업뿐만 아니라 국가경영에도 중요한 요인이다. 지금까지 기업의 경영활동은 소극적으로 환경규제를 회피하려는 데 중점을 두었다. 그러나 국내외적으로 환경오염의 심각성이 강조되면서 환경을 중요시하는 상품과 기업의 중요한 경쟁력이 되고 있다. 소비자들이 어떤 기능을 가진 제품인지 또는 값은 얼마인지를 고민하기 전 어떻게 만들어진 제품인지가 더욱 중요하게 여겨지는 것이다. 제품 품질은 이미 기본이 되었고, 이제는 브랜드 이미지와 고객충성도가 기업가치를 좌우하는 시대가 되었다.

환경을 생각하는 소비가 개인의 선택 문제가 아니라 생존하기 위해 반드시 행해야 할 필수 행동이라는 인식이 확산되면서 친환경을 넘어 '필必환경'이 소비문화로 자리 잡고 있다. 식음료 가공기업과 배달업계에서는 포장재 규격을 축소하고 있고, 과대포장을 줄이면서 동시에 친환경 패키징을 더욱 확대하고 있다. 식당내 음식물 쓰레기배출을 줄이고, 모든 제품이 재사용될 수 있도록 장려하며 폐기물을 방지하는 '제로 웨이스트zero waste'운동도 전 세계적으로 확산되고 있는 추세이다.

푸짐한 상차림과 국물을 선호하는 우리의 음식문화 때문에 다른 나라에 비해 음식물 쓰레기가 많이 발생하고 있다. 음식물 쓰레기는 막대한 자원낭비와 환경 문제를 유발시키고 생활환경을 더럽히며, 각종 질병을 발생시키는 비위생적 요소를 내포하고 있다. 특히 전체 음식물 쓰레기 발생량의 80% 이상이 레스토랑과 가정에서 배출되고 있다.

음식물 쓰레기는 일반쓰레기와 혼합·배출되어 매립 시 침출수로 인한 토양 및 지하수 오염, 악취, 해충발생 등의 2차 피해를 유발시킨다. 음식물 쓰레기의 부적절한 처리는 기타 폐기물과의 혼입에 의해 재활용품의 분리를 어렵게 만들고 있다. 레스토랑이 국가 또는 지역사회의 자연환경을 위해 해결해야 할 과제이다. 정부는 일정규모 이상의 레스토랑과 집단급식소에 음식물 쓰레기 감량화 시설을 의무화하도록 하고 있으며 음식물 쓰레기를 줄이는 좋은 식단제를 적극 실천하는 레스토랑에 대해 다양한 혜택을 부여하고 있다.

③ 정치·법률적 환경요인

정치적 환경요인은 정부와 기업의 관계에서 기업에 대한 금융정책·세금부과·노조활동 등에 대한 정부의 규제와 간섭 등을 의미하며, 법률적 환경요인은 구속력 있는 형태로 구체화된 법률·법규 등의 실천방안을 말한다. 이러한 정치적·법률적 요인은 각 기업의 보호는 물론 부당한 사업행위로부터 소비자와 사회적 이익보호를 목적으로 한다. 향후 정부의 규제가 점차 늘어날 것으로 예상되는 만큼 기업의 경영자는 경쟁자와 소비자 및 사회를 보호하는 주요법률에 대한 지식이 요구된다.

1) 근로기준법

근로기준법 개정에 따른 주 5일 근무제의 시행으로 여가활동의 다양화와 대중화는 물론, 국민생활 전반에 걸쳐 많은 변화가 시작되었다. 이러한 정책변화는 외식산업 발전에 긍정적인 측면도 있지만 직원들의 근로시간 단축과 휴무일 증가로 인한 임금인상 등의 부정적인 측면도 있다. 따라서 외식기업은 근로시간 단축에 따른 인건비 증가에 대해 비용 최소화와 경영체질개선을 위한 노력이 필요하다. 또한 인건비 증가가 생산성 향상으로 상쇄될 수 있도록 외식기업들은 새로운 생산기술이나 선진경영기법의 도입도 필요하다.

그리고 비정규직법이 제정되면서 2년 이상 근무한 비정규직 근로자의 정규직 전환을 의무화하고 정규직 근로자와 동일 사업장에서 동일업무를 하는 비정규직 근로자에 대한 차별금지를 규정하였다. 이로 인한 기업부담 때문에 비정규직의 대량해고와 외부용역 전환이 늘고 노조와 갈등이 커질 것도 예상된다.

2) 식품위생법과 위험물 제조법

외식산업은 국민건강을 책임지는 것은 물론, 레저와 문화생활에 직결되는 사회복지적 성격을 지니고 있으며, 법적 규제가 소비자 보호적 차원에서 점차 강화되고 있다. 식품위생법에서는 국민건강예방과 위해방지를 목적으로 레스토랑과 관련된 규제사항들을 명시하고 있다.

한편, 제조물책임product liability법의 시행으로 기업의 부당한 행위로부터 소비자 권익을 보호하는 것이 가능하게 되었다. 외식기업은 제조물책임법이 기업에 미치는 부정적인 요인을 제거하고 예방 및 방어전략을 통해 기업 경쟁력을 강화시키는 데 많은 노력을 기울여야 한다. 이러한 노력은 생산과 판매과정에서의 안전한 생산 프로세스를 구축하여 소비자의 제품안전만족도를 높여주기도 한다.

3) 원산지 표시제

원산지 표시제는 앞서 살펴본 바와 같이 원산지 및 품종을 소비자들이 알기 쉽게 표시하는 것을 의무화하는 제도이다. 정부는 원산지 표시방법 및 위반업체 정보를 실시간으로 확인할 수 있는 '원산지 표시 안내 서비스'를 운영하고 있다. 사용자가 농산물·가공식품·음식점 중에서 해당 분류를 선택한 후 제품메뉴명, 원료명·함량 및 원산지 정보를 입력하면 원산지 표시방법을 자동으로 안내해준다.스마트폰 play store 농식품안심이 APP

2020년 7월부터는 배달음식 원산지 표시도 의무화 시행되었다. 비대면 소비가 급증하고, 비대면 가정식 대체식품의 소비급증, 비대면 배달음식 소비급증으로 소비자 알권리를 더욱 강화키로 하였다. 소비자는 통신판매를 통해 농식품 및 배달음식 등을 주문할 경우 원산지 표시를 확인하고, 상품 수령 시에도 포장재, 전단지, 스티커, 영수증 등에 원산지 표시가 되어 있는지 살펴볼 수 있다.

4) 환경관련법

환경문제와 관련된 종량제 실시로 음식물 쓰레기 등 생활폐기물이 감소하였으나 일회용품 사용은 증가하고 있다. 정부는 음식물 쓰레기를 줄이기 위해 객석면적 100㎡ 이상인 휴게음식점, 일반음식점, 호텔휴양 콘도, 구내식당, 100인 이상 집단급식업소를 음식물 쓰레기 감량 의무사업장으로 지정하였다.

한편 모범음식점에는 남은 음식물을 포장할 수 있도록 포장용기의 비치를 의무화하고 있으며 모든 식품접객업소에서는 컵·접시·젓가락 등의 일회용품 사용을 규제하고 있다. 맥도날드와 버거킹은 폴리에틸렌PE 포장용기를 없애고 재활용한 종이상자와 종이 냅킨을 사용하고 있다.

5) 국민건강증진법

국민건강증진법은 '국민의 건강을 증진시키기 위해 제정한 법률'이다. 2019년 1월 1일부터는 일정한 실내 휴게공간흡연실을 마련해 운영하는 휴게음식점 및 일반음식점, 식품자동판매기 영업소 등 실내 휴게공간 면적에 관계없이 모두 금연구역으로 지정되었다. 이에 따라 영업자는 해당 시설 전체가 금연구역임을 알리는 표시를 해야 한다. 또한, 유치원·어린이집 시설의 경계선으로부터 10m 이내 금연구역으로 지정하고 있다. 보도 및 차도, 일반이 자유롭게 이용할 수 있도록 개방된 소규모 휴식공간, 동일한 건물에 있는 주차장, 화장실, 복도, 계단, 인접건물의 통로 등도 포함되어 규제하고 있다.

미국 뉴욕시는 동맥경화 등 혈관질환의 원인이 되는 트랜스 지방을 모든 레스토랑에서 사용금지하는 법안을 통과시켰으며, 국내에서도 트랜스 지방산 표기가 의무화되었다. 이러한 추세에 따라 맥도날드는 트랜스 지방을 완전히 제거한 새로운 튀김용 기름을 개발하였으며 KFC는 트랜스 지방이 든 기름사용을 중단하였다.

④ 기술적 환경요인

기업환경이 새로운 방법과 기술을 사용하는 것으로 바뀌고 있으며 항상 새로운 변화의 가능성으로 가득 차 있다. 특히 정보기술infomation technology은 기업환경을 크게 변화시키고 있다. 기술적 환경요인은 조직·생산·마케팅·재무 등 기업활동에 간접적인 변화를 주는 여러 종류의 기술적 변혁을 말한다.

외식산업은 서비스에 의존하는 노동집약성과 다품목 소량생산 및 입지산업 등의 특성으로 타산업에 비해 과학기술적 영역이 넓지 않다고 생각할지 모르나 외식산업은 주변산업의 동반적 발전 없이는 성장하기 힘든 산업이다. 특히 식품·유통·물류·전자·기계·정보산업 등 외식산업과 관련한 산업의 기술발전과 변화에 직접적으로 영향을 받는다.

1) 식품산업

식품산업은 식재료의 가공·저장·위생·포장기술 등의 음식생산과 관련되어 있다. 특히 생명공학과 식품공학의 발달로 다양한 식품원료가 개발되고 식품성·약품성을 동시에 가진 기능성 식품과 건강식품에 대한 관심과 욕구가 증가하면서 이러한 식재료를 바탕으로 한 메뉴개발에도 많은 영향을 주고 있다.

2) 전자·기계산업

전자·기계산업은 가스, 전자렌지, 냉동·냉장고, 각종 주방설비 및 주방기기 등의 대량생산과 표준화에 영향을 주었다. 그 결과 맥도날드 조립 라인식 생산기술력으로 제품과 서비스를 표준화하였으며, 거의 모든 패스트푸드 외식기업들도 생산기술의 확대를 반영한 것이라 할 수 있다.

알아서 길을 찾고 장애물을 척척 피하는 자율주행기술 중 외식산업에는 '서빙로봇'이 대표적이다. 식당 천장 구석구석에 QR코드처럼 정보를 담은 스티커를 붙이고 로봇의 카메라로 자신의 위치를 파악한 후 목표 테이블까지 동선을 계산해 움직인다. 서빙 로봇의 최고 속도는 초당 1.2m이며, 3명의 종업원을 1명으로 줄이는 효과가 있다.

그림 5.3_ **서빙로봇 딜리플레이트**

3) 유통·물류산업

유통산업은 외식산업이 소매업의 특성을 지니고 있다는 점에서 직·간접적으로 관계가 깊다. 특히 프랜차이즈 시스템을 통한 외식사업 확대는 식재료의 구매·공급·저장, 그리고 센트럴 키친central kitchen 등 유통과 물류산업의 발전에 의한 것이다. 체인화된 패스트푸드 또는 패밀리 레스토랑들이 점포를 확장하고 지역에 관계없이 품질을 동일하게 유지하며 효율적 원가관리가 가능하게 된 것은 물류관리를 통한 센트럴 키친의 역할이 크다.

4) 정보산업

정보산업은 인터넷과 마케팅정보 시스템 등의 기술발전으로 운영과 고객관리의 효율성을 통한 경영통제의 강화와 편리성에 많은 영향을 주었다. 특히 컴퓨터 기술의 적용은 경비절감과 과학적 경영을 유도하고 있지만 한편으로는 기술발전의 속도가 빨라지면서 제품수명주기가 단축되어 연구·개발에 대한 투자를 부담스럽게 만들기도 한다.

정보산업의 발전은 집중적 마케팅관리를 가능하게 하였는데 개별고객의 신상정보와 구매경력 등을 데이터베이스화하여 프리퀀시 마케팅frequency marketing. 상품을 다량으로 구입하거나 서비스를 자주 이용하는 고객을 파악하여 이들과 장기적으로 유리한 관계를 유지함으로써 이익을 늘리는 마케팅 기법, CRMCustomer Relationship Management등의 전략에 활용할 수 있게 하였다.

인공지능AI과 빅데이터, 사물인터넷IoT 등 첨단 정보통신기술의 발달로 산업의 경계가 모호해지는 현상을 '빅블러big blur'라고 한다. 기술의 발전과 사회, 환경적 요인들이 동시·복합적으로 작용해 경계의 융화가 나타나는 현상이 가속화되고 있다. 정보산업을 통해 외식산업의 기대효과는 다양한 신제품 개발분야에 활용할 수 있고, 무인시스템을 통한 인건비 절감, 대기시간 단축을 통한 테이블 회전율 증가로 이어진다. 소비자 빅데이터는 신제품과 제품 보완, 서비스 확대로 활용할 수 있고 계절과 시간, 상품 구매력의 한계를 극복할 수 있는 영향을 끼치고 있다.

정보기술의 발전은 고객에게 언제 어디서든 편리한 형태로 제품이나 서비스를 제공받을 수 있게 만들어주었다. 그중에서도 정보통신기술의 발전은 가장 큰 변화로서 기업은 이를 통해 소비자에게 쉽게 도달할 수 있으며, 그들이 원하는 제품과 서비스에 대해 상호 교류를 할 수 있게 되었다.

인터넷·사이버 공간은 외식기업과 메뉴·상품의 정보를 알리는 일뿐만 아니라 고객의 의견을 수렴하는 피드백 창구로 활용되는 적극적인 마케팅 장소가 되고 있다. 고객과의 쌍방향 커뮤니케이션을 통하여 그들의 니즈를 분석하고 소비 트렌드를 예측하는 등 다양한 마케팅 활동이 가능하게 되었다.

정보통신기술의 발달은 작업과정을 능률적으로 만들어주는 인적자원에도 영향을 주었다. 인터넷, 스마트폰, 인트라넷 등을 통해 회의시간을 소비하지 않고 정보를 공유하거나 화상회의를 통한 시간적 비용도 절감하게 되었다. 그렇지만 외식기업은 가격경쟁에 민감해졌으며 소비자에게 더 많은 책임을 전가하는 압박도 따르고 있다. 반면에 많은 정보를 획득하게 된 소비자는 외식기업과의 구매협상력을 가질 수 있게 되었다.

오늘날 외식산업의 경영방식과 소비자의 구매형태는 신속하고 빠르게 변화하고 있다. 다양한 정보기술의 도입을 통한 외식산업 현장에서의 적용과 기업의 판매활동을 촉진하는 도구가 되고 있으며, POS 시스템의 도입으로 결제, 분석, 통계 등의 경영관리가 수월해졌으며, PDA의 도입으로 신속한 거래의 진행과 확인이 가능해지기도 하였다. 소비자는 인터넷과 스마트폰의 활용으로 시공간의 제약을 받지 않게 되면서 선호하는 외식기업의 브랜드와 외식업소에 대한 정보를 손쉽게 찾아볼 수 있게 되었다.

또한, 모바일 인터넷 기술의 발전, 다양한 어플 서비스가 개발되어 소비자는 스마트폰앱을 통해 외식업소 방문 후기와 외식상품에 대한 평가를 참고하게 되어 구매의사결정에 큰 영향을 주게 되었다.

5) 푸드테크의 발전

외식산업은 정성보다는 '효율'과 '합리적 운영'으로 점차 변하고 있다. 손맛과 친절한 서비스만으로는 외식업소 운영에 따른 문제점을 극복하기는 힘들다. 스마트폰과 전자기기가 융합되어 태블릿PC를 이용한 컬러풀하고 생생한 메뉴판을 선보이거나 모바일 쿠폰, 기존 종이 책자로 제공되던 배달북의 애플리케이션화 정도는 실생활에서 흔히 볼 수 있게 되었다.

과거, IT와 외식산업은 교집합이 전혀 없는 이종산업에 가까웠다. 하지만 최근의 정보통신기술은 외식산업 시스템 개선의 수단을 넘어 매출증가 및 새로운 외식시장 창출이라는 영역까지 확대되고 있다. 관련 산업 형태를 뜻하는 푸드테크food tech는 식품food과 기술Technology이 합쳐진 말로 식품관련업과 IT기술의 접목을 뜻한다. 빅데이터 분석을 통해 맛집을 추천해주는 서비스부터 배달 서비스, 주문 서비스, B2B까지 사업영역도 다양하게 변화하고 있다.

푸드테크는 고객 편의성을 기본으로 외식산업 종사자들에게도 꼭 필요한 시스템으로 발달하고 있다. 푸드테크에서 말하는 정보통신기술은 기본적으로 적은 투자금으로 기업의 비용을 줄여주고 매출을 높여 수익성을 창출할 수 있도록 지원해주는 역할을 의미한다. 외식업체에 실질적인 매출 상승이 이뤄져야 진정한 푸드테크기술이라 말할 수 있다. 고객의 빠른 메뉴 선택에 도움을 주게 되어 물리적 노동 시간을 최소화시켜주며, 외식업소에서는 관련 기술을 통해 빠른 고객 대응이 가능해진다. 관련 플랫폼platform. 특정장치 또는 시스템 등에서 이를 구성하는 기초가 되는 틀 또는 골격을 지칭함을 통해 테이크 아웃, 배달, 사전 결제 등의 비중을 높일수록 고객수와 회전율을 높여 매출증대로 연결된다.

하지만 단순한 플랫폼을 통한 주문·결제·예약 서비스 등으로 국한하는 것도 위험하다. 그동안 외식업소에서 사용한 POS시스템만 하더라도 이것을 어떻게 활용하느냐에 따라 푸드테크화할 수 있다는 것이다.

기존 POS보다 분석기능이 더욱 보강된 모바일 POS서비스로 식재료, 인력, 자금 등 외식업소의 다양한 경영상 내용을 쉽게 분석하고 이를 통해 미래를 예측할 수 있다. 가장 대표되는 배달시장 외에도 고객이 외식기업과 외식 브랜드를 더욱 쉽게 찾고, 이용할 수 있으며, 외식업소의 경영을 더욱 체계화할 수 있는 다양한 푸드테크 서비스로 진화할 것이다.

🔵 로봇이 접대하는 커피, 음식 맛은 한결같다

호텔·리조트 업계가 세계 최강 한국 ICT기업의 기술을 기반으로 서빙로봇 등 '뉴노멀(new normal)'에 적합한 시스템을 갖추고 있다. 코로나 같은 '재난' 상황이 또다시 닥칠지도 모르기 때문에 기반을 닦아두는 것이다.

곤지암리조트는 LG전자와 함께 국내 리조트 업계로는 최초로 스마트 로봇 토털 시범 서비스를 선보이고 있다. 고객이 리조트 방문 이후 체크인, 객실 이용, 레스토랑 식사, 체크아웃 전 여정별로 특화된 서비스를 제공하여 특별한 언택트 서비스를 제공한다.

LG전자 클로이와 함께 선보이는 언택트 서비스로는 로비 웰컴로봇, 객실 배송로봇, 실내 외 레스토랑 서브로봇, 체크아웃을 도와주는 미니봇 등 4종이다.

LG 클로이 웰컴로봇은 로비에 체크인 대기 중인 고객들을 대상으로 사탕 등을 나눠주며 웰컴 인사 응대를 하며 반겨준다. 또한 객실에는 룸서비스 로봇이 수건, 생수 등의 각종 어메니티를 요청 시 적재하여 객실 앞까지 이동, 직접 전달해주는 배송 서비스를 제공한다.

부산 해운대 더반 호텔은 "세계 최초의 스마트호텔"임을 공언하고 있다. 특허 출원 중인 비대면 셀프 체크인 시스템을 갖추어 스마트키를 이용한 입실이 가능하고, 객실 내부에는 호텔용 '기가 지니'가 구비돼 모션베드, 전동커튼, 냉·난방, TV 온오프·채널변경을 음성으로 제어한다.

가장 눈길을 끄는 것은 1층의 로봇 바리스타이다. 어린이 덩치만 한 두 대의 로봇이 고객의 명령에 따라 필요한 사양의 커피를 만들어낸 뒤 고객 앞으로 잔을 채워 들이민다.

LG전자와 CJ푸드빌은 패밀리레스토랑 '빕스'에 국수 요리를 해주는 'LG 클로이 셰프봇' 운영을 최근 확대했다. 지난해 말 빕스 1호점인 서울 강서구 등촌점에서 첫선을 보인 셰프봇은 이번 주 중으로 광주 광천점, 경기 안양시 비산점, 인천 예술회관역점에 도입된다.

로봇이 만들어주는 커피나 푸드의 맛은 한결같다.

LG전자는 배송 서비스로봇 등 라이프스타일 로봇 개발의 선두에 서 있다. 'LG클로이 로봇'은 호텔·리조트뿐만 아니라 병원, 식음료, 편의점 서비스로 확대하고 있는 상황이다.

자료: 헤럴드경제 2020.12.2. 요약·정리

② 외식산업 경영전략

① 외식산업의 경쟁우위 확보전략

외식산업을 둘러싸고 있는 환경에는 내부환경과 외부환경이 있으며, 이는 외식산업이 성장·유지하기 위해서는 기업의 내부환경과 외부환경도 중요하다 할 수 있다. 기업의 강점과 약점은 재원이나 기술수준, 상표인식과 서비스, 그리고 경영자들이 가지고 있는 동기·욕구·가치관은 기업의 통제가능한 내부환경이며, 외부환경은 통제불가능한 정치·경제·사회·문화와 정부정책 및 사회적 관심사, 사회적 변화 등 기업에 영향을 미치는 많은 요인들을 말한다.

기업의 내부경영에서 강점과 약점이 아무리 정확하게 평가되었더라도 경쟁업체와 비교·평가되지 않으면 아무런 전략적 의미를 지니지 못한다. 그러므로 기업체의 강·약점 분석이 전략에 활용되려면 경쟁업체의 강점과 약점도 분석되어져야 한다. 이에 따라 경쟁업체와의 비교분석을 통하여 기업체의 경쟁적 우위를 진단할 수 있다.

경쟁적 우위는 일시적인 우위가 아니라 장기적으로 유지가능한 경쟁적 우위를 의미하며, 시장에서의 성공요인과 밀접한 관계를 맺고 있어야 하고, 또 시장환경의 일시적인 변화나 경쟁업체의 활동으로부터 큰 영향을 받지 않는 장기적인 성격을 지니고 있어야 한다. 경쟁적 우위전략에는 차별화 전략과 전문성을 강조하는 핵심능력전략이 있다. 경쟁업체와 비교했을 때 상품이나 서비스에 대하여 월등한 차이를 가지고 있어야 기업이 지속적으로 성장이 가능하다.

경쟁적 우위전략은 오랜 기간에 걸쳐서 개발한 기업의 독특한 핵심능력을 중심으로 경쟁업체와의 차이를 나타내고 있다. 여기서 핵심능력이란, 기업의 경영성과에 크게 기여하고 있는 모든 기술의 총합을 의미한다.

기업의 핵심능력은 경영자들의 분석에 의하여 보다 정확하게 파악될 수 있다.

그러나 기업이 가지고 있는 핵심능력이 무엇인지를 파악하는 것은 쉬운 일이 아니다. 우리가 자신 있게 잘하는 일이나 기술이 무엇인가라는 근본적인 질문으로부터 시작하여 경영자들 간의 분석·토의를 통하여 핵심능력에 대한 구체적인 목록을 작성해야 한다. 기업의 핵심능력은 기업의 기본가치와 문화, 그리고 미래 목표와 직접 관련되어 있는 만큼 경영자와 임직원의 적극적인 참여가 있어야 한다.

마이클 포터Michael E. Porter, 현대 전략분야의 권위자는 기업이 경쟁기업과의 경쟁에서 월등한 경쟁적 우위를 보유하기 위한 본원적 전략을 원가우위 전략과 차별화 전략, 집중화의 전략의 세 가지로 구분하였다. 기업은 그중에서 하나를 선택함으로써 산업분야에서 경쟁적 우위를 차지할 수 있다.

외식산업의 메뉴에 대한 품질은 상품의 성패를 결정하는 가장 중요한 요인 중 하나이다. 그러나 서비스 산업에서의 품질은 일반제조업체와의 품질에 대한 평가가 다르다. 무형상품인 서비스 상품의 품질은 고객의 주관적인 평가에 달려 있다고 할 수 있다. 즉, 객관적인 판단기준이나 근거가 없다는 것이다.

차별화 전략의 또 하나의 중요측면은 고객에 대한 서비스이다. 서비스 품질은 고객의 신뢰이며, 경쟁적 우위를 확보하는 기본요소가 되는 것이다. 서비스 차이는 수준과 질에서 나타난다. 같은 상품이라도 서비스를 얼마나 어떻게 제공하느냐에 따라서 서비스 차별이 나타난다. 또한 고객들에게 수요를 끌어들일 수 있도록 샘플제공·가격할인·쿠폰·보너스제·사은품·경품 등 다양한 이벤트가 있어야 할 것이다.

표 5.1_ **비용우위전략과 차별화전략의 특징**

본원적인 전략	주요전략요소	경영자원과 조직적 특성	
비용우위	· 효율적인 규모의 설비투자 · 제작이 용이한 제품 디자인 · 간접비와 연구개발비의 통제	· 자본력 · 잦은 보고와 통제 · 구조화된 책임이양	· 공장 엔지니어링 기술 · 엄격한 비용통제 · 양적인 관리 시스템
차별화우위	· 브랜드, 디자인, 광고 · 서비스의 품질강조	· 마케팅 능력 · 창조성 · 품질적인 관리 시스템	· 제품 엔지니어링 기술 · 기초연구능력 · 강한 내부조정기능

1) 원가우위 전략

원가우위 전략은 원가를 낮추어 시장에서 비용상 우위를 달성하여 높은 시장 점유율과 수익을 달성하려는 전략이다. 낮은 비용으로 상품을 생산하여 가격경쟁에서 우위를 갖기 위한 것이다. 원가우위 전략은 규모의 경제를 실현할 수 있는 설비, 경험에 의한 원가절감, 원가와 총경비의 엄격한 통제, 서비스·광고·인적자원 등에서의 원가 최소화를 통하여 경쟁우위를 달성한다. 맥도날드, 피자헛, KFC 등 대부분의 패스트푸드 기업들은 센트럴 키친을 통한 생산, 대량의 식재료 구매, 광고활동 등에서 원가절감을 활용한 원가우위 전략을 실행하고 있다.

2) 차별화 전략

차별화 전략은 경쟁기업이 제공하지 못하는 독특한 상품이나 서비스를 제공함으로써 경쟁우위를 확보하려는 전략이다. 디자인·광고 등을 통하여 소비자에게 차별화된 이미지를 구축하거나 높은 서비스와 품질을 제공함으로써 경쟁우위를 획득한다. 성공적인 차별화는 고객의 높은 충성도 때문에 높은 가격을 책정할 수 있게 만든다. 프랜차이즈 레스토랑 또는 대규모 레스토랑들은 점포수와 규모의 경제를 통한 원가절감으로 수익을 실현하고 있지만, 대부분의 레스토랑에서는 상품과 서비스의 차별화에 노력하고 있다.

3) 집중화 전략

집중화 전략은 서비스를 전체시장에 맞추기보다는 세분화된 시장에 집중하여 경쟁우위를 갖는 전략이다. 집중화 전략은 원가우위 또는 차별화 전략을 토대로 실행할 수 있다. 원가우위를 토대로 저가의 세분화된 시장 또는 차별화 우위를 토대로 고가의 세분화된 시장을 타깃으로 할 수 있다. 상류층 주거지역에 살고 있는 높은 소비력을 지닌 고객을 대상으로 고가음식과 분위기 및 서비스로 집중화된 차별화 전략을 실행하는 레스토랑이 그 예이다.

② 외식산업의 경쟁자원 활용전략

경쟁자의 지위와 행위를 명확히 파악하려는 것은 마케팅 경쟁전략의 중요한 전제이다. 경쟁력을 분석하면 가장 위험한 기업과 경쟁하는 데 있어서 그 경쟁 우위성에 대한 평가와 경쟁자의 경쟁활동 등을 확인할 수가 있다. 마케팅 경쟁 전략에는 시장선도자, 시장전도사, 시장추종자, 시장틈새자의 전략이 있다.

표 5.2_ **마케팅 경쟁전략**

경쟁자원		경영 자원력	
		대	소
경영자원의 독자성	고	시장선도자	시장틈새자
	저	시장도전자	시장추종자

1) 시장선도자의 전략

시장선도자는 시장에서 최대의 상대적 자원을 가진 기업이다. 대부분의 경우 시장선도자는 그 시장에서 최대의 시장점유율과 타기업보다 우월한 독자적 능력을 가지고 있다. 시장선도자는 해당시장에서 단 하나의 경쟁지위를 가진 기업으로서 시장점유율에 대해 계속적인 도전에 직면하고 있다.

시장에서 선도적인 위치에 있는 기업은 시장의 욕구를 파악하고 그러한 욕구를 충족시킬 수 있는 상품을 제공함으로써 우세한 지위를 차지하고 있다. 그러나 시장선도자는 단순히 팔짱만 끼고서 자신의 우월적 지위를 향유할 수는 없다. 왜냐하면 다른 기업들이 시장선도자와의 간격을 좁히기 위해서 끊임없이 움직이고 있기 때문이다. 따라서 시장선도자들은 그들의 시장전략을 향상시키기 위하여 시장조사를 계속 실시하지 않으면 안 된다.

시장선도자는 두 개의 도전과제에 직면한다. 첫 번째는 선도자로서 자신의 지위를 방어하는 것이다. 모든 사람이 왕을 언덕에서 떨어뜨리려고 하는 '언덕의 왕'이라는 어린이들의 게임에서처럼 시장선도자의 상품은 선도자가 되고자 하는 기업에 의해 계속해서 포위되어 공격을 받고 있다. 시장선도자는 자신의 이미지와 시장점유율을 유지할 수 있는 회심의 마케팅 전술을 사용하여 자신의 위치를 방어할 필요가 있다. 시장선도자가 직면하는 두 번째 마케팅 도전은 시장점유율을 확대하여 시장선도자가 향유할 수 있는 이윤을 증대시키는 것이다. 경쟁사의 상품으로부터 고객을 유치하기 위해서 시장선도자는 공격전술을 사용해야 한다.

2) 시장도전자의 전략

시장도전자는 시장선도자에 준하는 상대적 경영자원을 갖고 있고, 또한 선도자와 시장점유율을 다툴 수 있는 지위와 의욕을 갖고 있는 기업이다. 그러나 시장도전자는 시장선도자에 비해 뚜렷한 종합적 독자능력의 우위성을 갖고 있지는 못하다.

시장도전자는 시장선도자가 되려고 노력하며 적어도 현재의 선도자를 공격함으로서 자사의 시장점유율을 확대하려고 한다. 시장도전자의 전략은 공격적이고 적극적이다. 시장도전자가 주로 사용하는 전술 중의 하나는 선도자의 상품과 직접적으로 경쟁하기 위해 보다 낮은 가격의 상품을 제공하는 것이다. 이 전략의 배후에는 고객들이 경쟁상품을 구입하여 돈을 절약할 수 있다면 상품에 대한 충성을 일시적으로 기꺼이 바꿀 것이라는 전제가 깔려 있다. 고객들이 어떤 상품이나 서비스를 판매하여 그것이 만족스럽다는 것을 발견한다면 그들은 그때 재구매를 할 가능성이 있다.

시장도전자는 시장선도자로부터 고객을 빼앗아오고, 심지어 보다 낮은 이윤으로 사업규모와 시장점유율을 증대시키려고 한다. 혼잡한 시장은 할인가격이라는 도전적인 전술로 판매를 실시하는 예가 매우 많다.

3) 시장틈새자의 전략

시장틈새자는 상대적 경영자원 및 의욕이 이미 시장선도자를 직접적으로 노릴 만한 위치에는 없지만 어떤 독자성을 지니고 있는 기업이다. 그러한 의미에서 시장틈새자는 양자 모두 한정적인 경영자원밖에 없지만, 상위 두 그룹시장선도자와 시장도전자과의 시장점유율 경쟁에 참가할 지위에는 있지 못하다는 점에서 유사성이 있고, 시장틈새자 쪽이 독자성이 강한 경영자원을 갖고 있다고 하는 데 차이점이 있다.

외식시장은 너무나 다양하고 광범위하기 때문에 일부 외식기업들은 그 시장의 매우 좁은 부분에 대해 상품을 판매하기를 선택한다. 이 전략이 시장틈새자의 전략이다. 일부 전문화·세분화된 시장에 대해 대부분의 대기업들은 관심을 두고 있지 않다. 이러한 틈새는 대기업과의 직접적 경쟁을 피하는 방법으로 작은 회사들에게 전문화할 수 있는 기회를 제공한다.

4) 시장추종자의 전략

시장추종자는 상대적 경영자원 및 의욕에 있어서 시장점유율, 즉 리더십을 노릴 만한 위치에 있지 못하고, 동시에 어떤 뚜렷한 독자성도 갖고 있지 못한 기업이다.

시장추종자는 시장에서 자사의 복종적인 위치에 만족하고 있는지도 모른다. 때때로 시장선도자가 너무 강해서 다른 회사들이 도전하는 것이 무리인 경우도 있다. 시장추종자는 현재 시장의 상황을 파괴하지 않음으로써 수익을 확보하려고 한다. 또한 시장을 전복시킴으로써 이득을 얻는 것보다 더 많은 것을 잃게 되는 것을 두려워하기 때문에 자사의 위치를 인식하고 그들이 속해 있는 전체시장이 사업에 이득을 얻음으로써 자사도 이득 보기를 기대한다. 시장추종자는 경쟁관계에 있는 유사한 기본표적시장에 대해서 약간의 다른 프로그램들을 제공한다. 시장추종자는 성공적이고 생명력 있는 외식상품을 만들기 위해서 그들이 시장선도자이거나 또는 시장도전자일 필요가 없다고 결정한다. 모든 기업이 나눠 가질 수 있는 외식시장에 대한 충분한 수요가 있다고 굳게 믿고 있는 것이다.

③ 외식산업의 고객만족전략

국내에 고객만족의 개념이 본격 도입된 것은 1990년대 초에 LG가 고객을 위한 가치창조라는 새 경영이념을 선포하면서 활용되었다. 이는 고객이 모든 사업의 기반이므로 고객의 요구에 맞는 가치를 창조·제공함으로써 고객에게 도움을 주고 함께 발전한다는 개념이다.

고객만족은 기업내부의 효율적 경영이라기보다는 기업에 다소 통제하기 곤란한 시장전략의 환경이 급속도로 변화했기 때문이며, 고객을 적극적으로 만족시키지 못하면 기업이 지속적인 성장·유지가 어렵기 때문이다. 고객만족에 관심을 갖게 되는 등장배경을 보면 기업이 재구매 및 구매효과의 중요성을 인식하였으며, 치열한 환경에서 기업 간 상품의 차별화가 힘들 정도로 동질화되어 경쟁우위를 고객만족이라는 개념에서 찾기 시작하였다는 점이다. 그리고 정보통신분야의 발달로 시장자료를 단시간에 처리할 수 있는 기술체계를 갖추었기 때문에 이것을 통하여 고객만족을 증가시키고 새로운 경쟁우위를 확보할 수 있다는 것을 경험하였다.

고객의 사전기대를 기준으로 고객이 느끼는 가치나 인식 여하에 따라 고객만족이 결정된다. 그러므로 만족한 고객은 다시 재구매를 하고, 주변 사람에게 이런 사실을 알리게 되며, 불만족한 고객은 거래를 하지 않을 것이다. 고객만족은 고객의 사전기대가 크거나, 적음에 따라 결정된다고 볼 수 있다.

'만족'이라 함은 궁극적으로 고객만족과 직결되어 외식산업 경영에 있어서 가장 효율적인 전략방안이 될 수 있다. 또한 고객의 기대수준 파악으로 인한 일정한 서비스수준에 대한 품질관리의 가이드라인을 정할 수 있으며, 외식산업을 위한 고객의 만족과 불만족 수준을 파악하므로 만족요인에 대한 평가뿐만 아니라 불만족 요인에 대한 대처방안 수립이 용이하게 될 것이다.

1 글로벌화

세계경제는 그동안 지리·문화·정부규제 등에 의해 분리되었던 국가경제가 상호의존적인 경제체제로 통합되는 시대로 나아가고 있다. 이러한 현상을 '글로벌화'라고 부른다. '국제화'라는 용어가 국경을 넘어서서 경제활동이 지역적으로 확장되는 것을 의미하는 데 반하여, 글로벌화는 국제화된

경제활동을 토대로 하여 세계시장이 하나의 단일시장으로 되어가는 현상을 의미한다. 기존의 국제화가 선진국의 요구에 의해 자본과 기술 등 생산요소를 도입하고 선진화된 질서·제도·관행을 받아들여 이를 소화해 접목시키는 수용과정이라고 본다면, 글로벌화는 적극적으로 세계경제 안에 뛰어들어 역할을 키워나가는 진출과정이라고 할 수 있다.

현지화는 국제화나 글로벌화처럼 하나의 전반적인 흐름이나 추세로 파악될 수 있는 측면보다는 기업의 국제경영 등 선택할 수 있는 전략상, 즉 기업국제화의 한 단면이다. 현지화는 해외시장에서 기업활동을 해당 국가시장의 상황에 가급적 맞추는 방향으로 전개해나가는 것을 의미한다. 즉, 생산·인사·마케팅 활동 등을 현지 지점 등에서 현지사정을 고려하여 계획하고 집행하는 경향을 말하는 것이다. 따라서 현지 자회사subsidiary company. 다른 회사에 의해 지배·종속되고 있는 기업는 현지 국가에서 외국기업으로서의 이미지보다는 오히려 해당국 국내기업과 비슷한 것으로 인식되기를 원하며, 의사결정에 있어서 전 세계적 관점이나 기업 전체조직의 입장보다는 해당국가나 자회사의 입장을 중시하는 편이다.

② 글로벌기업

글로벌기업은 국제직접투자의 한 특수한 형태로서 단순히 해외에 지점 또는 자회사를 두고 있는 것이 아니라, 현지국적을 취득한 현지법인으로서의 제조공장 또는 판매회사를 가지고 있으며, 현지의 실정과 모회사_{parent company. 자회사를 지배하는 회사}의 전략에 따라 움직이고, 공통적인 풀_{pool}에서 자본과 인적자원 및 기술의 자원을 공급하는 국제적인 조직망을 가지는 기업조직 또는 그 기업조직의 일환이다. 다국적기업이라는 형태로 미국의 대기업이 해외진출, 특히 유럽 여러 나라로 진출하게 되자, 선진국 사이에서 치열한 시장 쟁탈전을 벌이게 되었으며, 그 과정에서 자본의 국제적인 집중이 진행되어왔다.

제품과 서비스의 생산·마케팅 활동을 단일국가 내에서만 집중시키는 사업은 단일국적기업 또는 국내 기업이라 할 수 있고, 다국적 기업은 최소 2개국 이상부터 무려 많은 국가에서 글로벌 스케일 경영활동을 수행하는 것이다. 또한, 거래할 때 사용하는 통화가 복수국가 통화 또는 유로화의 지역 블록통화로 활용한다. 그러므로 다국적 기업은 거래통화의 환율변동에 따르는 환리스크에 노출되거나 환차익을 볼 수 있는 등의 이유 때문에 국제금융환경 변화를 주시하고 신속히 대응하여야 한다.

③ 다국적기업의 마케팅 전략

다국적기업의 마케팅 전략은 외식프랜차이즈 기업으로 진출할 때 필요한 전략이다. 외식기업의 마케팅 전략은 본부국의 입장에서 볼 때 현지의 시장환경에 따라 약간의 차별을 두게 된다. 이는 현지국의 시장환경이 각 나라마다 상이하고 문화·종교·사회·관습적인 면에 의해 소비환경이 결정되는 경우가 많기 때문에 우선 시장세분화를 통한 지역시장에 대한 세밀한 분석을 한 후 진출하는 것이 보통이다. 하지만 세계를 대상으로 하는 경영활동을 수행하는 외식기업 또는 프랜차이즈 기업들은 각국에서 획득한 지식을 바탕으로 표준화된 마케팅 전략을 수립할 능력을 가지게 된다.

1) 브랜드 전략

상품의 브랜드화는 일반 소비재 상품에서 제일 먼저 브랜드를 도입해 끊임없는 수요창출로 지속적인 성장과 상품의 수명을 연장시켜 기타 다른 상품에까지도 널리 퍼지게 되어 오늘날의 코카콜라, 맥도날드, KFC 등과 같은 세계적인 브랜드가 탄생하게 되었다.

브랜드란 용어는 프랜차이즈 시대에 돌입하면서 소매점에서 활약할 수 있는 기회가 주어졌으며, 프랜차이즈는 가맹본부가 개발에 역점을 둔 상표로서 상품 개발이 판매의 결과가 계속해서 기대되어지는 상표이기도 하다. 외식 상품의 브랜드화는 세 가지 필수조건이 따른다. 각 브랜드마다 구체적으로 설정된 일정한 표준규격이 있고, 동일한 표준규격에 입각하여 제품을 지속적으로 만들어야 하며, 철저한 브랜드 이미지 관리에 임해야 된다. 이와 같이 외식상품 브랜드의 3개 필요조건은 한 브랜드의 독특한 이미지 정립과 유지 및 브랜드 특징을 소비자에게 확신시켜주고, 적정선의 생산물량의 확보로 규모의 경제를 달성시키기 위한 필수적인 요인이다.

2) 광고전략

외식 프랜차이즈 기업은 해외 가맹점이 있는 지역에 자사의 광고를 표준화로 할 것인지 결정하여야 한다. 표준화를 할 경우 비용의 절감, 가맹본부에 광고수행을 집중함으로 인해 생기는 규모의 경제, 기술적 축적 등의 이점이 있는 반면, 현지국의 문화적 차이나 언어적 차이를 제대로 이해하지 못해서 현지인의 정서를 거슬리는 광고를 할 수 있는 위험이 있다.

따라서 외식 프랜차이즈 기업은 현지의 환경, 현지국과 관련된 광고의 목적, 목표시장, 제품의 특징, 광고매체의 이용가능성과 비용수익의 관계 등을 고려하여 광고를 표준화할 것인지 또는 현지에 맞는 광고전략을 채택할 것인지를 결정하여야 한다.

3) 가맹점 모집 및 통제

현지의 예비창업자가 국내 외식프랜차이즈 기업의 브랜드로 창업하기에 적격한지를 선발하는 것은 가맹본부와 다른 가맹점뿐만 아니라 신규 예비 가맹점의 이익에 중요한 요소가 된다. 가맹점 모집 시 접촉방법은 마케팅 책자, 전화, 정식 소개, 온오프라인 홍보콘텐츠, 보도자료 등이 이용될 수 있으며, 예비 가맹점은 배경, 성공사례, 재정적 상태가 주의 깊게 검토되어야 한다.

다국적 외식 프랜차이즈 기업은 정보관리 시스템을 비롯한 1일 운영·통제 절차를 계속적으로 행하며, 품질관리 및 검사, 연수 프로그램 및 매체개발, 현장지원과 구매지원활동을 관할한다. 가맹본부의 시스템 또는 마케팅 계획의 지속적인 업데이트와 실행도 중요하다.

4) 입지선정 및 기획전략

다국적 외식 프랜차이즈 사업은 입지선정을 위한 전문가를 파견하여 가맹점을 지도한다. 현지에 적합한 상권과 점포선정을 승인하기 위한 조언과 선정에 도움을 줄 수 있어야 하며 아이템별 최상의 현지상권에 입점할 수 있도록 가이드 역할이 필수적이다.

또한, 상품의 판촉을 위하여 상품기획전략을 수립한다. 상품기획전략은 현지 가맹점에서 이루어지는 것이 아니라 가맹본부에서 총괄하고 상품의 기획을 집중화시켜 연구함으로써 자본이나 능력이 부족한 가맹점보다 더 나은 기획전략을 수립할 수 있다. 하지만 현지국의 시장상황을 제대로 파악하지 못하고 상품기획을 할 경우 리스크가 높기 때문에 각 시장환경이 비슷한 국가를 그룹화하여 이 시장에 대한 전략을 나누어 연구하는 것이 바람직하다.

5) 주요 국가별 해외진출 전략

다국적 외식 프랜차이즈 기업이 진출하는 곳 중 미국, 일본, 중국, 베트남의 경우를 살펴볼 수 있다. 미국시장은 양극화, 독특한 경험 추구, 음식의 전문성을 중시하며, 간편하고 단순한 식사를 선호하는 경향이 높다. 따라서 현지화된 서비스와 전통적 가치를 가진 한국음식, 균형잡힌 음식으로 건강과 다이어트의 강점을 통한 포지셔닝 전략을 추구하는 경향이 있다.

일본의 외식시장은 간단하고 편리한 서비스, 다양한 맛보기 선호와 여러 음식의 융·복합화 트렌드를 보여 간편식과 여러 음식의 소량제공, 타국음식을 접목한 복합 레스토랑을 선호하는 경향이 높다. 따라서 한국음식의 전통성, 조리의 장인정신, 건강을 위한 음식으로 포지셔닝 전략을 추구하는 경향이 있다.

중국의 외식시장은 가족외식과 단체고객을 타깃으로 다양한 메뉴를 제공하는 대규모 식당과 고품격의 식당이 시장규모와 성장이 크며, 메뉴의 다양성 확보와 외식의 현대화·브랜드화가 중요하다. 따라서 현대의 모던함과 서구적 서비스 및 보양음식의 개념으로 포지셔닝 전략을 추구하고 있다.

베트남의 외식시장은 빠르게 발전하고 있으며 현지화된 다양한 메뉴를 일상적으로 제공하는 레스토랑이 많다. 아침식사부터 외부 레스토랑에서 먹는 것이 일상적이며 한국음식을 선호하는 현지인들이 증가하고 있다. 따라서 현대적이며 고급스러운 이미지, 간편한 서비스, 몸에 좋은 보양식으로 한식의 건강기능을 통한 포지셔닝 전략을 추구하는 경향이 있다.

표 5.3_ **주요국가 포지셔닝 전략**

주요국가	국가별 외식시장 포지셔닝 전략
미국	• 서비스의 현지화 및 차별화 • 전통성을 가진 독특한 맛과 경험을 강조 • 건강과 다이어트의 강점을 강조 • 미국인에게 익숙한 방식으로 서비스 제공 • Take-out 세트방식 메뉴 구성 • 균형 있는 영양을 제공하는 음식 • 한국음식에 대한 이미지의 차별화
일본	• 한식의 전통성과 조리의 장인정신을 강조 • 병을 예방하고 면역력을 높일 수 있는 음식 • 숙성된 깊은 맛을 강조 • 병 예방을 위한 건강한 음식
중국	• 현대적이고 고급스러운 한식 이미지 부각 • 정찬에 맞춘 서비스와 공간 제공 • 다양한 음식을 나누어 먹는 문화 • 모든 연령층에 거쳐 보양식에 대한 관심이 높음 • 모던한 인테리어와 분위기 • 서구적인 서비스와 대형 플레이트 사용
베트남	• 서비스 현지화 및 차별화 • 독특한 맛과 경험 강조 • 모던한 인테리어와 분위기 • 서구 패스트푸드점의 급속한 증가로 간편한 서비스 제공 • 건강기능을 스토리한 메뉴구성

외식산업의 메뉴관리

1 메뉴의 개요

외식산업에 있어 '메뉴'란, 차림 또는 식단이라고도 불리며, 식사를 서비스하는 외식현장에서 제공하는 품목과 형태를 체계적으로 구성하여 소비자가 선택하는 데 필요하도록 안내 및 설명한 것을 말한다.

1 외식 콘셉트

콘셉트Concept란 용어는 외식산업에서뿐만 아니라 일반 제조기업의 유형적인 상품tangible에 적용되고 있다. 콘셉트란, '생산자가 자사의 상품을 다른 상품과 구별된 이미지를 고객에게 인식시키기 위하여 의도적으로 만들어내는 창작물'로서 콘셉트의 가장 근접한 우리 말의 표현은 '특성'이라 할 수 있다.

따라서 외식업소의 콘셉트을 한마디로 표현한다면 '차별화된 외식업소의 이미지'라고 말할 수 있다. 이러한 이미지에 영향을 미치는 것들은 메뉴·품질·서비스·식자재·위치·경영형태·분위기·가격 등이며, 이처럼 다양한 요소에 의해 해당 외식업소의 콘셉트가 결정된다.

콘셉트는 성공하는 브랜드와 상품을 만드는 핵심이라 할 수 있다. 소비자를 사로잡는 콘셉트는 곧 그 상품의 성공을 약속하며, 또한 브랜드가 오랫동안 사랑받으면서 소비자에게 판매하려면 일관된 속성 아래 단단하게 이루어진 콘셉트가 반드시 필요하다.

 표 6.1_ **외식 콘셉트의 구성요소**

메 뉴	메뉴의 수	고객이용목적
표적시장	입지	분위기
가격	상호 및 브랜드명	판매방법
규모	식재료	광고 및 종사원

❷ 메뉴의 조건

1) 경영자 측면

- **메뉴의 목표와 목적**: 메뉴는 그 외식업소의 목표와 목적을 반영해야 하며, 음식과 메뉴 서비스를 위해 필요한 것을 반영할 수 있어야 한다.
- **예산의 중요성**: 예산은 음식 판매로 발생되는 소득과 음식원가의 비율에 따라 달라진다. 음식 판매로 발생되는 수익은 고객의 가처분소득, 시설의 위치, 서비스의 유형과 다른 결정요인 등에 따라 달라진다.
- **공급시장의 상황**: 원재료의 수요와 공급, 계절적 변동 등을 고려해야 한다.
- **물리적 시설과 장비**: 이용 가능한 주방비품의 크기와 수용력을 고려해야 한다.
- **메뉴개발의 기술**: 조리에 필요한 직원 수인건비와 음식 조리 및 서비스의 하부 시스템 유형서브 시간을 고려해야 한다.
- **주변상권 분석**: 자기 점포만의 특별한 메뉴와 맛을 반영하는 방법을 고려할 수 있다. 예를 들어, 족발 매장에서 족발을 칼 대신 손으로 찢고, 기존의 간장 소스 대신 칠리 소스를 접목하거나, 칼로 썬 족발에 와사비 양념을 제공할 수 있다.

2) 소비자 측면

- **영양소와 고객 세분화**: 영양소의 균형 있는 음식을 제공하고, 고객을 연령, 성별, 체형 등으로 세분화하여 타깃에 맞는 메뉴를 개발해야 한다.
- **식생활 습관과 선호도**: 내적인 요인으로 모양, 색깔, 냄새, 질감, 온도, 맛, 제시 방식, 담는 방식 등을 고려하고, 외적인 요인으로 점포 위치, 입지 환경, 소비될 상황의 기능, 광고, 홍보, 식사시간, 계절 등을 고려해야 한다.
- **인적 요인**: 기대수준, 타인의 영향, 식욕 분위기와 정서, 가족상황, 교육수준, 사회 경제적 요인, 문화와 종교적 요인도 함께 고려해야 한다.

3) 음식 측면

- **음식 색깔**: 관심과 식욕을 촉진시키는 데 기여한다.
- **음식 질감과 형태**: 다양성을 제공하고 음식에 대한 고객의 관심을 자극시 킨다.
- **음식 농도**: 메뉴의 점도와 밀도의 정도를 말하며, 다양성을 제공한다.
- **음식 맛**: 단맛, 쓴맛, 짠맛 등의 조화를 맞추어 독특한 맛을 창출하고, 고객 특성에 맞출 수 있도록 한다.
- **조리 방법과 서빙 온도**: 음식 조리 방법과 서빙 시 온도, 시각적인 효과를 위한 제시 방법도 중요하다.
- **음식 다양성과 소스 활용**: 음식의 다양성을 고려하면서 유사 소스를 활용하 고, 음식 트렌드에 맞춰 소스를 꾸준히 변화시킨다.

③ 메뉴의 유형과 종류

1) 제공되는 유형

❶ 정식

정식table d' hote menu은 한 끼분의 식사 전체로 구성되며, 미각, 영양, 분량의 균 형을 도모하는 식단을 말한다. 최근 들어 고급 레스토랑에서는 인기가 적으나 중 저가형의 레스토랑에는 많이 이용되고 있으며, 핵심은 메인 아이템이다. 특징은 제공되는 메뉴수가 제한되며, 가격 통제가 쉽고 저렴하며, 고객의 취향에 따라 메뉴 변경이 불가한 단점이 있다. 정식을 일반정식, 한정식 두 가지로 분리를 해서 살펴보면, 먼저 한정식은 한상 정식에서 코스요리 정식으로 변화가 많이 되었다. 코스요리라 하면 전체요리 ⋯→ 메인요리 ⋯→ 진지·후식 순으로 음식이 제공된다. 예 를 들어 보편적인 한정식 업소는 죽 ⋯→ 샐러드 ⋯→ 차가운 음식 ⋯→ 따뜻한 음식구이류와 볶음류 순으로 식사 순으로 제공된다. 일반정식은 요리라는 개념보다는 찬류라는 개념이 좀 더 강하다. 예를 들어 밥, 국, 찌개, 생선구이, 반찬4~6종이 한 테이블에 제공되는 것을 말한다.

❷ 일품요리

일품요리a la carte menu는 고객이 스스로 자신의 기호에 맞는 음식을 한 가지씩 자유로이 선택하여 먹을 수 있는 음식으로 현재 대부분 외식업소에서 사용하고 있는 메뉴이다.

최근 들어 전문점 이미지를 가진 외식업소가 생성되고 있는데 모두 일품요리를 취급하고 있고, 판매 메뉴별로 가격이 설정되어 있어 고객의 기호에 따라 선택을 할 수 있도록 만들어져 있다. 예를 들어 낙지 전문점, 쭈꾸미 전문점, 파스타 전문점, 비빔밥 전문점 등이 이에 속한다.

❸ 특별요리

특별요리daily special menu는 특선요리, 특별요리, 오늘의 요리, 주방장이 추천하는 요리 등의 호칭으로 사용된다. 당일 시장에서 공급되는 신선한 재료를 활용하여 고객의 기호성에 맞춰 양질의 재료와 저렴한 가격으로 고객에게 서비스하는 음식으로 정식요리와 일품요리의 장점만을 혼합시킨 메뉴이다. 최근 들어 이런 특별요리를 취급하는 외식업소가 다양하게 형성되고 있는데, 혼잡한 식당에서 충분한 고객 서비스를 제공받지 못하면서 음식을 먹는 것보다는 인적 서비스를 제공받기 원하는 고객이 있다는 것이다. 이런 틈새시장을 공략하고 고단가를 지향하면서 고객이 원하는 메뉴를 취향에 맞게 제공함으로써 만족도를 높일 수 있다. 그 장점은 다음과 같다.

· 매일 새로 준비된 메뉴를 고객에게 빠르게 제공할 수 있다.
· 재료를 사용함에 있어 불필요하게 낭비하지 않게 사용할 수 있다.
· 고객의 메뉴선택을 쉽게 해주는 역할을 한다.
· 매출액 증가에 기여한다.

❹ 뷔페

뷔페buffet menu는 음식메뉴가 다양하게 구성되어 일정 금액을 지불하고, 구성된 전체 요리를 골고루 먹을 수 있는 장점이 있다. 과거의 일반적인 뷔페 형태모든 음식을 제공하는 이미지에서 최근 해산물 뷔페, 유기농 뷔페, 고기 뷔페, 일식스시 뷔페, 샤부샤부 뷔페 등으로 변화되고 있다.

2) 메뉴의 종류

메뉴의 종류로 구분되는 것은 간편 메뉴, 판촉전략 메뉴, 런치타임 메뉴, 티타임 메뉴, 계절 메뉴, 디너 메뉴, 브런치 메뉴 등으로 구분되며 그 내용은 다음과 같다.

표 6.2_ **메뉴의 종류로 구분**

메뉴 종류	세부설명
대표 메뉴	차별화, 개성화하여 고객에게 어필하는 수단으로 자기 점포만이 갖고 있는 개발 메뉴로 특히 Take-out이 많은 점포는 판매율을 높이기 위해 필요하다.
판촉전략 메뉴	원가가 낮고 조리를 간편하게 할 수 있으며, 주방의 능력과 객석 수를 고려하여 판촉전략을 전개할 수 있는 메뉴. 메뉴 기획 시 전략적으로 일명 '미끼상품'으로 구성을 한다. 예를 들어 김밥천국은 3,000원짜리 김밥을 판매하는 곳이라 생각하는데 3,000원짜리 메뉴는 1품목 밖에 없으며 대부분의 메뉴는 외식업소와 비슷한 가격으로 판매되고 있다.
런치타임 메뉴	회전율을 높이고 고객의 부담을 덜어주기 위해 중식시간에만 판매하는 한정메뉴를 말한다. 보편적으로 고깃집이라 하면 저녁에 먹을 수 있는 음식이라는 인식이 높아 점심시간에는 고객의 발길이 뜸할 수밖에 없다. 이런 업소들이 고객 유치를 위해 점심시간에만 한정 판매하여 세미 한정식 또는 고기를 활용한 김치찜, 김치찌개 등의 메뉴로 점심 매출을 상승시키거나 혹은 런치메뉴의 효과로 저녁매출까지 연계하기도 한다. 단, 런치메뉴는 일정 금액을 상한하지 않는 가격대로 형성해야 고객이 부담을 느끼지 않는다.
티타임 메뉴	가볍게 할 수 있는 간식음료로 여성고객이 많은 헬스클럽이나 스포츠시설 주변에 한정되어 판매되는 메뉴이다.
계절 메뉴	계절의 미각을 자극시키기 위해 개발된 한두 가지 메뉴이다.
디너 메뉴	일과 후 가족이나 회사 동료 또는 회식 등으로 이용할 수 있는 메뉴로 단품보다는 10~15% 할인된 코스메뉴가 좋으며, 전략적인 차원에서 음료 또는 디저트를 최대한 배려하여 후미를 장식한다.
브런치 메뉴	아침식사 때 회의를 하면서 가볍게 먹을 수 있는 메뉴로 브렉퍼스트(breakfast)와 런치(lunch)의 합성어로 프랑스의 데죄네 아 라 푸르셰트((déjeuner à la fourchette)에 해당한다. 미국에서 시작된 말로 보통 아침식사보다는 가볍지 않으나 회식용의 식사로서는 가벼운 편이다. 현대 식습관이 바뀌면서 아침 식사를 먹지 않는 사람이 많이 생겨나면서 점심시간보다는 식사시간이 앞당겨지면서 가볍게 먹을 수 있는 음식이라 볼 수 있다. 브런치 메뉴를 즐기는 대상이 아직까지는 20대 후반에서 30대 후반 젊은 여성들이 많다보니 고급 이미지를 지향하면서 가격대가 높은 편이다. 하지만 커피 시장의 성장과 함께 주목해야 하는 차별화 전략으로 브런치 메뉴는 주목할 만하다.

외식산업의 이해

② 외식메뉴의 개발

① 시대별 외식 메뉴의 변화

1) IMF시기 외식 메뉴의 특징

IMF·경기침체·불황이라는 단어들로 점철되었던 당시의 가장 큰 경쟁력은 '가격'이었다. 패밀리 레스토랑 업계에서는 IMF메뉴를 개발해 3,000~5,000원의 파격적인 가격을 선보이기도 했다. 가격인하뿐 아니라 원가절감을 위한 아이디어도 보였다. 인력 또한 대폭 축소하고 조직 통폐합방식으로 과감한 경영도 실시했다.

피자업계에서도 '저가' 승부수를 띄웠다. 미스터피자와 레드핀 등 1만 원 이하의 메뉴를 선보였다. 당시 불황 속에서도 호황을 누린 외식사업은 페스트푸드 업계이다. 위기를 기회 삼아 개발된 사이드 메뉴는 가격이 저렴해 부담 없는 구매를 유도해 객단가를 높여 매출향상에 기여하였고, KFC·파파이스 등은 IMF 이후 매출이 50%가량 증가세를 보이기도 했다.

2) 1990년대 말 외식 메뉴의 특징

차별화는 외식업계의 중요한 생존덕목이다. 그러나 이 시기의 차별화는 생존을 넘어 '물에 빠진 사람 지푸라기라도 잡는 심정'으로 시도된 간절한 것들이 많았다.

경기침체를 극복하기 위해 시작된 1998년의 제휴 마케팅을 기반으로 관련업계들은 다업계와 연계해 상생방안을 마련하고자 했다. 1999년 패밀리 레스토랑 업계는 고객 충성도를 높이기 위한 각종 패밀리 카드를 만들어냈고, 이를 통한 할인혜택과 포인트를 제공하는 것이 기본이었다. 특히 2002년의 서비스 특화전쟁은 치열한 경쟁의 한 단면을 보여준다. TGI프라이데이스가 고객과 눈높이를 맞춘다는 '퍼피독puppy dog 서비스'를 강화한 것이 대표적이다. 당시 관계자는 "외식업은 일반적인 판매업종과 달리 불경기가 지속되더라도 맛과 서비스에서 차별화를 두면 가격에 크게 얽매이지 않아도 승부를 걸어볼 만하다"고 했다. 또한 썬앳푸드는 전문성을 지닌 레스토랑임을 강조하는 전략으로 차별화 경쟁에 나서기도 했다. 지금 '블루오션blue ocean'이라는 용어로 더 유명한 틈새시장 전략이 성행한 것도 이때부터라고 할 수 있다.

3) 2000년대 초중반 외식 메뉴의 특징

'먹을 수 있는 모든 것은 테이크아웃이 된다.' 스타벅스 커피전문점에서 시작된 테이크아웃이 소비자 반응이 좋아지면서 패스트푸드점·한식집·중국음식점 등 외식업계로 확산되었다. 테이크아웃 메뉴가 약방의 감초처럼 생겨나고 테이크아웃 와인까지 등장하였다. 먹을 수 있는 모든 것이 테이크아웃 대상이 되었던 셈이다. 당시 테이크아웃 문화를 주도한 것은  1999년 한국에 상륙한 스타벅스의 주요전략이었다. 한국에 상륙한 지 3년여 만에 폭발적인 성장을 거듭하면서 이 문화의 중심축이 되었다는 평가를 받고 있다. 이 시기의 테이크아웃 콘셉트는 서구식 자유주의와 편리함, 고급스러움 등을 추구하는 젊은 고객의 취향과 잘 맞으면서 일종의 문화코드로 부상했다.

2002년 태동을 보이던 웰빙문화는 2003년 먹거리에서 그 의미를 더해 의식주 전반에서 빼놓을 수 없는 문화가 되었다. 웰빙 트렌드의 최대 피해자 가운데 하나인 패스트푸드업계에서는 '웰빙버거'까지 출시하였으며, 맥도날드는 후레쉬 플러스를, KFC는 징거샐러드를 출시했다. 외식기업마다 웰빙상품과 서비스를 쏟아내기에 여념이 없었다. 패밀리 레스토랑 업계는 음식 퀄리티를 높이는 방향으로 웰빙 트렌드에 부합시켜 시장성장의 촉매제로 유용하게 활용하였다. 아웃백스테이크하우스는 2004년 당시 40% 가까이 매출이 증가했고, 빕스는 2004년보다 두 배가량 많은 1,300억 원, 베니건스는 1,000억 원의 매출을 달성하기도 했다.

4) 최근 외식 메뉴의 특징

웰빙의 흐름 중 초기에는 '비싼 것이 웰빙'이라는 오류를 낳기도 했지만, 최근에는 단순히 비싼 것만이 웰빙이 아니라는 인식이 확산되고 있다. 외식업계는 디저트와 음료에 대한 고객의 요구와 기대치가 높아지고 있고, 디저트 종류인 아이스크림·케이크·쿠키·과일·곤약·떡 등을 골고루 맛볼 수 있는 메뉴도 출시하고 있다. 또한 재료의 다양화와 틀을 깬 조리법이 생겨나고 있다. 상식을 깬 재료와 조리법, 소스로 다양한 메뉴를 선보이고 있다.

HMR_{Home meal replacement}시장이 지속적으로 성장하고 있다. 특히 코로나19로 인한 외식업계의 지각변동으로 그 흐름이 더욱 가속화될 전망이다. 뷔페·레스토랑보다 빠른 한 끼, 차별화된 테이크아웃을 선호하고 있으며, 집밥의 수요가 증가하면서 HMR시장 또한 세분화되고 있다. 이제는 HMR을 넘어 RMR_{Restaurant Meal Replacement. 레스토랑 간편식} 수요도 함께 증가하고 있다. HMR시장은 2019년 3조 5,000억원에서 2023년 약 5조원 수준까지 성장했다. 저출산과 고령화, 맞벌이 가구, 싱글세대 증가 등으로 식사준비에 투입하는 시간과 수고를 줄이고자 하는 수요가 계속 커지고 있다. 이로 인해 탄생한 HMR, RMR, 밀키트, 배달앱, 온라인 식품시장은 빠르게 변화하는 산업구조상 내수기업의 가치를 높이는 필수요소가 될 것이다. 2018년 기준 일본의 HMR시장 규모는 약 110조 원으로 한국의 28배에 달한다. 일본은 이미 대중적인 식품으로 자리매김해 성숙한 시장이 되고 있다.

② 외식 메뉴개발 전략

1) 메뉴 계획 수립

메뉴계획은 외식업소의 콘셉트을 반영하는 것으로 고객만족을 통한 이익의 극대화라는 목표에서 시작되는 마케팅의 출발점이다. 특히 경쟁관계에 있는 외식기업의 메뉴분석은 포지셔닝에 도움을 주며, 경쟁사와의 제품 차별화에 도움을 준다.

메뉴의 종류는 전략적으로 세 가지로 나눌 수 있다. 대표적인 간판 메뉴steady menu, 계절적으로 관심과 만족을 줄 수 있는 계절성 메뉴seasonal menu, 그리고 특별한 목적이나 판촉의 의미를 갖는 판촉 메뉴promotional menu로 구분할 수 있다.

간판 메뉴는 상호 또는 간판에 표시되거나 나타나는 메뉴이다. 그래서 간판 메뉴는 관리의 최우선순위에 있어야 한다. 식재료에서부터 조리법, 정기적인 시식에 의한 맛관리, 판매비중 및 매출추이 변화와 고객의 변화 등을 항상 주시한다. 간판 메뉴가 소비자의 외면을 받기 시작하면 다른 계절적 메뉴와 판촉 메뉴로는 해결할 수 없는 심각한 문제가 발생할 수 있다.

계절성 메뉴는 한국과 같이 사계절이 뚜렷한 경우에는 매우 중요한 역할을 한다. 특히 방문주기가 짧고 단골고객이 확실할 때는 고객 서비스 차원의 역할을 한다.

판촉 메뉴는 특별한 목표를 가지고 제공하는 메뉴로서 점심고객을 위한 간단하고 저렴한 메뉴나 특별한 시즌을 위한 단기 메뉴가 있을 수 있고, 주변 업소와 경쟁을 위한 특별 메뉴나 가격할인 메뉴가 있을 수 있다.

상당수의 외식업소가 간판 메뉴, 계절성 메뉴, 판촉 메뉴 등의 개발에 노력과 시산을 투입하고 있다. 무엇보다 간판 메뉴에 대한 끊임없는 개선의 노력이 중요하다. 메뉴개발에 투입되는 노력의 2/3은 간판 메뉴의 개선에 투입되어야 한다. 원가상승으로 인한 어려움을 겪고 있을 때에도 간판 메뉴에 대한 원가절감은 가장 마지막에 고려되어야 할 부분이다.

2) 메뉴개발전략의 방향

❶ 타깃 고객의 경우

누구를 상대로 할 것인가에 따라 메뉴는 달라질 수밖에 없다. 예를 들어 면메뉴라도 가격에 민감하거나 또는 간단한 점심으로 중국식 자장면이 될 것이고, 새로운 것을 좋아하는 사람은 퓨전 누들이 될 것이며, 간식으로는 라면이 될 것이다.

흔히 여자와 남자는 같은 소재의 상품이라도 다르게 선택하며, 기혼·미혼 여성도 좋아하는 메뉴가 다를 수 있다. 점심에 선택하는 소재와 메뉴는 저녁에 선택하려고 하는 대상과는 범위가 다를 수밖에 없다. 점심은 점심시간이란 시간적 제한이 있어 가급적 간단하고 가격도 비교적 저렴한 것을 선택하게 되며, 지역도 가까운 곳의 레스토랑 혹은 이동이 편리한 곳으로 제한하려고 하는 반면, 저녁은 점심에 비해 가격대도 높게 고려되며, 메뉴도 복합할 수 있고, 탄수화물보다는 단백질의 함량이 높은 것으로 선택할 수 있다.

❷ 메뉴의 폭과 깊이

메뉴의 폭이 넓은 쇼핑몰 내 레스토랑이 있는가 하면, 한 가지의 전문 메뉴를 판매하는 전문점 형태의 레스토랑이 있다. 메뉴의 폭은 한식의 경우 찌개·소고기류·돼지고기류·생선·비빔밥 등 다른 종류의 메뉴를 옆으로 배열하는 경우이고, 깊이는 이 중 하나의 것을 전문적으로 깊이 있게, 예를 들어 설렁탕 전문으로 설렁탕·특제설렁탕·수육설렁탕·돌솥설렁탕 등으로 동일한 종류의 메뉴를 깊이 있게 제공하는 것이다.

일반적으로는 고객이 다양하고 이들의 방문주기가 짧을 때는 메뉴의 폭이 넓은 것이 좋을 것이고, 반대로 고객의 방문주기가 길 때는 메뉴의 폭이 좁고 깊이가 있는 것이 좋을 것이다. 메뉴가 발전되어가는 과정을 보면 폭넓고 다양한 메뉴의 구성에서 고객의 입맛이 발전하면 전문점을 찾게 되는 경향이 있다.

메뉴의 폭을 넓히면 고객의 폭을 넓힐 수 있을 것으로 생각되지만, 많은 메뉴를 관리하다 보면 메뉴의 종류가 늘어나 식자재 관리가 어렵게 되고, 각 메뉴의 고유한 맛이 변하게 되며, 고객 만족도 떨어질 수 있다. 식재료의 종류가 많으면 원가관리 또한 어렵게 된다.

❸ 메뉴의 가격결정

메뉴의 가격결정은 식재료 원가, 인적·물적 서비스 등 모든 비용에 근거를 두고 책정해야 한다. 가격결정 방법으로는,

- 일반적으로 식재료 원가 비율을 고려하여 보통 35~45% 선에서 형성되지만, 면류는 20~30%, 패스트푸드점은 40~50%, 생고기 전문점과 같은 고기류는 40~50%까지 차지할 수 있다. 따라서 가격결정 시 수익성과 식자재 비율의 특성을 고려하여 최대의 수익성을 기대하는 방향으로 구성되어야 한다.

- 음식의 노하우가 독특하거나 상대적으로 희소성이 있는 경우 가격을 높게 결정하여도 무방하지만, 메뉴가 확산되고 경쟁점에 비하여 가격경쟁력이 하락할 수 있다는 점을 고려해야 한다. 그러나 특수상품을 판매할 경우에는 오히려 고가의 메뉴 전략으로 시장에서 우위를 선점할 수도 있는데 이유는 고객이 정말 원하는 메뉴라면 가격에 상관없이 꾸준한 구매가 이뤄지기 때문이다.

- 외식업소가 위치한 해당 상권의 소득수준과 고객층, 그리고 경쟁점과 영업 전략을 고려한 가격결정으로 충분하게 분석한 후 가격결정을 해야 한다.

- 비용에 목표이익을 합한 가격정책, 단체급식과 같이 최저 기본 객단가를 설정하는 방법도 있다.

- 기타, 고객의 가격에 대한 반응과 목표 판매량목표이익에 따라 가격 결정을 하는 공헌이익에 의한 가격책정방법, 경쟁업체가 사용하는 가격을 따르는 경쟁 가격책정방법, 한 메뉴가 동종의 품목도넛 전문점들로 구성되었을 경우 평균 비용에 목표이익을 합한 가격책정방법 등이 있다.

 표 6.3_ **잘못된 메뉴계획 사례**

예시	· 고객을 정확하게 파악하지 못함 · 원가를 부정확하게 계산함 · 경쟁자의 메뉴 모방 · 높은 인건비 · 판매가 부진한 메뉴	· 무엇을 판매하고 있는지 모름 · 부분적인 효과(비주얼)만을 나타내고 있음 · 변화 없이 똑같은 메뉴만 유지함

③ 식자재 관리

식자재 관리란, 외식업소 운영 시 이윤과 바로 직결되어 있는 중요한 업무이므로 외식업소 운영에 필요한 품목을 파악하는 데서부터 시작된다고 할 수 있다. 메뉴 관리에서 빼놓을 수 없는 것이 식자재 관리다.

식자재 관리는 판매메뉴의 적절한 품질, 수량, 시기, 가격, 장소, 공급원을 통해 확보·구매하여 최적의 상태로 보관하였다가 이를 필요로 하는 시간에 주방에 조달하여 상품인 메뉴제공을 원활하게 하는 과정이다.

이로 인해 관리자는 고객만족을 향상시키는 동시에 외식업소 운영의 이익을 최대한 높일 수 있도록 지속적으로 식자재를 관리함으로써 외식업소 영업을 활성화하는 것에 그 의의를 찾을 수 있다.

> **⊙ 식재료 관리 단계**
>
> 재고관리 ⋯ 구매관리 ⋯ 검수관리 ⋯ 저장관리 ⋯ 출고관리 ⋯ 조리관리 ⋯ 제공관리

❶ 식자재 관리의 목적

식자재 관리의 궁극적인 목적은 낭비를 막는 것으로 시간, 금전, 생산성의 세 가지 요인으로 봤을 때, 식자재 낭비가 되풀이되는 것은 곧 외식업소 운영 수익과 직결된다. 따라서 식자재 관리를 함으로써 얻어지는 효과로는,

· 메뉴별 원가관리가 용이하게 된다.
· 시장성에 따라 변동되는 식자재 가격을 쉽게 알아볼 수 있고, 식재료별 선호도 파악이 된다.
· 식자재 재고 파악이 쉽고 매일 신선한 재료를 공급받을 수 있다.
· 관리는 곧 매출과 직결되어 관리자의 사고가 바뀐다.

2 식자재 관리의 기능

1) 기본기능

- **품질관리**: 상품의 품질 및 불량 최소화를 도모한다.
- **원가관리**: 상품의 계절별_{시장성} 원가 허용치를 설정하고 최저 구입 경로를 찾아 원가절감에 꾀한다.
- **공정관리**: 구입처에서 현지 배달되는 시간까지의 기준을 잡아 발주기간 및 중간과정을 파악하여 발주량을 확보하고 상품이 배달 지연되는 것을 방지한다.

2) 부수기능

- **재고관리**: 원가절감 및 유지, 재료량 유지, 발주량 및 원재료 회전으로 이어지며, 최적의 신선도를 고려한 재고량을 유지할 수 있어야 한다.
- **저장관리**: 상품의 보관, 운반에 있어 필요한 인력 및 기타비용을 최소화해야 한다.
- **구매관리**: 구매는 일종의 영업으로 수단과 방법에 따라 구매가격의 차이가 많이 날 수 있다.

3 구매관리

식음료에 있어 구매관리란, 한 조직의 목적을 달성하기 위한 상품이나 서비스 구매와 관련된 활동을 조절하는 것으로 생산활동 과정에서 생산계획을 달성할 수 있도록 생산에 필요한 식자재를 양질의 거래처로부터 적절한 품질을 확보하여 적절한 시기에 필요한 수량 만큼을 최소의 비용으로 구입하기 위한 관리활동을 말한다.

구매관리를 함으로써 좋은 품질의 식재료, 적당한 조건, 필요한 시기, 필요한 수량을 공급받아 외식업소에 투입하고 시장과 고객에게 우수한 상품메뉴을 적기에 공급시킬 수 있다. 따라서 고객의 욕구에 부응하여 고객만족을 주며 이를 통한 원가절감, 신 메뉴개발이 지속적으로 이어져 외식업소 영업을 활성화하는 것에 그 의의를 찾을 수 있다.

◐ 식재료 구매흐름

견적의뢰 ··· 견적접수 ··· 계약체결 ··· 주문의뢰(발주) ··· 납품수령 ··· 검수확인 ··· 청구핵확인 ··· 지불결정 ··· 입금완료

---

1) 구매의 방법

식재료의 구매방법에는 여러 방법이 있는데 자세한 구매방법은 다음과 같다.

첫째, 집중구매방법과 분산구매방법인데, 집중구매방법은 한 개의 업체공급원에 집중시켜서 공급받기 때문에 일괄된 구매방침을 확립할 수 있고 구매가격이 저렴하여 비용의 절감을 통한 구매의 효율성 상승과 업무 단순화의 장점이 있다. 그러나 일반화되지 않은 특수한 향신료 등의 재료를 구입할 때는 전문화되지 못하여 필요한 식재료 구매가 어려울 때가 있으므로 주의를 해야 한다.

분산구매방법은 각 품목별로 전문화된 업체공급원에서 구매하는 방법인데, 구매절차가 간편하고 능률적이며 긴급한 상황에도 구매가 쉽다는 장점이 있지만, 소량 구매 품목에 대해서는 잦은 배송으로 인한 물류비가 많이 투입되어 구입 단가가 높아지는 단점이 있다.

둘째, 지속적으로 사용되는 식재료를 구입하는 방식인 정기구매방법과 비정상적이며 돌발적으로 이루어지는 수시구매방법이 있는데, 일반적으로 고정거래처에서 정기구매를 하더라도 시장조사를 위해 현지에서 직구매 또는 시장조사시 매월 몇 차례 정도는 수시구매를 할 필요성도 있다.

셋째, 시장변동에 따라 수시로 시세에 맞게 구매하는 시장구매방법과 양파, 마

늘, 배추, 고추 등을 산지에서 대량으로 미리 예약하여 직접 구매하는 투자적 구매방법이 있다.

넷째, 이 밖에 장기계약구매, 당용구매단기적으로 필요한 만큼의 구매와 밴더사에 일괄 위탁 구매하는 방법도 있다.

2) 구입처

일반적으로 가공품, 축산물, 수산물, 농산물 등의 식재료 구입처는 농축수산물 관련시장, 주요 식재료납품업체, 농협, 백화점, 대형마트, 제조업체 직매점 또는 지사, 통신판매 등을 통하여 구매하게 된다. 최근에는 단체급식업체뿐만 아니라 많은 외식기업들이 C·K를 통한 식재료 납품을 공급받기도 한다. 음료수는 제조회사와 직거래를 하고 있으며, 주류는 일반할인매장이나 제조회사가 아닌 지역에 있는 주류대행사가 공급하고 있다. 이때 무자료 거래를 근절하기 위하여 주류카드제를 실시하고 있으므로 주류는 주류카드로만 구입·결재해야 한다.

식재료 납품업체의 선정 시 핵심사항은 가격, 품질, 납기이며 다음과 같은 기준을 체크해야 한다.

- **납품업체의 지리적 위치**: 지리적 위치에 따라 운송시간, 운반비용, 사고위험, 기상적 요인 등에 영향을 받는다는 점을 인지해야 한다.
- **납품업체의 자금능력**: 자금능력에 따라 식재료 확보능력과 거래선으로서의 순위결정에 가산점을 주어야 한다.
- **납품업체의 인사관리**: 노사분규로 인한 공급차질 등을 고려해야 하며, 최근에는 복수의 납품업체를 운영하는 외식기업이 늘고 있다.

3) 구매관리 방법

외식산업에 있어 메뉴의 양과 질이 한층 다변화됨에 따라 식재료의 구매는 언제, 어디서, 무엇을, 얼마만큼, 어떤 용도로, 누가, 누구로부터, 어떻게 살 것인가의 결정이 매우 중요시되고 있다. 특히 최근 음식물처리문제에 관한 규제가 점점 강화되고 있는 추세이므로 식재료에 대한 관리평가가 그 외식업소의 운명을 좌우할 만큼 중요한 관건이 되고 있다.

식재료의 표준화가 이루어지기 위해서는 품질변동이 많이 이뤄지지 않으며, 초보자도 쉽게 조리할 수 있게 되어야 하며, 품질관리가 용이하고, 조리시간이 단축되어야 할 것이다. 또, 이를 통하여 가격도 낮출 수 있어야 하며 매뉴얼화하기 쉬워야 하고, 재고관리 및 운반의 계획도 수월해야 할 것이다.

식재료의 효율적인 구매관리를 위해서는 다음과 같은 기준으로 관리를 해야 한다.

- **시장조사**: 정기적이고 치밀한 시장조사를 통해 구매품목이 용도에 적합하도록 한다.
- **업체 평가**: 관련업체를 주기별로 평가하여 우량업체를 선정하고 식재료를 구매한다.
- **납품시간 관리**: 필요로 하는 납품시간과 일정에 알맞도록 관리한다.
- **식재료 보존특성**: 각 식재료의 유효기간, 포장상태 등 보존특성을 파악하여 저장기간과 구매시점을 관리한다.
- **재활용과 반품 관리**: 재활용 정산과 불량품 반품 방안을 마련하여 구매활동을 총체적으로 통제, 관리함으로써 외식업소의 이익에 기여한다.

④ 식재료의 검수와 저장·출고관리

1) 식재료의 검수관리

검수란, 구매요청에 의해 배송된 물품의 내용, 즉 품질, 규격, 성능, 수량 등이 구매하려는 해당 리스트와 일치하는가를 검사하는 것으로 구매담당자는 수령시점에서 검수능력, 즉 식음관련 재료별 품질규정이나 내용, 가격 등을 숙지하고 있어야 하며, 지식과 인품, 식재료에 대한 정보, 관심이 있어야 할 것이다.

식품위생 측면에서의 식품구매 및 검수의 중요성은 위생적으로 취급되어야 한다. 만일 식재료가 비위생적으로 취급되어 미생물에 오염되거나 유해한 물질을 포함하고 있다면 이로 인해 건강을 해치거나 때로는 생명을 잃게 될 수도 있다.

특히 외식산업에서는 불특정 다수를 대상으로 많은 양의 음식물을 조리하고 공급하기 때문에 위생관리를 소홀하게 해서는 안 된다.

식자재 및 식품의 위생적인 구매·검수관리는 식품안전사고 예방을 위한 첫 단계로서 가장 기본적인 대상이다. 특히, 검수단계에서는 납품되는 식자재의 생물적·화학적·물리적 위해요소를 확인하여 품질상태를 즉시 확인할 수 있으며, 또한 납품되는 식자재의 온도상의 문제를 즉시 점검할 수 있어 안전한 식재료를 확보해야 한다.

검수방법으로는 전수검수법과 발췌검수법이 있는데, 납품된 전 품목을 검사하는 전수검수법은 검수 항목이 많거나 대량구입품box 단위에 대하여 샘플을 뽑아 검수하는 방법으로 검수비용과 시간을 절약할 수 있다.

검수 시에는 납품업체의 특성과 영업장의 영업시간대 등의 변수를 고려해야 하는데 특히 과일·야채·생선 등과 같이 신선도를 요하는 것은 오전 이른 시간을 검수시간으로 설정하는 것이 좋다. 또한 검수를 위한 설비, 기구 등이 준비된 곳을 검수장으로 하고, 구매부서의 구매발주서와 구매명세서 내용과 확인·대조를 반드시 해야 한다. 필요시 시식이나 분해를 해야 하기도 한다. 또한, 식재료의 양과 질, 가격 등을 반드시 확인한 후 송장에 확인 사인을 해야 한다. 검수 시에 반드시 납품업체 담당자 입회하에 검수를 해야 하며, 검수관련 소요비용 처리문제, 불합격품의 처리문제 등에 관해서 사전에 협의나 검토를 마쳐야 한다.

표 6.4_ **식재료별 검수기준**

구 분	규 격	비 고
곡류 및 과채류	• 1차 농산물은 원산지를 표시한 제품	납품서(거래명세서)에 표기
어, 육류	• 육류의 공급업체는 신뢰성 있는 인가 업체 • 육류는 도축검사증명서, 등급판정확인서 첨부 • 냉장·냉동 상태로 유통되는 제품	도축검사증명서, 등급판정확인서 첨부
어, 육류 가공품	• 검사를 필한 제품 • 유통기한이 표시된 제품 및 유통기한 이내의 제품 • 냉장, 냉동 상태로 유통되는 제품	납품서(거래명세서)에 표기
난류	• 위생란	–
양념류	• 살균 처리하여 포장한 제품	–
기타 가공품	• 모든 가공품은 유통기한이 표기된 것 • 포장이 훼손되지 않은 것/유통기한 이내의 제품	–

➲ 품목별 식재료 검수 요령

- 소고기, 돼지고기와 같은 육류는 지방 및 힘줄의 점유율, 중량, 등급, 육질, 다듬기상태, 신선도 등을 확인
- 사과, 배, 수박 등과 같은 과일류는 크기, 등급, 향기, 신선도, 색상, 형태, 숙성도 등을 확인
- 냉동육 등의 냉동식품은 포장상태, 냉동방법 등을 확인하거나 조리장에서 해동 후 하자가 발생 시 반품을 전제 조건으로 해야 함
- 계란·오리알·메추리알 등의 난류는 브랜드, 중량, 크기, 미세한 균열 등을 확인
- 파와 배추, 무 등의 채소류는 색상, 다듬기상태, 신선도, 크기, 묶음의 크기, 연한 것·억센 것의 상태 등을 확인

2) 식음료 저장관리

검수 후 입고된 식재료는 외식업소의 저장능력을 초과하지 않는 점위 내에서 식별과 위치의 확인이 용이하도록 분류하여 저장창고에서 관리해야 한다. 저장창고 보관 시에는 최상의 상태로 보관하고, 선입선출이나 절도에 의한 손실발생을 최소화해야 하며, 저장위치표시 또는 분류저장으로 저장된 식재료를 쉽게 찾을 수 있게 관리해야 한다. 저장창고는 신선도 유지 차원에서 하역장과 가까운 곳에 위치를 해야 하며 위생관리, 안전관리, 보안관리 등의 규정을 잘 지켜야 한다.

식재료 저장 시 효율적인 관리방법으로는 다음과 같다.

· 재고량의 일정량유지 범위 내적정재고 최소량을 유지해야 한다.

· 식재료마다 적정회전율이 있으므로 충분한 검토로 재고회전율의 합리적인 방안을 모색한다.

· 선입선출을 준수하고 행해지도록 적절한 공간 활용 및 확보로 이동을 손쉽게 해야 한다.

· 육류, 와인류, 야채류, 괴일류, 채소류, 소스류 등 분류에 따른 보관적정 온도관리로 품질유지 원칙을 준수하도록 한다.

· 용기, 포장 상태, 유효기간 등의 보관 상태를 항상 체크해야 한다.

· 빈 박스, 빈 병, 빈 통 등 수거 가능한 재활용 용기에 대한 관리 원칙을 수립해놓아야 한다.

표 6.5_ **식재료별 보관기준**

식 품		최적보관온도	최대저장기간	비 고
냉장보관	· 선어, 조개 · 오징어, 낙지	1~2℃ 1~2℃	20일 5일	· 느슨하게 포장된 상태 · 뚜껑이 있는 용기에 담긴 상태
	· 닭고기 · 간 고기 · 절단 고기	2℃ 3℃ 3℃	7일 2일 6일	느슨하게 포장된 상태
	· 계란	4℃	3주	느슨하게 포장된 상태
	· 잎 채소류	7℃	7일	씻지 않은 상태
냉동보관	· 기름 있는 푸른 생선 · 기타 생선	-18도 이하	3개월 6개월	진공포장
	· 쇠고기 · 쇠고기(간 것) · 돼지고기 · 돼지고기(간 것) · 생닭 · 생오리절단된 가금류	-18도 이하	6개월 3~4개월 4~6개월 1~3개월 12개월 4개월	진공포장

3) 출고관리

출고관리란, 생산 활동으로 이어지는 최종단계로 저장하고 있는 창고로부터 입고되어 있던 식재료가 인출되는 것을 말하는데, 식재료 출고 시에는 선입선출의 방식을 반드시 지키고 출고기록부에 기입해놓으면 재고파악이 쉽게 되어 효과적이다. 출고관리에 있어서 일정한 출고기준이 없으면 재고관리가 어렵기 때문에 입·출고시간을 정하여 관리를 해나가야 하며 출납담당자는 식재료에 대한 기본 지식을 습득하고 철저한 기록관리를 위해 매일 출고된 식재료 및 소모품을 집계 정리해나가야 한다.

이를 위해서는 적정규모와 공간의 저장장소가 필요하며 품목에 따른 올바른 저장방법이 요구된다. 특히 냉장냉동고에 보관하는 식재료는 정기적인 온도관리·청소관리가 중요하며, 기계류에 대한 정기적인 점검을 실시하는 것이 좋다.

출고 후 저장창고 정리정돈 시 부패되었거나 유효기간이 경과된 것이 있는지 확인하고, 이를 발견했을 경우 폐기처분 규정에 따라 즉시 처리를 하도록 한다. 방치해두었다가 관련기관 및 단체 등에 적발될 시 과태료 또는 영업정지 처분에 처할 수 있다.

4) 재고관리

재고관리는 일별, 주별, 월별, 연별로 외식업소 실정에 맞추어 관리하면 된다. 재고조사를 하는 목적은 제품의 품질상태나 제품별 재고회전율과 식자재의 원가비율 등을 파악하는 데 있다. 과다한 재고는 자금유동을 어렵게 할 뿐만 아니라 창고비, 인건비, 금리 등의 재고관리 유지비용의 문제와 유효기간이 경과된 식재료 또는 악성재고 등으로 점포경영에 장애요인을 사전 방지할 수 있게 해준다. 또한, 재고가 적으면 품절로 인한 판매기회 상실과 고객과의 신뢰손실을 가져다주기도 한다.

효율적인 재고조사를 위해서는 재고조사 시점에 재고량이 어느 정도 있어야 적정한지를 미리 파악하여 그에 따라 목표치를 정해두고 조정해나가는 것이 좋다.

그리고 월말재고조사를 위해서는 재고가 가능한 적은 상태가 되는 것이 조사 시간의 절약과 정리정돈이 용이하며, 손실 또한 줄일 수 있다. 따라서 월말이 다가오면 발주량을 적절하게 조절하고 매입집계표도 정리하여 계산 등 미리 준비하도록 한다. 장소별 재고의 표준치에 기초한 재고조사표를 작성하고 조리장 내에 있는 가공상태의 식재료나 소량의 식재료도 단가를 산출해야만 정확한 재고조사가 될 것이다. 이때 조사단위는 box, kg, g 단위로 구분하여 조사를 하면 원가 산출이 용이하다. 이를 바탕으로 재고조사 후에는 당월 원가율도 산출해야 한다.

외식산업의 이해

외식산업의 서비스 관리

1 서비스 경영의 이해

서비스는 상품판매를 위한 수단이나 용역활동으로 돈과 교환할 수 있는 어떤 물건과 함께 동반되어 제공되는 인정된 가치를 말한다. 외식산업에서 서비스의 의미는 고객에게 구매나 판매 및 재방문을 촉진하거나 유발시키기 위해 친절하고 정중하게 대하는 것이다. 즉, 상품을 판매하는 데 따른 고객을 다루는 어떤 태도를 의미한다. 그러나 서비스의 궁극적 목표는 고객을 만족시키고 고객의 신뢰를 통해 경영성과를 높이는 데 있다.

서비스를 제공함에 해당 서비스로 인해 고객에게 좋은 느낌·나쁜 느낌을 줄 수 있다. 또한 제품의 형태나 가격 및 제품이 고객에게 제공되는 시점의 분위기가 제공받는 방법에 따라 달라지기도 한다. 제품과 마찬가지로 서비스의 차별화와 품질향상은 레스토랑의 경쟁우위 요소가 된다. 따라서 서비스 시스템에서부터 서비스 경영성과에 이르기까지 서비스와 관련된 모든 영역에서의 관리가 필요한데 이러한 서비스의 체계적 관리가 서비스 경영의 핵심이다. 제품과 서비스가 조화를 이룰 때 외식사업이 성공할 가능성이 높아진다.

1 서비스 경영의 중요성

1) 시장과 고객의 변화

외식산업에서 서비스의 중요성은 고객의 변화에서부터 시작되었다. 외식산업이 성숙하지 않았던 때는 고객을 만족시키는 요인이 서비스보다는 맛이나 양과 같이 제품과 직접적으로 관련된 요인들이 중심이었다. 외식업소는 단지 제품을 생산하기만 하면 고객이 방문할 것이라며 서비스에는 큰 비중을 두지 않았다.

그러나 외식산업이 성숙되면서 생산위주의 시대가 소비위주의 시대로 바뀌며

시장에 변화가 나타났다. 시장이 세분화되고 고객 욕구가 다양해지면서 제품의 품질중심에서 벗어나 서비스에 대한 중요성이 부각되기 시작했다. 무엇보다 시장에서의 경쟁이 치열해지고 원가가 상승하면서 생산성 향상이 한계에 이르면서 서비스가 외식업소의 중요한 전략으로 등장하게 되었다.

고객은 우수한 품질의 제품만을 바라는 것이 아니라 제품과 더불어 좋은 서비스도 기대하기 마련이다. 고객의 기대에 부응하고 경쟁하기 위해서는 변화하는 고객의 욕구에 따라 세분화하고 각 세분시장에 따라 다양한 서비스를 제공해야 한다.

2) 판매의 도구

외식업소는 단순히 제품만 판매하는 곳이 아니라 서비스도 동시에 판매하는 시대로 변하였다. 제품만큼 중요한 것이 판매이며, 판매 없는 외식업소는 존재할 수 없다. 외식업소에서 제품을 판매하기 위한 대표적 도구는 서비스이며 서비스 없는 외식업소는 존재할 수 없다. 만일 서비스를 판매하지 못하고 그저 베푸는 것에서 끝난다면 기대하는 매출을 달성하기는 어렵다. 결국 외식업소에서 판매는 곧 서비스이고 서비스는 곧 판매를 의미하는 만큼 반드시 서비스 전략이 필요하다.

표 7.1_ **서비스 질의 이익**

서비스 질	· 경쟁자로부터 고객방어 · 지속적인 강점창출 · 실패비용의 감소	· 단골고객 확보 · 긍정적 구전효과 · 신규확보애 따른 낮은 지출

3) 무형적 상품의 가치

외식사업과 식품사업의 차이는 음식food과 서비스service에 있다. 식품사업은 유형적 제품의 질과 가치에 중점을 두고 있으며 서비스에는 다소 소홀한 편이다. 반면에 외식사업에서는 맛도 중요하지만 서비스도 매우 중요하다. 즉, 서비스도 하나의 가치 있는 상품이라는 것이다.

사람들은 외식업소에서 서비스를 제공받음으로써 즐거움·편안함·안전함·여유·만족감·쾌적함을 누리려 한다. 또한 자아와 시간 그리고 공간을 창출해주는 것도 바로 서비스이다. 고객은 자신이 원하는 서비스를 제공받을 때 비로소 자신의 문제를 해결하게 되며 서비스 제공자는 고객의 문제해결을 도와줌으로써 그 대가를 받는다. 결국 무형적인 서비스의 제공이 상품의 가치 창출로 나타나는 것이다.

4) 단골고객의 확보

서비스는 동일한 제품 또는 제품의 차별화가 어려운 외식산업시장에서 시장확대는 물론, 단골고객을 확대시켜주는 기회를 제공한다. 제품과 서비스를 하나의 패키지화된 상품이라고 할 때 제품의 판매 여부를 결정짓는 중요한 역할을 하는 것이 서비스이다. 고객 서비스customer service 없이는 고객만족customer satisfaction도 없다. 예를 들어 서비스 직원이 메뉴에 대한 전문적인 지식은 물론 인상 깊은 서비스가 고객과의 상호작용에서 제대로 전달될 때 판매가 증가하게 되며 아울러 단골고객을 만들 수 있는 기회도 된다.

2 서비스 경쟁전략

서비스 기업들이 택할 수 있는 경쟁전략의 기본유형은 원가 효율성 전략, 개별화 전략, 서비스 품질 전략, 니치 전략의 네 가지가 있다.

1) 원가효율성 전략

자본투자를 줄이기 위한 표준화 절차들을 강조하는 전략이다. 이 전략을 취하는 기업들은 비용을 줄이고 운영을 능률적으로 하길 원한다. 목표는 경쟁업체보다 더 낮은 가격으로 서비스를 제공하는 것이고, 수익은 규모로 획득된다. 이것

의 좋은 예는 패스트푸드업계에서 정보통신기술의 사용을 통해서 효율성을 증가
시킨 것이다.

2) 개별화 전략

시장에서 장기적으로 독점상태를 유지하는 것은 불가능하거나 매우 어렵다. 상
품이 개발 초기를 지나면 경쟁자의 시장진입이 이루어지기 때문이다. 특히 기술
은 모방당하기 쉽고 노하우는 쉽게 노출될 수 있다. 개별화차별화 전략은 고객들
의 니즈를 충족시키기 위해 서비스를 설계하는 접근방식이다. 고객의 니즈는 단
일차원이 아니며, 상품이나 고객층에 따라 변한다. 고객이 가장 중시하는 부분을
차별화하는 것이 중요하며, 목표 고객층을 정해 이들이 중시하는 차원에서 차별
화하여야 한다. 컨설팅 서비스가 여기에 속하는데, 각각의 컨설팅 프로젝트는 고
객의 특정 요구를 충족시켜야 한다. 그러나 이러한 접근방식에서 원가 효율성을
얻기는 어렵다.

3) 서비스 품질전략

서비스의 최고품질을 중요시하는 접근방식이다. 품질을 강조하는 기업들은 경
쟁자보다 더욱 높은 품질의 서비스를 제공하기 위해 노력한다. 우수한 품질은 기
능적 품질이나 기술적 품질에 의해 나타낼 수 있다. 기능적 품질은 응답성·확신
성·공감성의 관점에서 고객을 만족시키는 프로세스를 강조한다. 이는 호텔이나
의료기관에서 강조되는 품질의 차원이라고 볼 수 있다. 기술적 품질은 서비스의
결과 유형성·신뢰성과 같은 서비스 품질의 차원에 중점을 둔다.

4) 니치 전략

니치 전략niche strategy은 일명 '틈새전략'이라고 한다. 틈새시장을 찾아내어 경
영 자원을 집중적으로 투자하는 전략이라 할 수 있다. 현재 시장에서 충족되지
못하는 고객 니즈로서 경제성이나 정보부족 등의 이유로 발견이 되지 않은 니치
시장의 초기이익규모는 대개 크지 않다. 물론 이 초기시장은 크게 성장가능이 있

으므로 과감한 발상의 전환과 추진력이 필요하다. 간소하고도 유연한 조직을 가져야 니치전략은 성공가능성이 높아진다. 관료화되고 대규모화된 경쟁자들이 알지 못하거나 무시하는 시장이기 때문이다. 특히 니치시장을 발견하기 위해서는 시장에 관한 정보를 꾸준히 축적해야 한다.

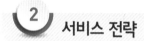

2 서비스 전략

1 고객의 이해

고객응대라는 일을 하고 있는 서비스 제공자는 '고객의 입장이 된다'는 기본을 항상 잊어서는 안 된다. 그러기 위해서는 고객을 다양한 각도에서 바라볼 필요가 있으며, 접객하는 사람 역시 일상생활에서 반드시 고객이 되기 때문에 항상 고객의 입장에 서서 판단하고 이해하려고 노력해야 한다. 이 때문에 접객 서비스 제공자는 수시로 고객으로부터 불만이나 요구사항을 몸소 느끼고, 체험하고 있는 고객 측면에서 실행해야 하는 것이다.

접객 서비스 제공자는 다음과 같이 고객과의 관계를 제3자적 입장이 되어 객관적으로 생각하고, 고객이란 어떤 사람일까에 대하여 철저히 고객의 입장이 됨으로써 고객의 중요함을 깨닫게 되는 것이다.

> **➲ 우리의 고객은 어떤 사람인가?**
> - 고객은 베푸는 서비스에 대한 대가를 지불해주는 사람이다.
> - 고객은 서비스 능력을 평가하는 사람이다.
> - 고객은 접객 서비스의 문제점 및 개선방향을 가르쳐주는 교육자이다.

② 고객의 행동특성

21세기 정보화시대는 고객의 의식변화가 크게 달라지고 있다. 오늘의 고객이 어제의 고객과 같을 수 없으며, 내일의 고객은 더욱 같을 수가 없다. 사회가 발전할수록 양질의 서비스에 대한 고객의 욕구는 새로운 상품개발이나 기술발전 이상으로 상승하게 되고, 그 욕구를 충족시켜주지 못하는 기업이나 개인은 퇴보할 수밖에 없는 상황으로 급격하게 변하고 있다. 즉, 고객의 욕구나 만족은 끝이 없고, 날로 진화되고 있다는 것이다.

고객은 상황에 따라서 자기중심적이고 자기 본위적인 입장에서 생각하고 행동하게 되기 때문에 접객 서비스 제공자는 고객의 행동 중에서 다음과 같은 특징적인 점을 파악하고 어떤 특성에 유의해야 하는지를 파악할 수 있다.

> ### ◆ 고객의 행동특성
>
> - 고객은 아무 말도 하지 않는다. 즉, 말이 없는 것이 고객의 특징이며, 가장 무서운 고객은 돌아오지 않는 고객이다.
> - 불만족 고객이 자신의 불만족을 직접 토로하는 사람은 3~4%에 지나지 않으며, 96%의 절대 다수 고객은 그저 말없이 참는다. 바꾸어 말하면 불만을 직접 토로하는 3~4%의 고객이 바로 그 기업이나 개인을 살리는 자라 할 수 있다.
> - 불만족 고객의 90% 이상은 두 번 다시 방문한 외식업소를 찾지 않으며, 다른 경쟁자에게 발길을 돌려버린다.
> - 고객은 자기중심적으로 생각하고 의견을 말한다.
> - 고객은 접객이나 서비스에 대한 불평·불만을 여러 사람에게 전달하는 소문의 전달자이다. (불만족고객 한 사람은 적어도 주위의 9명 이상에게 이에 대해 이야기한다)
> - 불만을 갖고 있는 고객 중 13%는 주변의 다른 고객 20명에게 불만내용을 강하게 전달한다.
> - 불만사항을 신속하게 처리 받는 고객의 90% 이상이 우리의 고정고객이 된다.

3 접객 서비스의 개념

외식산업에 있어서의 접객 서비스는 고객의 존재에서부터 출발한다. 아무리 외식업소 분위기가 훌륭하고 맛있는 음식과 정중한 서비스 및 청결한 환경이 구비되어 있어도 고객이 찾아주지 않으면 의미가 없으며, 사업으로서의 가치 또한 없게 된다. 즉, 고객이 존재하지 않는다면 외식업소의 존재가치는 그 의미를 상실하게 되는 것이다. 바쁘기 때문에 기다려야 되는 것이 당연하다거나 행동과 태도가 불순하고 종업원 자신의 일을 먼저 생각하는 것은 고객의 지지를 잃게 된다. 몸도 마음도 모두가 고객밀착지향이 되고, 고객 입장에서 이행을 할 때 접객 서비스는 시작되는 것이다.

그림 7.1_ **접객 서비스의 개념**

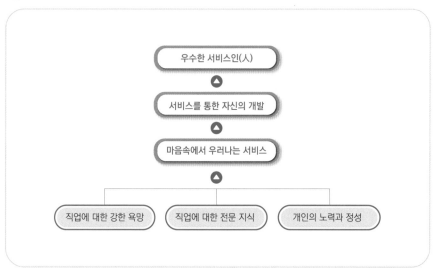

외식산업에서 접객 서비스란 "직업에 대한 강한 의지적 욕망과 전문적인 지식을 보유하고 고객에게 취하게 되는 종업원의 모든 행동과 태도에 대한 표현이다"라고 정의할 수 있다. 따라서 접객 서비스는 고객의 입장에서 고객에게 즐겁고 쾌적함을 제공할 수 있는 근원을 창출해내려는 일련의 노력과 정성이 수반되어야

하며, 어떤 고객에게나 최상의 친절과 마음으로부터의 애정을 표출해야 한다. 진정한 의미에 있어서 접객 서비스는 고객에 대한 단순한 형식보다는 마음속에서 우러나는 서비스의 제공인 것이다.

우수한 접객 서비스인접객원·종업원이라면 누구나 마음속으로부터 우러나는 자세로 서비스에 임해야 하며, 이것이 고객을 만족시키고 감동시키는 방법이다. 안락한 분위기, 정돈된 훌륭한 시설, 아름다운 음악, 맛있는 음식의 외식업소라 할지라도 고객을 위한 정성과 태도가 없다면 고객 역시 존재하지 않을 것이다.

서비스업에 종사하는 사람은 다음의 것을 충분히 인식하지 않으면 안 된다. 한 사람의 서비스 제공자가 고객에게 제공하는 서비스의 좋고 나쁨에 의해 큰 영향을 끼치게 되고, 나아가서는 많은 사람들에게 전파된다는 것과 동시에, 그 서비스 제공자 자신의 인간적인 평가가 이루어진다는 것이다. 다시 말해서 전자가 서비스의 의의와 서비스 제공자의 자각의 문제라면, 후자는 서비스를 통한 자기 자신의 인간성을 어떻게 개발할 것인가가 된다. 따라서 서비스 필요성의 하나는 서비스인으로서의 의식 확립, 또 하나는 서비스인으로서 인간성의 확립이라고 하는 두 가지 측면이 이야기되어지지 않으면 안 된다.

표 7.2_ **접객 서비스의 의미**

구 분	영문의 의미	국문의 의미
S	Sincerity, Speed, Smile, Smart	진심으로 맑고, 밝게, 명랑하게, 정중하게
E	Energy	생동감 있게, 역동적으로, 활기 넘치는
R	Revolutionary	혁신적으로, 신선하고 새롭게
V	Valuable	효율적·효과적으로 가치 있게
I	Impressive	인상적으로, 감명 깊게
C	Communicate	전달되도록
E	Entertain	영접·환영하는 마음과 배려 깊은 마음으로

서비스 프로세스

1 서비스 프로세스

서비스 프로세스service process는 서비스가 제공되는 실제적인 절차와 메커니즘mechanism. 내용을 지탱하는 기교나 수법 및 활동들의 흐름을 말한다. 서비스는 생산과 소비의 동시성 때문에 고객과 분리하여 생각할 수 없으며 대부분의 서비스는 일련의 과정으로 고객이 서비스 프로세스 안에서 일정한 역할을 수행하게 된다. 이처럼 고객이 참여하는 만큼 서비스의 생산과정은 제품의 생산과정보다 더 중요하다. 예를 들어 외식업소 고객은 단순히 배고픔만을 해결하는 것이 아니라 상황에 따라서는 주문하고 식사를 하는 모든 과정에서 얻어지는 경험들을 더 중요하게 생각할 때도 있다. 그러므로 프로세스와 외식업소의 서비스 처리능력은 고객으로 하여금 서비스 품질을 평가할 수 있는 기회를 준다.

그림 7.2_ **외식업소의 고객 서비스 흐름**

따라서 서비스의 일관성과 서비스 품질을 향상시키기 위한 서비스 프로세스의 표준화 또는 개인화의 설계가 필요하다. 예를 들어 패스트푸드 또는 테이크아웃 매장에서는 낮은 가격으로 간단한 서비스만을 제공하는 표준화된 프로세스를

제공한다. 반면 호텔 레스토랑과 같은 풀 서비스 레스토랑에서는 높은 가격으로 개별화된 서비스를 제공하는데, 이곳의 서비스 직원들은 고객의 욕구에 따라 차별적인 서비스를 제공할 수 있는 권한을 위임받아 행동하고 있는 것이다.

제공되는 서비스의 모든 업무를 설명할 수 있도록 묘사한 것으로 서비스 청사진service blueprint이 있다. 이것은 서비스 전달의 프로세스와 고객과 직원의 역할, 가시적인 서비스 구성요소 등을 전체적으로 나타냄으로써 서비스를 시각적으로 볼 수 있게 한 것이다. 서비스 청사진은 고객이 경험하는 서비스 증거이고 업무수행의 지침이며 서비스 프로세스의 단계를 구분하는 데 유용하게 사용된다. 현재 제공되고 있는 서비스를 보다 잘 관리하고 새로운 서비스를 효과적으로 설계하는 데 중요한 역할을 한다.

〈그림 7.3〉은 패밀리 레스토랑의 서비스 청사진으로 고객의 행동, 직원의 행동, 지원프로세스 등 크게 세 가지 단계로 구분하고 있다. 먼저 고객의 행동은 서비스를 구매하여 소비·평가하는 프로세스에서 고객이 수행하는 단계로 선택과 행동 및 상호작용 등을 포함한다. 예를 들면, 고객은 외식업소를 선택하여 전화예약·주차·음식주문·식사 및 영수증 받기 등의 행동을 한다.

직원의 행동에는 고객의 행동과 마주 보는 위치에 현장과 후방의 두 가지 행동영역이 있다. 먼저 현장onstage직원의 행동은 고객의 눈에 가시적으로 보이는 직원의 활동을 말한다. 예를 들어 주차관리자의 주차안내, 웨이트리스의 좌석안내, 서버의 메뉴주문과 음료수 보충, 식사비 계산 등이 그 예이다. 그리고 후방backstage직원의 행동은 고객에게 직접 보이지는 않지만 현장직원의 행동을 지원하는 활동을 말한다. 예를 들면, 주방에서 근무하는 조리사와 디쉬 워셔dich washer 및 구매 담당자 등은 고객이 보이지 않는 곳에서 일선직원의 행동을 돕고 있다.

지원 프로세스support process는 서비스를 전달하는 직원들을 지원하기 위한 내부적 서비스를 말한다. 무선주문 시스템, 식재료 데이터베이스, POS 시스템 등의 효율적 운영지원을 위한 전산직원 및 직원의 서비스 교육훈련을 위한 교육센터 등이 그 예이다.

한편 위의 네 가지 행동들은 3개의 수평선으로 구분되는데 이러한 상호작용선은 고객과 서비스 지원 간의 직접적인 상호작용이 발생하는 것을 표시한다. 그리고 가시선은 고객에게 보이는 행동과 그렇지 않은 행동을 구분하며 또한 직원의 현장활동과 후방활동을 구분한다. 나머지 내부적 상호작용선은 서비스를 지원하는 활동과 고객과 접하는 활동을 구분한다.

표 7.3_ **패밀리 레스토랑의 서비스 청사진**

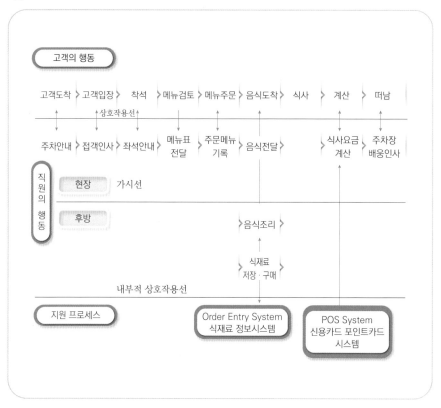

2 서비스 접점관리

대부분의 서비스는 인간적 상호작용의 접촉이 필요하다. 특히 제품과 서비스가 혼합된 외식산업에서는 유형적인 제품속성도 중요하지만 인간적 상호작용에도 중점을 두고 있으며, 그 가운데서도 고객과 직접적인 접촉 때의 행동은 서비스의 좋고 나쁨을 판단하는 근거를 제공한다. 특히 제품의 품질이 유사한 시장에서 고객만족과 고객의 반복적인 방문은 서비스 제공자와 고객 간 서비스 접점의 질에 의해서 결정되기 때문에 더욱 그렇다. 따라서 외식업소의 서비스 제공자와 고객 간 개인적 접촉의 중요성을 인식하고 있어야 성공적인 경영활동이 가능하다.

1) 서비스 접점이란?

외식업소에서 고객과 가장 많이 접촉하는 사람이 바로 직원이므로 직원이야말로 외식업소의 좋은 이미지를 심는 데 결정적인 역할을 한다. 서비스 접점service encounter은 서비스 제공자와 고객 간의 대면적 상호작용을 말한다. 특히 외식업소에서는

인간중심적 서비스에 많은 노력을 하고 있는데 서비스 제공자와 고객 간의 상호작용으로서 서비스 접점 또는 접촉 및 조우는 서비스의 핵심이 된다. 따라서 고객만족을 창출하기 위해서는 서비스 접점이라는 인적·물리적 서비스 만남의 중요성과 관리방법을 이해하고 활용할 수 있어야 한다.

정확한 서비스는 보이지 않는 접착제라고도 할 수 있다. 자연스럽고도 기본적인 업무 수행이자 고객들의 전체 식사시간의 품질을 결정하는 사전 준비단계이다. 파는 것이 곧 서비스이고 서비스가 곧 판매라는 인식을 지녀야 한다. 설명하지 못하는 것은 판매할 수가 없고, 고객접대활동과 정확한 서비스도 무용지물이 되어버린다. 제품에 대한 모든 것을 알아야 한다. 제품지식은 고객 서비스의 초석이 된다. 고객접대 활동과 정확한 서비스, 판매활동 모두를 동시에 실행해야 최상의 서비스 제공이 되는 것이다.

서비스 접점은 고객과 직원, 고객과 고객, 고객과 서비스 환경 등에서 나타나는데, 예를 들어 외식업소를 찾는 고객은 직원들과의 접점뿐만 아니라 다른 고객과

의 대화 또는 분위기, 리넨류, 메뉴표 등을 보고 외식업소에 대한 인식과 평가를 하기 때문에 이러한 물리적 증거를 고객에게 잘 전달해야 한다.

> **◑ 고객 재방문이 중요한 이유**
>
> 단골 고객들은 좋은 구전광고를 하기 때문에 가장 가치 있는 마케팅의 한 요소이다. 고객의 기대를 충족시키기 위하여 할 수 있는 일들을 전혀 하지 않는다면 재방문은 이뤄지지 않는다.
>
> **◑ 고객 접대활동 '주세요' 일곱 가지**
>
> 나를 봐주세요 / 웃어주세요 / 이야기해주세요 / 들어주세요 / 기억해주세요 / 감사해주세요 / 재방문을 요청해주세요
>
> **◑ 서비스의 매력**
>
> 우리 분위기를 파는 서비스, 우리 인간미를 파는 서비스, 우리 제품을 파는 바로 그런 서비스여야 한다.

2) 진실의 순간

진실의 순간MOT: Moment of Truth은 스칸디나비아항공 사장인 칼슨Carlzon이 서비스 접촉순간의 중요성을 주장하면서 고객과의 접촉을 표현하는 대표적 용어가 되었다. 진실의 순간은 고객이 직원과 접촉하여 서비스 품질에 대한 인식에 영향을 미치는 상황을 말하며 서비스 품질의 인식에 결정적인 역할을 하기 때문에 흔히 '결정적인 순간'이라고도 불린다.

스칸디나비아항공사는 1년에 1,000만 명의 승객이 각각 5명의 직원과 접촉하였으며 1회 대면시간은 평균 15초였다. 따라서 1회 15초라는 짧은 시간에 1년간 5,000만 회를 고객의 마음속에 스칸디나비아항공의 인상을 심어놓은 것이다. 칼슨은 고객과의 짧은 만남의 순간에 기업의 전체 이미지가 결정된다는 것을 인식해야 한다고 강조하였는데 결국 기업과 고객이 만나는 짧은 순간의 접점을 잘 관리해야 한다는 것이다.

서비스는 어떤 의미에서 보면 찰나의 대응이다. 외식업소를 방문하는 고객은

몇 초의 순간에 많은 결정을 하게 된다. 한편 외식업소의 입장에서는 고객과의 접점에서 발생하는 MOT는 짧은 순간이지만 서비스 품질을 보여줄 수 있는 기회이기도 하다. 입구에서의 인사, 주문받을 때, 불만을 토로할 때, 전화 대화, 광고 등 여러 경우에 MOT는 발생한다. 고객은 MOT로서 서비스 품질의 인식과 함께 재방문 여부까지 결정하므로 외식업소는 MOT를 위한 서비스 프로세스를 설계하고, 교육훈련을 통해 서비스 품질을 개선하도록 노력해야 한다.

1 마케팅의 이해

1 마케팅의 개념

마케팅 정의는 환경 변화에 따라 달라진다. 2004년 미국마케팅협회AMA는 마케팅을 '조직과 이해관계자들이 고객에게 가치를 창조하고 전달하며, 고객과의 관계를 관리하기 위한 기능 및 과정'으로 정의했다. 2007년에는 '고객, 파트너, 사회에 가치를 창조하고 전달하는 과정과 활동'으로 확대했다. 이처럼 마케팅의 정의는 달라지지만, 궁극적으로 고객만족을 통해 이윤을 창출하는 경영활동이다.

전통적으로 마케팅은 신규 고객을 통한 판매에 집중했으나, 현대에는 기존 고객 유지와 관계 맺기에 중점을 둔다. 마케팅의 어원은 고대 라틴어 "mercatus"에서 유래되었으며, 이는 "시장"을 의미한다. 중세 라틴어 "mercat"을 거쳐 영어 "market"으로 변형되었다. 현대 마케팅 개념은 19세기 후반과 20세기 초반에 발전했으며, 초기에는 제품 판매에 중점을 두었으나 점차 고객 중심 접근 방식으로 진화했다. 이러한 변화는 기업이 고객의 요구를 이해하고 충족시키기 위해 체계적이고 전략적인 노력을 기울이게 했다.

현대 마케팅은 고객과의 장기적인 관계를 구축하고 유지하며, 지속적인 가치를 제공하는 것을 목표로 한다. 이는 고객 만족을 통해 장기적인 성공을 추구하는 데 필수적이다. 마케팅 전략은 고객 중심으로 발전해왔으며, 이는 기업이 경쟁력을 유지하고 성장하기 위한 핵심 요소가 되었다.

2 소비자 행동의 개념

1) 일반소비자의 행동

기업의 소비자들은 일반적으로 구매동기 또는 구매상품의 성격에 따라 최종소

외식산업의 이해

186

비자와 산업사용자로 구별할 수 있다. 대부분 소비담당자로서 소비자인 경우가 많다. 즉, 소비를 위해 상품을 구매하는 최종적인 소비행위이지만, 외식소비자는 소비를 위한 소비만은 아니다. 특히 메뉴라는 상품적 가치의 의미와 인간생명과 건강이라는 의미를 동시에 함유하고 있기 때문에 외식소비자는 소비행동모형이 다르다.

마케팅에서 말하는 소비자란 통상적으로 상품을 소비하는 의미의 소비자 customer, 상품이나 서비스를 사용하는 의미의 사용자user, 조직체의 구매 담당자 buyer, 서비스 제공을 받는 측의 사람receiver 등 네 가지 유형의 소비자를 말한다.

> ◉ **일반소비자 행동의 정의**
> 개인 및 집단이 상품이나 서비스의 구매와 관련하여 행하여지는 모든 행동 및 의사결정과정

2) 외식소비자의 행동

그렇다면 외식소비자들의 개념은 어떻게 정의할 것인가? 외식산업에서 소비자의 개념은 개인 및 집단이 메뉴상품이나 서비스의 구매와 관련해 행하여지는 모든 행동 및 의사결정과정을 말한다. 외식소비자는 구매활동 그 자체뿐만 아니라 구매를 전후해서 발생되는 탐색이나 사용·평가까지도 포함되어 있으므로 구매에 앞서 정보를 수집하고 여러 판매점을 돌아다니면서 각 상표들을 서로 비교·평가해보는 행위에서 사용한 후에 그 사람이 가지게 되는 인지적 평가까지도 모두 포함하고 있다. 즉, 의사결정단위로 소비자를 인식하기 때문에 개인은 물론이고 가족과 같은 집단, 기업과 같은 조직까지도 소비자행동에 포함된다고 볼 수 있다.

외식소비자행동을 위와 같은 논리로 접근해본다면, 외식소비자는 개인이나 집단이 외식 전후에 어떤 업소가 맛있고 서비스 및 시설이 좋은지를 사전에 조사하거나 정보를 수집하는 행위에서부터 외식을 하고 느끼는 사후인지적인 평가까지도 포함된다. 외식 소비자는 이러한 소비자의 행동을 수행하는 주체로 메뉴 아이

템 선택과 함께 메뉴상품과 서비스를 소비함으로써 소비자로서의 행동을 수행하게 된다.

표 8.1_ **소비자행동의 영역**

소비행동	• 저축과 소비의 배분(저축성향) • 지출소비의 배분(소비별 가계지출배분)
구매행동	• 상품선택(경합상품의 선택) • 점포선택(경합하는 구매장소의 선택) • 브랜드선택(경합 브랜드 간의 선택) • 모델선택(브랜드 모델선택) • 수량과 빈도 결정
구매 후 행동	• 사용행동 • 폐기결정

외식소비자의 특성은 소비자 자신들의 자주적인 사고를 가지고 메뉴를 선택하고 있으며, 항상 외식업소를 방문할 때는 목표지향적인 인식을 갖고 있다. 외식소비자들은 외적 요소를 통해 영향을 받을 수 있기 때문에 그들의 욕구가 무엇인가를 분명하게 알아서 그에 맞는 상품이나 서비스를 제공해야 한다.

> ➡ **외식소비자행동의 정의**
> 개인 및 집단이 상품이나 서비스의 구매와 관련하여 행동을 수행하는 주체로 메뉴 아이템 선택과 함께 메뉴상품과 서비스를 소비하는 소비자로서의 행동 및 의사 결정과정

③ 마케팅 계획과 프로세스

1) 마케팅 계획수립

마케팅의 핵심은 마케팅에 초점을 맞추고 표적시장을 향할 수 있도록 지표가 되는 데 도움을 주는 마케팅 계획marketing planning이다. 마케팅 계획은 전략적 목

표를 달성하는 데 필요한 마케팅 전략에 대해 결정하는 활동으로 외식업소와 같은 복잡한 사업에 투자하거나 고객의 욕구에 부응하는 상품을 개발하기 위해서는 필수적이다. 이러한 마케팅 계획은 사업의 성공기회를 증진시킬 뿐만 아니라 재정이나 잠재적인 투자가들과의 커뮤니케이션, 그리고 사업목적을 확보하는 데 도움을 준다.

표 8.2_ **외식업소의 마케팅 계획과정**

1단계	2단계	3단계	4단계
시장평가와 상황분석	목표설정	마케팅믹스(4P)	평가 및 모니터
· 시장의 특성 · 고객분석 · 경쟁자분석 · SWOT분석 · 세분시장의 결정	· 콘셉트, 메뉴, 장식 · 고객만족 · 고객수 · 객단가	· 제품(4Product) · 가격(4Price) · 장소(4Place) · 촉진(4Promotion)	· 예산과 실제성과의 비교 · 변수조사 · 시정 및 조치

마케팅 계획은 어떻게 편성하고 무엇에 대해서 다루어야 하는가? 마케팅 계획에 포함되어야 할 사항은 일정하게 정해져 있지 않다. 그 이유는 시장, 레스토랑이 판매하는 제품, 조직의 특성 등은 물론, 경영자의 요구에 따라 범위가 달라지기 때문이다. 일반적으로 새롭게 창업하거나 상품개발에 투자하기 전에 경쟁력 분석, 틈새시장에 진출하려고 하는 레스토랑의 강점과 약점의 평가 등을 검토한다. 그리고 적정 이익을 얻을 수 있는 실질적인 판매와 비용에 대한 목표를 설정하여 새롭고 더 좋은 제품개발을 위한 혁신·서비스·프로세스도 요구된다. 또한 목표로 하는 시장점유율과 매출, 제품의 질, 서비스, 음식의 양, 가격, 위생 등도 확정한다. 미국의 테이블 서비스 레스토랑에는 매출액의 2.5%, 퀵 서비스 레스토랑에는 5.7% 정도를 마케팅에 투자하고 있다.

2) 마케팅 프로세스

마케팅 프로세스marketing process는 마케팅을 계획·수립하고 실행·통제하는 일련의 과정을 말한다. 외식업소에 영향을 미치는 마케팅 환경을 분석하여 기회와 위협을 발견하고 고객시장의 어느 부분에 초점을 맞출지 시장 세분화market segmentation를 통해 표적 시장target market을 결정한다. 그리고 경쟁자와의 차별화를 위한 포지셔닝positioning과 마케팅 믹스marketing mix를 결정하며 마지막으로 그 결과를 평가하고 전략에 피드백하는 과정을 거친다.

그림 8.1_ **마케팅 프로세스**

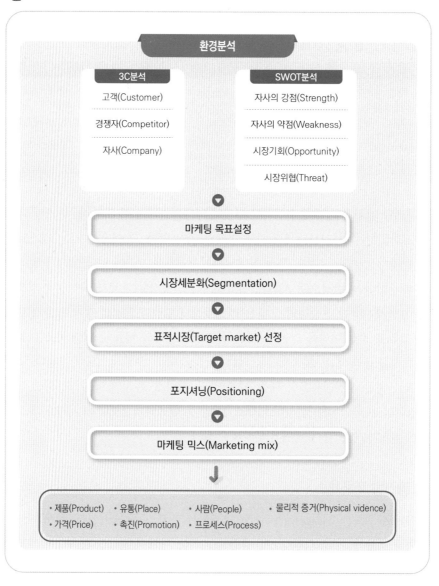

4 STP

STP는 시장세분화market segmentation, 표적 시장target market, 포지셔닝 positioning의 알파벳 앞을 따서 만든 마케팅 용어이다. 마케팅 프로세스 수립을 위해 필요한 세 가지를 알아 보기로 한다.

1) 시장 세분화

시장을 소비자와 니즈 및 그들이 상품을 구매함으로써 얻고자 하는 편익 그리고 인구통계적 요인 등을 기초로 하여 시장을 분류하는 것이다.

시장을 세분화하는 목적으로는,

첫째, 정확한 시장을 파악하고자 하는 것이다. 소비자의 욕구와 구매동기 등을 파악하고 변화시장에 대한 적극 대응을 하기 위함이다.

둘째, 기업의 경쟁좌표를 설정하는 것이다. 자사의 강점과 약점을 확인하고 경쟁좌표를 설정한다.

셋째, 마케팅 차원의 효과적인 배분이다. 마케팅 활동에 소비자 반응을 분석하고 효과적인 마케팅 자원을 분석할 수 있다.

넷째, 정확한 표적시장을 설정한다. 매력도 분석에 따른 정확한 목표시장을 설정하여 선택과 집중을 할 수 있다.

시장 세분화 변수와 기준으로는 인구통계변수와 지리적 변수, 생활유형, 개인의 사교성 등이 있다.

2) 표적 시장

각각의 세분화한 시장의 매력 정도를 분석하여 기업의 한정된 자원을 가장 효과적으로 활용할 수 있는 시장을 선택하는 것이다. 표적 시장 선정 시 고려사항은 다음과 같다.

- 이익을 창출할 수 있을 정도의 충분한 현재와 미래의 시장규모
- 미래의 수요를 고려한 잠재적 경쟁구도
- 기업목표와 표적시장의 일치여부
- 기업의 능력과 자원: 인적·기술적 능력

3) 포지셔닝

포지셔닝Positioning은 상품에서 시작된다. 물론 상품과 서비스, 기업, 심지어 사람에게서도 시작할 수 있다. 그러나 포지셔닝은 어떤 상품 자체에 대하여 무엇을 행하는 것이 아니라 잠재고객의 마음속에 자신의 이미지와 상품을 위치인식시키는 것이라 할 수 있다. 포지셔닝 선정 시 고려사항은 다음과 같다.

- 기업의 이미지나 상품을 고객의 마음속에 인식시키는 것
- 상품이나 서비스 등 기업의 모든 고객대상활동에서 가능
- 마케팅은 상품이 아니라 인식의 싸움

5 마케팅 믹스

포지셔닝의 다음 단계는 마케팅 믹스marketing mix의 결정이다. 외식업소에서 훌륭한 메뉴를 만들었다고 해도 고객에게 정보가 제대로 전달되지 않거나 어디에 있는지 모른다면 판매할 수가 없다. 또한 고객이 정보를 듣고 방문하였다고 하더라도 가격이 맞지 않으면 역시 판매의 기회를 놓치게 된다.

마케팅 믹스는 표적시장에서 기업의 목표달성을 위해 사용하는 통제 가능한 전술적인 마케팅 도구이다. 이른바 4P's라고 하는 전통적인 4P, 즉 제품Product, 가격Price, 유통Place, 촉진Promotion 등의 요소를 어떻게 조합시켜서 마케팅 목표를 달성할 것인가가 마케팅 믹스의 핵심이다.

확장된 3P, 즉 사람People, 프로세스Process, 물리적 증거Physical Evidence는 특히 서비스 산업에서 중요하게 다루어지며, 고객과의 상호작용, 서비스 전달 과정, 그리고 고객이 경험하는 물리적 환경을 포함한다. 이러한 7P 접근 방식은 보다 포괄적이고 효과적인 마케팅 전략 수립에 도움을 준다.

표 8.3_ 맥도날드의 마케팅 믹스전략 예시

7P 요소	맥도날드의 전략
제품 (Product)	• 퀵 서비스 • 메뉴 및 서비스 과정 단축 • 조리 및 서비스의 스피드화 • 현지 시장을 고려한 신상품 개발 • 틈새 시장 목표의 신상품 개발
가격 (Price)	• 인건비 절약 및 조리·서비스 과정 단축에 의한 가격 인하 정책 • 지역 상권의 제한 규정 내에서 가격 선정
유통 (Place)	• 프랜차이징을 통한 해외 사업 확대 • 대도시 중심지에서의 입지 선정 • 대학교, 주유소, 호텔, 역, 공항 • 군대 지상기지, 해군 함정 등도 모색
촉진 (Promotion)	• 지속인 광고와 프로모션 유지 • 대중문화의 중심적인 위치화 • 영화, 스포츠, 오락 프로그램과 연계 • Win-Win 전략의 관계 마케팅 형성 • 어린이 놀이터 개장 • 사회적 책임을 통한 간접적 홍보
사람 (People)	• 셀프 서비스 도입으로 인건비 절약 • 직원들의 효율적인 교육 및 훈련 프로그램
프로세스 (Process)	• 메뉴 및 서비스 과정 단축 • 조리 및 서비스의 스피드화
물리적 증거 (Physical Evidence)	• 통일된 매장 디자인 • 청결 유지 • 편안한 매장 분위기

1) 제품전략Product

외식업소는 식음료의 유형적 제품과 서비스, 분위기, 음악, 청결 등의 무형적 서비스가 종합된 패키지로 고객의 욕구를 만족시키고 인상적인 경험이 전달될 때 고객은 다시 방문하게 된다. 이처럼 외식업소는 매우 경험적인 상품으로 사전에 조사하고 운전해볼 수 있는 자동차 구매와 다르다. 고객은 단지 음식값만을 지불하는 것이 아니라 외식업소에서의 종합적인 식사경험에 대해 지불하는 것이다.

따라서 목표시장을 선정한 후에 고객이 원하는 종합적인 패키지를 만드는 것이 중요하다. 그중에서도 가장 중요한 것은 좋은 음식이다. 특히 메뉴는 유형적인 제품으로 목표시장 고객들의 선호가 정확하게 반영되어야 한다. 그 외에 서비스·분위기·편의성 등의 환경은 무형적인 제품에 해당한다.

2) 가격전략Price

가격은 마케팅 믹스의 그 어떤 요소들보다 레스토랑을 선택하는 데 중요한 요인이 된다. 그렇지만 많은 외식업소들이 가격결정을 아주 우연한 방법으로 하고 있다. 외식업소 경영을 위한 비용구조의 전반적인 지식과 마케팅 환경의 분석도 없이 설정하고 있다.

메뉴가격은 마케팅과 원가회계 둘 다의 기능을 갖는다. 그럼에도 불구하고 많은 경영자들은 단지 원가회계의 부산물로서 메뉴가격의 편성으로 잘못 간주하고 있다. 소비자를 이해하고 외식업소를 운영하는 데 있어서 전반적인 마케팅 환경의 분석은 메뉴가격을 개발할 때 반드시 필요하다.

가격 결정의 목표는 고객의 가치인식과 이익에 대한 적정한 공헌 사이의 균형을 찾는 것이다.

만일 현금흐름을 향상시키기 위해 가능한 한 짧은 기간 동안에 높은 이윤을 얻고자 한다면 그에 상응하는 높은 가격을 설정한다. 반면에 기대보다 낮은 판매수준과 이윤을 위한다면 가격은 수요증가를 위해 다소 낮게 책정한다.

이처럼 가격 결정의 목표를 확실하게 정해서 메뉴가격을 설정하는 것은 외식업소 경영을 위해서 매우 유용한 과정이며, 여기에는 두 가지의 선택이 있다. 먼저 낮은 이윤마진으로 전체시장에서 높은 비율을 차지하는 것과, 매출증대와 시장점유율 확대를 목표로 가격 결정을 하는 것이다. 다른 하나는 높은 이윤 마진으로 전체시장의 낮은 비율을 차지할 것인가 하는 이윤 극대화를 목표로 가격 결정을 하는 것이다.

3) 유통전략Place

유통이란, 일반적으로 제품이 생산지에서 최종 소비자에게 도달하기까지의 과정을 말하고, 유통거점과 유통경로를 선택하며, 수요중심으로 물동량을 배정하는 것을 말한다. 따라서 신규사업을 검토하거나 신상품을 출시하는 경우 어떤 유통경로를 선택할 것인가를 결정하는 문제는 신중히 다뤄져야 하며, 특별히 제품의 특성과 자사의 유통능력을 고려하되 궁극적으로는 고객의 관점에서 장소의 편의성, 상품 구색, 제품의 품질 유지, 정보제공 등의 유통 서비스 달성이 가능한 가장 이상적인 유통점포 및 경로를 택해야 한다.

장소 또는 입지는 외식사업의 중요한 성공요인 중 하나이다. 외식업소는 고객이 이용하기 편리한 곳에 입지하지 않으면 안 된다. 호텔리어인 스타틀러Statler는 호텔의 성공에 있어서 가장 중요한 세 가지 요소는 'Location, Location, Location'이라고 하였다. 이것은 소매업에서도 자주 언급되며 외식산업에서 그 중요성은 더 크고 확실하다. 하지만 프랜차이즈 브랜드들은 장소뿐만 아니라 유통에도 심혈을 기울인다. 그들은 제품의 넓은 유통망 확보에 노력하고 있으며 제품의 유통경로를 다양하게 하기 위한 전략을 개발하고 있다.

4) 촉진전략Promotion

고객의 욕구에 부합하는 제품을 개발하고 가격을 책정하여 고객이 구매할 수 있는 상태로 만들었다고 해도 그 제품에 대한 정보를 제대로 전달하지 못하면 판매는 이뤄지지 않는다. 기업은 자사의 제품이 경쟁기업의 제품보다 더욱 가치가 있다는 것을 현재 고객 및 잠재고객들에게 알려야 하는데 이러한 활동이 촉진 또는 마케팅 커뮤니케이션이다.

외식업소의 촉진활동 목표는 자사의 외식업소를 알고 있고, 인식하는 사람을 증가시키는 것이다. 즉, 처음 외식업소를 방문하는 고객을 유인하고 재방문 비율을 높이며 기존고객의 브랜드 충성도를 높이는 것이다. 또한 새로운 메뉴를 소개하고 특별 메뉴와 스윙 타임swing time 때의 판매를 증가시키며 객단가를 높이기 위한 것이다.

5) 사람 전략People

외식업소에서 사람은 매우 중요한 요소로, 고객 서비스의 질을 결정짓는 핵심이다. 훌륭한 서비스는 고객의 만족도를 높이고, 재방문을 유도하는 중요한 역할을 한다. 외식업소 직원들의 태도, 전문성, 친절함은 고객에게 긍정적인 경험을 제공하는 데 필수적이다. 따라서 외식업소는 직원 교육과 훈련에 많은 투자를 해야 한다. 직원들이 고객과의 상호작용에서 높은 품질의 서비스를 제공할 수 있도록 지속적인 교육 프로그램과 훈련 과정을 마련하는 것이 중요하다. 또한, 직원들의 사기를 높이기 위한 동기부여와 인센티브 제도를 도입함으로써, 직원들이 자발적으로 최고의 서비스를 제공할 수 있도록 해야 한다.

6) 프로세스 전략Process

외식업소의 운영 과정은 고객 경험의 질에 직접적인 영향을 미친다. 효율적인 주문 처리, 신속한 조리 및 서빙, 그리고 원활한 결제 과정은 고객 만족도를 높이는 중요한 요소이다. 외식업소는 운영 과정의 각 단계를 세심하게 설계하고 관리해야 한다. 예를 들어, 주문 시스템을 디지털화하여 주문 오류를 줄이고, 조리 과정을 표준화하여 일관된 품질의 음식을 제공할 수 있다. 또한, 고객의 대기 시간을 최소화하기 위해 서빙과 결제 과정을 최적화해야 한다. 이러한 프로세스 개선은 고객의 전반적인 경험을 향상시키고, 외식업소의 운영 효율성을 높이는 데 기여할 것이다.

7) 물리적 증거 전략Physical Evidence

물리적 증거는 고객이 외식업소에서 경험하는 모든 물리적 요소를 포함한다. 이는 매장의 인테리어 디자인, 청결 상태, 분위기, 그리고 브랜드 아이덴티티를 반영하는 요소들이다. 외식업소는 고객에게 긍정적인 인상을 줄 수 있는 물리적 환경을 조성해야 한다. 매장의 인테리어는 브랜드의 정체성을 반영하면서도 고객이 편안함을 느낄 수 있도록 디자인되어야 한다. 또한, 청결을 유지하는 것은 고객에게 신뢰감을 주는 중요한 요소이다. 매장 내외의 깨끗함과 정돈된 환경은 고객이 다시 방문하고 싶게 만드는 중요한 요인이다. 마지막으로, 매장의 분위기는 고객의 식사 경험에 큰 영향을 미친다. 음악, 조명, 장식 등 다양한 요소들을 통해 고객이 편안하고 즐거운 시간을 보낼 수 있는 환경을 조성하는 것이 중요하다.

표 8.4_ **촉진 믹스의 수단**

수 단	특 징	방 법
광고	• 기업이 비용부담, 매체를 통한 일방적 커뮤니케이션 • 짧은 시간에 매스마켓(대량 판매에 의해서 대량 소비가 행하여지는 것에 따라 성립되는 시장) 적응에 효과적	• TV, 라디오, 신문, 잡지, 옥외광고, DM 등
판매촉진	• 특정목적에 대한 일방적 커뮤니케이션 • 단기적 인센티브에 의한 강력하고 신속한 반응 획득	• 쿠폰, 할인, 경품, POP 등
인적 판매	• 개발고객에 직접 대응하는 쌍방향 커뮤니케이션 • 예상고객에 제품정보 제공	• 구매권유 • 상품소개 • 단골고객 리스트, 판매기록, 판매원 보상
PR	• 기업의 비용부담 없음 • 상업적 의미가 있는 정보를 공공매체에서 뉴스로 알리는 일방적 커뮤니케이션	• 라디오와 TV 등의 뉴스 • 신문, 잡지, 회사사보 • 강연, 세미나, 전시회

촉진수단의 주요형태는 광고advertising, 판매촉진sales promotion, 인적판매personal selling와 내부판매internal selling, PRPublic Relation 등이다. 마케팅 관리자는 고객에게 전달하기 위한 촉진수단과 그 수단의 특성을 이해하고 적절히 배합하여 최대한의 효과를 낼 수 있는 촉진 믹스를 개발해야 한다.

1 브랜드의 의미

　브랜드brand는 제조업자 또는 판매자가 자사의 회사·제품·서비스를 경쟁자와 구별하기 위해 사용하는 이름·심벌·용어·디자인 또는 이들의 결합체를 의미한다. 그리고 브랜드명name은 단어·문자·경쟁자의 제품이나 서비스와 구별되는 이름을 포함한 단어나 문자의 집단을 말한다. 예를 들어 맥도날드·KFC·스타벅스·애슐리 등이 바로 브랜드명이다.

　맥도날드가 1년에 프랜차이즈 수입으로 각국에서 받는 로열티는 얼마나 될까? 이처럼 소비자에게 인식된 맥도날드라는 브랜드명의 가치는 돈을 주고도 살 수가 없다. 그리고 등록 브랜드라는 것이 있는데 법적으로 보호받는 브랜드명·그림·디자인 등을 말한다. 맥도날드의 황금색 아치, 스타벅스의 사이렌Siren 바다인어 등이 바로 널리 알려져 있는 등록 브랜드이다.

| 맥도날드 코퍼레이션 등록 브랜드 | 스타벅스 코퍼레이션 등록 브랜드 | 교촌 에프 앤 비(주) 등록 브랜드 |

② 브랜드의 중요성

기업은 제품을 판매하지만 소비자는 브랜드를 구매한다. 바꿔 말하자면 소비자는 햄버거를 먹는 것이 아니라 맥도날드에 간다는 의미이다. 이제는 소비자가 제품이 아닌 브랜드 이미지를 구입하는 시대이다. 소비자가 차별화된 브랜드 이미지에 따라 제품과 서비스를 구매하는 것이 일반적인 소비행태가 되었다.

무엇보다 생활이 바빠지고 사회가 복잡해지면서 소비자는 브랜드에 의존하여 빠른 의사결정을 하려는 경향이 가속화됨에 따라 브랜드의 중요성과 가치는 더욱 높아지고 있다. 소비자의 머릿속에 한번 정해진 브랜드 이미지는 쉽게 바뀌지 않는다. 소비자는 정확한 브랜드 정보를 갖고 특정제품에 전문화된 핵심 브랜드를 선호한다.

오랜 시간이 흘러도 경쟁 제품이나 서비스와 쉽게 비슷해지지 않고 확실히 차별화할 수 있는 것 또한 브랜드이다. 제품·서비스·마케팅 등은 쉽게 모방할 수 있지만 법률적으로 보호받는 제품이나 서비스의 브랜드는 모방이 쉽지 않다.

외식산업은 타산업에 비해 시장 진입장벽이 낮고 모방이 쉬워 차별화가 쉽지 않다. 특히 제품에 큰 차이가 없거나 차이를 인식시키기 위해 시간과 비용을 들이지 않으면 안 되는 제품에 있어서 브랜드는 제품을 차별화하는 강력한 무기가 된다. 스타벅스가 한국과 일본시장에 진출할 때 단 한 푼의 광고비도 쓰지 않았지만 개장 첫날부터 고객의 행렬이 끊임없이 이어졌다. 그 이유는 바로 브랜드 파워 때문이다. 브랜드 파워가 기업의 성패를 좌우하고 있다고 해도 과언이 아니다.

③ 브랜드 자산의 구축

브랜드는 기업의 경쟁적 우위를 결정하는 무형의 자산이며 마케팅 활동의 가장 핵심적인 영역으로 자리 잡고 있다. 따라서 외식기업은 브랜드의 자산가치를 인식하고 경쟁력 있는 브랜드를 만들어 수익과 직결되도록 노력하여야 한다. 그러나 많은 외식기업들이 가격 할인 또는 쿠폰 등으로 단기적 판매성과를 올리려고 노력하고 있다. 하지만 이러한 노력들은 결과적으로 브랜드 자산의 가치를 떨어뜨리게 한다.

브랜드 자산brand equity은 브랜드 충성도 , 브랜드 인지도, 지각된 품질, 이미지, 감정 등이 결합하여 그 자산가치를 나타낸 것이다. 브랜드 자산은 높은 브랜드 충성도brand loyalty와 브랜드 인지도brand awareness로서 소비자들이 구매하려는 집착 정도, 그리고 브랜드명을 빨리 또는 쉽게 기억하는 정도에 의해서 형성된다. 따라서 브랜드 충성도와 브랜드 인지도를 높여 강력한 브랜드 자산을 구축하여야 한다.

브랜드 자산은 기업·제품·서비스에 어떻게 정체성identity을 부여하고 타경쟁자와 차별화시킬 것인가에 있다. 맥도날드의 햄버거 또는 스타벅스의 커피, 교촌치킨의 치킨이 세상에서 가장 맛있는가 하는 논의는 별로 중요하지 않다. 제품의 맛·품질·서비스 등이 타기업과 비교하여 우위에 있는 측면도 있지만 소비자들이 그곳을 찾는 이유는 브랜드가 갖고 있는 독보적인 정체성 때문이다.

 표 8.5_ **스타벅스의 브랜드 전략**

- 소비자의 감성을 자극하라
- 고객의 소비를 경험으로 승화시켜라
- 공격적 경영으로 시장을 선점하라
- 최고의 커피맛에 목숨을 걸어라

간단한 식사를 원할 때, 따뜻한 커피가 생각날 때 그냥 스타벅스로 발길을 돌린다. 이것이 바로 브랜드 정체성의 힘이다. 또한 맥도날드는 가격에 민감한 고객이나 경쟁기업들과 경쟁해야 하기 때문에 그 초점을 가격에 두고는 있지만 금빛 아치로 상징화된 브랜드는 소비자에게 다양한 연상을 일으키는 풍부한 정체성을 갖고 있다.

브랜드 자산을 구축하기 위해서는 무엇보다 장기적인 노력과 투자가 필요하다. 오랫동안 지속적인 광고와 PR은 인지도 개선에 많은 도움이 된다. 즉, 맥도날드, 롯데리아와 같이 오래된 브랜드는 브랜드 인지도가 매우 높다. 또한 소비자들이 무엇을 좋은 품질로 평가하는지 파악하여 강조함으로써 자사를 좋게 지각할 수 있도록 한다. 특히 경쟁자의 브랜드보다 품질이 더 나은 것으로 지각된 제품에 대해서는 그에 상응하는 가격이 책정될 수 있다. 브랜드와 제품 사이에 일관성이 있어야 하며 소비자가 알기 쉬워야 한다.

표 8.6_ **맥도날드의 브랜드 아이덴티티**

핵심적인 아이덴티티	가격제일	• 특가제공, 구매경험에 의해 정의된 가격제공
	음식의 질	• 항상 뜨겁고 맛있는 음식 제공
	서비스	• 빠르고, 정확하고, 친절함
	청결	• 판매대에는 항상 티끌 하나 없게 함
	사용자	• 가족과 아이들이 주고객층이나 폭넓은 고객층을 확보하려 함
확장된 아이덴티티	편의	• 가장 편리하고 신속한 서비스를 제공하는 레스토랑 • 사람이 살고 일하며 모이는 곳에 가까이 위치 • 효율적이고 신속한 서비스, 먹기 쉬운 음식
	제품의 종류	• 패스트푸드, 햄버거, 아이들이 좋아하는 것
	하위 브랜드	• 빅맥, 에그맥머핀, 해피밀스
	회사가 시민을 위한 일	• 로날드 맥도날드(Ronald McDonald), 어린이 자선단체, 로날드 맥도날드 하우스
	브랜드의 개성	• 가족적, 미국적, 잔잔한, 완전한, 활기찬, 재미있는
	관계	• 가족과 재미를 연상시키는 맥도날드는 좋은 시간의 일부 • 로날드 맥도날드, 어린이 자선단체는 존경심 유발
	로고	• 금빛 아치
	캐릭터 상품	• 로날드 맥도날드, 맥도날드 인형과 장난감

3 인터넷 & SNS마케팅

21세기는 정보화 사회이다. 과학기술의 발달로 정보통신산업이 급격히 발전하면서 경제·사회·문화에 가장 큰 변화요인으로 작용하고 있다. 그중에서도 인터넷은 지역에 관계없이 많은 정보를 빠르고 넓게 전달하면서 세계를 하나의 지구촌으로 만들고 있다.

인터넷의 등장은 인간의 일상생활뿐만 아니라 기업환경에도 큰 변화를 주었다. 특히 인터넷이 거대한 의사소통 매체로 성장하고 대중화되면서 외식산업의 새로운 환경요인으로 등장하였으며, 아울러 외식기업에게 매우 경제적이고 효과적인 마케팅 수단으로 떠올랐다. 그 결과 외식기업들은 온라인과 오프라인의 적절한 상호연계를 통해 시너지 효과를 달성하기 위해 노력하고 있다.

1 인터넷 마케팅이란?

인터넷 마케팅Internet marketing이란 개인이나 조직을 연결하는 쌍방향 커뮤니케이션의 기반을 인터넷을 이용하여 구축하고 이를 바탕으로 마케팅 활동을 수행하는 일련의 과정을 말한다. 즉, 인터넷이라는 매체를 통해 고객의 필요와 욕구를 충족시켜주는 제품·가격·유통·촉진 등을 계획하고 실행하는 활동이다.

마케팅이라는 넓은 범위에서는 인터넷 마케팅과 전통적 마케팅 모두 고객만족과 경쟁력 확보라는 목표에는 큰 차이가 없다. 단지 인터넷이라는 새로운 도구를 중심으로 하는 전략과 운영에서 차이가 있을 뿐이다. 인터넷 마케팅은 기존의 전통적 마케팅에 비해 시간과 장소 등에 구애받지 않으면서도 고객과는 보다 신속하고 친밀하게 마케팅 대응이 가능하다.

외식산업의 이해

202

표 8.7_ **전통적 마케팅과 인터넷 마케팅의 특성비교**

전통적 마케팅	인터넷 마케팅
일방적	쌍방향적
대중 마케팅	1 대 1 마케팅
이미지 중심	정보 중심
상품 중심	관계 중심
수동적 고객	능동적 고객
간접경로 위주	직접경로

2 인터넷 마케팅의 특성

1) 쌍방향 커뮤니케이션

전통적 마케팅에서는 신문·방송·잡지·라디오 등의 매체들을 이용하여 판매자가 일방적으로 커뮤니케이션하지만 인터넷 마케팅은 고객과의 쌍방향 커뮤니케이션이 가능하다. 고객과 신속한 커뮤니케이션이 가능하여 고객의 니즈를 정확하게 알 수 있어 고객화된 서비스를 제공할 수 있다. 결과적으로 쌍방향 커뮤니케이션으로 고객의 의사를 마케팅 활동에 반영할 수 있으며 온라인에서 지속적으로 고객관리가 가능하다.

2) 시간과 공간의 무한성

인터넷은 인간의 생활공간을 확대시키고 시간을 단축시켜주었다. 인터넷에서는 시간과 공간의 제약을 받지 않고 무제한으로 정보를 주고받을 수 있다. 하루 24시간 언제라도 기업의 정보전달은 물론, 제품과 서비스를 주문하고 배달할 수 있으며 인터넷 공간 또한 특정한 지역에 제한되지 않고 기업의 광고 및 홍보, 판매, 서비스 등을 전 세계로 알릴 수 있다.

3) 데이터베이스와의 연계

고객과의 커뮤니케이션을 통해 고객정보와 고객행동을 데이터베이스database화하여 마케팅에 활용할 수 있다. 즉, 개별고객과의 커뮤니케이션을 실현시켜 그들에게 필요한 정보를 신속하게 제공할 수 있으며 고객들의 요구에 따라 추가적인 정보와 수정된 정보를 전달할 수 있게 한다. 이것을 고객 트랙킹customer tracking이라 말하는데, 고객중심에서 고객가치를 극대화하는 고객관계관리CRM의 시작이 된다.

4) 측정 가능성

전통적 마케팅은 다소 실험적이고 예측을 통해 실행되고 검증되지만 인터넷 마케팅은 인터넷을 수단으로 하여 고객들의 행동을 좀 더 계량적이고 정량적으로 추적하고 분석할 수 있다. 즉, 어떤 고객들이 얼마나 방문했고 어떤 제품을 얼마나 구매했는지 등에 관한 정보를 실시간으로 얻을 수 있다. 이를 바탕으로 마케팅 활동을 보다 효과적으로 전개할 수 있게 된다.

5) 멀티미디어의 구현

인터넷은 텍스트text · 오디오audio · 비디오video 등을 포함하는 멀티미디어 multi-media를 구현할 수 있기 때문에 시각적 · 청각적으로 제품을 실현하거나 다른 각도에서 볼 수 있도록 조작할 수 있다. 즉, 인터넷은 다른 직접 광고매체보다 유연성이 크고 효율적으로 정보를 전달할 수 있다.

3 SNS의 개념 및 특성

SNS란, 2000년대 초반에 시작된 서비스 형태로 소셜 네트워크 서비스social network service의 줄임말로 소셜 미디어라고도 한다. 소셜 네트워크는 사회적으로

인스타그램

페이스북

유튜브

틱톡

관계되어 있는 개념을 SNS상의 공간으로 가져온 것을 의미하며, 친구·지인·동료와 같은 인간관계를 강화하거나 새로운 인적 네트워크를 형성하고 의사소통 및 정보를 공유하는 활동으로 타인·기업이 게시한 콘텐츠를 열람·관찰하는 행위도 포함된다. 처음 SNS는 주로 친목 도모나 오락을 위해 사용되었으나, 정보공유·비즈니스·마케팅 등의 용도로 그 범위가 확장되고 있다.

국내는 본격적으로 2001년 싸이월드로부터 시작되었다. 이후 200년 스마트폰 사용이 증가함에 따라 트위터, 페이스북 등의 사용자가 급속도로 증가하였고, 2010년 카카오톡 등의 메신저 서비스가 등장하여 최근 10년이라는 짧은 기간에도 불구하고 빠른 시간 내 전 세계가 사용하고 있다.

외식기업의 SNS 마케팅 활용에 대한 비중이 높아지면서 소비자와의 관계 형성은 SNS라는 단어대신 '소통'이라는 단어를 쓴다고 해도 무방할 만큼 친근하게 사용되고 있다.

다수의 소비자들은 타인의 이용 후기나 평가, 만족도를 확인할 수 있기에 SNS 정보가 신뢰성이 있다고 인식하고 있으며, 외식정보에 있어 사진이라는 정보가 간접적으로 경험할 수 있어 신뢰를 더 확고하게 만들어 외식정보검색을 위해 다양하게 활용되고 있다.

또한, 외식기업은 심리적 욕구 충족을 위해 SNS에 능동적으로 참여하고 자신이 이용한 외식업소와 메뉴를 자랑하고, 과시하는 행위는 이용자들의 주요 특성이며, 이러한 심리적 동기를 유도하여 직접적인 구매의도까지 연결하고 있다. 따라서 외식업소를 이용하고 SNS에 참여하는 소비자들의 동기를 정확하게 파악하고 이를 충족시킬 수 있는 정보를 제공하거나 이벤트를 진행하는 도구로 활용한다.

외식기업은 소비자들에게 긍정적인 효과를 이끌어내기 위해 기프티카드, 쿠폰, 모바일 선물, 가격할인, 프로모션 등 경제적인 보상으로 진행하고 있다. 정보공유 방식으로 '태그' 미션, '좋아요' 이벤트를 시행하여 소비자를 유인하고 있으며 고객이 이용한 후 정보를 공유하는 방식으로 설득력 있는 정보를 만들어 커뮤니케이션 효과를 유도하고 있다.

주요 SNS의 주 사용자 연령대를 보면, 페이스북은 30대에서 50대가 주로 사용하며, 인스타그램은 20대에서 30대 초반이 주 사용자이다. 트위터는 20대와 30대가 주로 이용하고, 틱톡은 주로 10대와 20대 초반이 많이 이용한다. 각 SNS의 사용자 특성과 연령대를 고려한 마케팅 전략은 외식기업이 고객과 효과적으로 소통하고 브랜드 인지도를 높이는 데 중요한 역할을 한다.

외식산업의 이해

외식산업의
조직관리

1 조직관리

외식산업에서 상품을 생산하고 운영하기 위한 관리영역에는 품질, 서비스, 시설, 청결·위생, 교육훈련 등이 있다. 그렇지만 이를 실행하기 위해서는 조직관리가 필요하다. 기업이 인간을 중심으로 성립되어 있고, 특히 인적사업으로 불리는 외식사업에서 조직관리는 매우 중요하다. 조직관리를 제대로 실행하는 외식기업과 그렇지 못한 외식기업과의 차이가 성장하는 기업과 퇴화하는 기업의 구분점이 되고 있다는 사실은 많은 사례로 증명되고 있다.

1 조직의 원칙

공통의 목적을 가진 2~3인 이상이 모여 있는 것만으로는 조직이라 할 수 없다. 지휘하는 사람에 따라 일관된 행동을 하며 구성원들이 서로 협력할 때 비로소 조직이라 부른다. 조직은 구성원 개개인이 따로 행동하는 것보다 훨씬 큰 힘을 만들어내 전체조직의 목표를 효율적으로 달성하게 되며, 그 과정에서 구성원 개인들도 만족을 추구하게 된다.

외식사업도 규모와 관계없이 하나의 조직으로 식음료와 서비스 제공을 통한 이익의 극대화라는 공동의 목표를 위해 서로 협력하는 다수의 사람들이 일정의 틀 속에서 함께 생활하고 있다. 여기서 말하는 일정한 틀이란, 곧 조직의 원리·원칙으로서 조직목표의 명확화, 지시계통의 일원화, 통제의 한계, 직무의 할당, 권한의 위임 등을 말한다.

1) 조직목표의 명확화

조직은 공동의 목적을 달성하기 위해 존재한다. 따라서 조직이 추구하고 있는 목적과 목표를 명확히 밝히고 모든 구성원들이 공유하여 각자 자신들의 협력으로 달성해야 함을 인식시켜야 한다. 외식사업의 특성상 고객과의 밀착 정도가 높을수록 좋으므로 가능하면 조직의 목표를 고객에게도 공개하여 공유할 수 있도록 하는 것도 좋다.

2) 지시계통의 일원화

지시계통의 일원화란, 지시와 통제의 통로가 일원화되어야 한다는 원칙으로 한 구성원이 한 사람의 상사에게 보고하고 지시를 받아야 업무의 효율성을 높일 수 있다는 논리이다. 그러나 긴급지시나 상사 부재 시, 기밀이 요구되는 업무처리, 사소하고 경미한 사항, TF_{Task Force}팀이나 프로젝트팀 처럼 사전에 정한 경우 등에는 이 원칙을 고수할 필요 없이 신축적인 대응이 요구된다.

3) 통제의 한계

한 사람의 리더 또는 관리자가 책임지고 감독할 수 있는 인원수에는 한계가 있다는 원칙이다. 이 원칙에 따르면 인원규모가 커질수록 여러 계층이 생겨나게 된다. 관리 및 통제의 범위는 업무의 성격, 관리자의 능력, 부하의 성숙도, 업무 표준화, 분권화 정도, 공간적 배치 등에 따라 적절하게 정한다.

4) 직무의 할당

조직은 목표달성에 필요한 여러 활동을 업무 분담의 원칙과 업무별 유사성의 기준에 따라 능력 있는 구성원에게 할당한다. 직무를 할당할 때는 중복이나 누락이 없어야 하고 개개인에게 구체적이고 명료하게 그리고 개인별 업무량이 균형을 이루도록 할당한다. 여기서 조직이나 경영자는 효율의 원리에 따라 직무를 배분하고 개인에게 그 역할의 수행을 기대하지만 개인이 이를 감정적으로 받아들이는 경우도 있기 때문에 역할의 인식과 기대의 차이가 발생하기도 한다. 기대와 인식이 일치되기 위해서는 개인이 자발적으로 직무분담에 참여하는 것이 필요하며, 또한 그렇게 하도록 동기부여하는 것이 경영자의 중요한 또 하나의 임무이다.

5) 권한의 위임

권한이란, 조직 내에서 실행할 수 있는 권리와 그에 따른 힘으로 일정한 명령이나 지시가 부하직원에 의해 받아들여질 때 비로소 전달된 것으로 볼 수 있다. 업무는 그것을 완수해야 하는 책임과 권한으로 성립된다.

구성원에게 직무를 할당하는 경우 직무수행결과에 대한 책임을 지는 조건으로 그에 상응하는 권한이 뒷받침되어야 한다. 직무를 수행할 능력이 있는 구성원에게 책임과 권한을 부여하여 할당된 업무의 수행을 통해 조직목표 달성에 공헌하도록 한다.

특히 경영자는 유지해야 할 책임과 권한을 잘 파악하여야 하고 권한을 위임할 때는 통제방법도 미리 강구하여야 한다. 그리고 위임하였으면 자유권환의 폭을 주어 활용토록 할 뿐만 아니라 그 결과에 대하여 상호 확인하도록 한다. 무엇보다 권한 위임은 구성원의 창의와 의욕을 불러일으켜 일하는 보람을 줄 수 있다.

② 조직관리의 기본요소

서비스 직원과 조리사는 물론, 파트타임 또는 아르바이트 직원들의 활동이 활발하게 살아 있는 조직이라면 그 외의 사항을 제쳐두고 성공적인 외식사업체로 평가해도 좋을 만큼 조직관리는 중요한 분야이다.

조직관리의 내용 중에서 빼놓을 수 없는 것으로 파트타임 또는 아르바이트 직원들이 스스로 적극적으로 업무를 수행하고 있느냐에 관한 것이다. 한가한 시간대에 물품을 보충한다든지, 청소를 한다든지, 또는 고객이 많을 때 스스로 다른 사람을 적극적으로 도와주는 것 등 특별한 지도를 받지 않더라도 팀워크에서의 협력 여부를 통해서 적극성을 점검하도록 한다.

성공적인 조직관리는 경영이념, 조직의 환경, 커뮤니케이션 시스템의 확립, 조직도의 확립, 사내규칙, 그리고 리더십 등에 달려 있다.

1) 경영이념

경영이념은 어떤 방침과 태도로 기업을 운영해갈 것인가를 정의한 것으로 조직 구성원에게 의사소통이나 일체감을 조성하려는 데 목적이 있다. 경영이념을 바탕으로 경영전략이 도출되고 이를 토대로 상품개발·광고·판매촉진 등의 여러 계획이 세워지며 구체적으로 실행된다.

조직관리가 잘되어 있는 외식기업은 경영이념과 목표가 모든 직원에게 전달되고 있으며, 경영계획이 정확하게 실행되고 있을 뿐만 아니라 고객의 의견이 상사에게 제대로 전달되고 있다는 것을 의미한다. 따라서 조직에는 경영이념과 비전에 대한 직원들의 인식이 중요하다.

일본의 외식기업 모스버거Mos burger는 '고객을 위해서 점포는 존재한다', '지역주민들에게 사랑받지 않으면 점포의 번영은 있을 수 없다'는 경영이념을 갖고 있다. 그리고 그 생각을 형태화하여 독자적인 전략을 전개하고 있는데 그 독자성의 하나가 맛을 만드는 것이다. 고객에게 최고의 맛을 제공하고자 하는 염원으로 모스버거는 맛의 창조에 전력을 쏟고 수많은 상품과 이름을 만들어왔다. 또 점포에 대해서라면 반드시 제일 좋은 입지와 상관없이 적은 자본으로도 점포를 개점할 수 있도록 하여 지역주민들과 밀접한 관계를 유지하고 있다.

BBQ치킨의 외식기업 제네시스는 '가맹점이 살아야 본사가 산다'는 경영이념을 바탕으로 프랜차이즈 본연의 모습에 충실하고 있으며 '고객이 원하시면 무조건 하겠습니다'라는 정신으로 고객에게 최고의 제품과 서비스를 제공하고자 노력하고 있다.

2) 커뮤니케이션 시스템의 확립

외식기업의 조직은 종사하고 있는 사람들과의 인간관계이고, 다른 한 가지는 서비스 제공자로서 고객과의 관계이다. 조직의 활성화는 그 조직 내부의 견고한 커뮤니케이션 시스템의 확립 여부에 달려 있기 때문에 업무연락·조례·미팅·회의 등의 커뮤니케이션 시스템을 만들어 정기적으로 실시하도록 한다.

3) 조직도의 확립

조직도는 경영체로서 조직도구를 도표로 표시한 것이다. 경영상의 직위에 따라 누가 누구에게 소속되고 누가 자신의 팀원인지를 명확히 표시한 것이다. 조직에서 커뮤니케이션 시스템을 확립하기 위해서는 그 전제로서 무엇보다 조직이 명확해야 하기 때문에 조직도가 확립되어 있는지 없는지 점검한다.

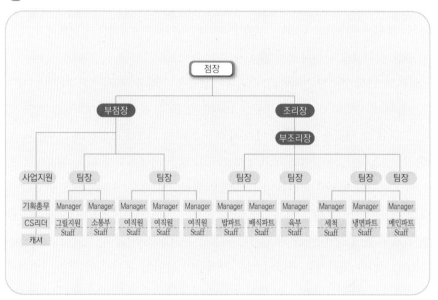

그림 9.1_ **외식기업 조직도 구성사례**

4) 사내 규칙

사내 규칙house rule은 경영자나 관리자에서부터 각 부서의 직원과 파트타이머·아르바이트 직원에 이르기까지 하나의 조직체에서 근무하는 직원 모두가 지켜야 할 사항들을 정리한 것이다. 여기에서는 회사의 다른 규칙에는 없는 복장과 마음가짐, 출근에서 퇴근까지의 규칙, 근무시간 중에 해서는 안 될 사항, 반드시 지켜야 할 사항 등이 기록되어 있다. 사내 규칙은 단순히 작성된 서류가 아니다. 실제로 현장에서 제대로 실행될 수 있도록 노력해야 한다.

② 인적자원관리

① 인적자원관리의 개념

외식기업의 공동의 성과를 내기 위한 많은 사람들이 상호 협력하는 유기적 활동이 원활하게 이루어지기 위해서는 먼저 인적자원관리가 제대로 이루어져야 한다.

인적자원관리에 대한 정의는 학자마다 수없이 많겠지만, 이러한 의미로 해석해볼 때 인적자원관리란 '조직의 목적을 달성하기 위해 활용하여야 하는 자원 중에서 인적자원을 확보하고, 평가·개발·보상·유지하기 위한 계획과 실행, 평가하는 활동'으로 정의할 수 있다.

인적자원관리는 당연히 1차적으로 효율적인 생산성 향상을 목표로 하게 된다. 그러나 이와 동시에 구성원, 즉 직원들의 만족도 충족이라는 목표도 가지게 되는데, 목표달성에 대한 충분한 보상은 직원의 만족도를 충족시킬 뿐만 아니라 다음 직무수행에도 긍정적인 영향을 미치게 된다.

과거 테일러Taylor는 업무관리task management를 통해 과학적 관리법의 이론을 창안하였고 시간 및 동작연구의 길브레스Gilbreth 부부, 간트차트의 간트Gantt를 거쳐 포드Ford의 포스시스템이라는 컨베이어시스템에 의한 대량생산방식에 이르기까지 가히 혁명적인 생산성 향상을 이룩해냈다. 그러나 인간성을 무시하고 생산성과 능률만을 강조하였다는 점에서 많은 비판을 받게 되었다. 이러한 문제에 대한 반성으로 등장한 것이 마요Mayo의 호손실험Hawthorn experiment으로 능률보다 인간관계에 초점을 두었다. 그러나 이 또한 지나치게 인간적인 요소만을 강조하여 합리성이 결여되었다는 점에서 비판을 받게 되었다.

이렇게 생산성 강조에서 인간성 강조로 인적자원관리의 변화를 거쳐오면서, 어느 하나에만 치중하다 보면 다른 것을 잃게 된다는 것을 알게 되었다. 따라서 오늘날에는 이 두 가지의 조화를 시도하는 현대적 개념의 인적자원관리Human Re-

표 9.1_ **HRM의 도입으로 인한 변화**

구 분	전통적 조직	미래 조직
인적자원관리 관점의 변화	직무, 연공 중심의 인사관리 • 연공 중심 • 직무 중심(훈련 중시) • 수직적 경력관리 • 승진과 보상의 연계 • 직급과 직책의 연계 • 고정급	사람, 능력 중심의 인사관리 • 직능 중심 • 사람 중심 • 수평적 경력관리 • 승진과 보상의 분리 • 연봉급
조직에서 요구하는 개인의 특성변화	말 잘듣는 사람 • 성실성 • 명령 수용적 • 내부 지향적 • 자기 고집적 • 위험 회피적	자율적, 창의적인 사람 • 창의성 • 미래 지향적 • 고객 지향적 • 학습 지향적 • 위험 선호적
관리자 역할의 변화	지시, 통제자 • 지시적 • 관리, 통제 • 정보 독점 • 권력 추구	비전 제시자, 후원자 • 참여적, 설득적 • 코치, 후원 • 정보 공유 • 권한 위양

source Management: HRM가 등장하게 된다. 이는 다시 HRP Human Resource Planning: 인적자원계획, HRD Human Resource Development: 인적자원개발, HRU Human Resource Utilization: 인적자원활용의 세 가지 측면으로 나눌 수 있으며, 채용·선발·배치에서부터 교육·훈련까지 포괄하는 광범위한 개념으로 주목받고 있다.

2 인적자원관리의 의의

1) 인적자원관리의 중요성

흔히들 '기업은 사람이다'라고 말한다. 기업의 모든 것은 사람에 의해 이루어지고 기업의 성패도 사람에 달려 있기 때문이다. 또한 기업의 경쟁력 원천이 사람이라는 불변의 진리를 생각해볼 때 기업의 핵심과제 중 하나가 사람에 관한 부분이다. 특히 외식산업은 타사업에 비해 사람에 의존하는 활동이 많고 사람과 사람의 접촉을 통해 상품의 완성도가 결정되기 때문에 인적사업people business이라고도 하는데, 과거나 지금이나 외식산업의 공통적인 과제는 만성적인 인력부족과 관리의 문제이다.

인적자원관리는 개인과 조직의 목표를 성취하기 위한 인적자원의 계획과 확보, 활용과 유지, 그리고 보상과 개발 등의 관리 활동 말한다. 외식산업이 과학화·자동화되고는 있지만 원재료를 구입하여 가공한 후 소품종 다량생산을 하고 서비스를 더해야 비로소 상품으로서 역할을 하며, 즐거운 식사를 할 수 있도록 청결을 유지하고 분위기 있게 장식해야 하는 등 아직도 많은 부분이 사람을 필요로 하는 기술집약적이고 노동집약적 산업이다. 사람에 대한 의존력이 높은 외식산업에서는 우수한 인재를 확보하고 개발하여 유지하는 인적자원관리가 매우 중요하다.

2) 인적자원관리의 내용

인적자원확보는 직원의 모집·면접·선발 등의 채용활동을 말하며, 인적자원개발은 직원의 잠재적 능력을 실현할 수 있도록 교육훈련과 능력개발 및 배치·전직·승진 등의 활동을 말한다.

인적자원 유지는 직원의 보상과 복리후생 및 안전위생·의사소통·제안제도 등을 통해 좋은 근무환경과 분위기를 유지하는 활동이며, 인적자원조정은 효율적인 조직규모를 구성할 수 있도록 구성원 수를 조정하는 활동을 말한다.

오늘날 외식업소의 성패는 서비스의 질에 달려 있다고 할 정도로 고객만족, 고객감동이 성공을 위한 필수조건이 되고 있다. 먼저 음식의 맛과 분위기에 의해 고객만족이 이뤄진다면 직원의 마음가짐, 인정, 배려 등에 의해 고객감동의 단계에 이르게 된다. 즉, 외식업소의 인적자원관리는 행복한 고객을 창조하기 위한 매우 중요한 분야이며, 적절한 교육과 훈련이 수반되어야 한다.

외식업소의 인적자원관리는 '식당이 필요로 하는 적합한 인력을 고용하여 유지하고 교육과 훈련으로 능력을 개발하여 식당 운영에 맞게 활용하는 동시에 직원의 자발성과 자율성의 원리에 입각하여 계획·조직·통제하는 것'으로 정의할 수 있다. 식당의 인력구성은 시간의 흐름에 따라서 변화하는데 인적자원 수급계획에 의거하여 적합한 지원자를 확보하여야 한다.

❸ 인적자원의 계획

1) 계획과정

인적자원계획을 수립하기 전에 수요와 공급측면에서 직무분석을 해야 한다. 수요측면에서 기업이 목표를 달성하는 데에 필요한 직원의 수와 그 자질을 명확히 하는 과정을 인력수요분석이라고 한다. 그리고 공급측면에서 필요한 인적자원을 충족시키기 위해 직원을 기업의 외부에서 또는 내부에서 충당할 것인지를 결정하는 과정을 인력 공급 분석이라고 한다.

인력의 수요와 공급분석이 끝나면 직원이 부족한지 또는 과잉인지에 대한 결정을 하게 된다. 만일 직원이 부족하다고 예상되면 외부에서 적절한 자격을 갖춘 직원을 확보해야 한다.

2) 직무분석

❶ 직무분석의 개념

인적자원관리는 직무를 통해서 직원의 자기만족을 충족시켜주고 만족으로부터 유발되는 동기부여가 생산성 증대에 영향을 미친다.

직무분석은 인력관리의 기초적 정보의 하나로 각 직무의 내용·특징·자격요건을 설정하고 직무를 수행하는 데 요구되는 기술·지식·책임 등을 분명히 밝혀주는 절차를 말한다. 직무분석은 실질적으로 채용기준의 설정, 교육훈련과 배치 및 전환의 자료제공, 효율적인 노동력 이용, 적정임금수준의 결정, 직무의 상대적 가치를 결정하는 자료를 제공하는 데 있다.

직무분석자료를 수집하는 방법에는 관찰, 실무자와 감독자의 면접, 직무분석 설문지 등이 있는데, 그중에서 설문지법이 가장 널리 이용된다. 직무분석의 결과로 직무기술서와 직무명세서가 작성되며, 또한 조직의 전반적인 직무설계와 직무평가의 기초자료가 된다.

② 직무기술서와 직무명세서

직무기술서는 직무의 목적·업무내용·책임·의무 등을 기술한 것으로 채용·급여결정·승진·배치·훈련 등의 인사관리를 실행하는 데 기초가 된다.

직무명세서는 직무를 수행하는 데 필요한 교육수준·기술·경험 등의 인적 특성, 즉 인적 요건을 기술한 것으로 직무의 특성에 중점을 두어 기술된 직무기술서를 기초로 하여 직무에 요구되는 상세한 개인적 요건을 정리한 문서이다. 직무명세서의 용도는 다음과 같다.

- 신규인력 채용광고를 위한 정보출처
- 직무를 수행하기 위해 요구되는 교육수준의 규정
- 직무를 수행하기 위해 요구되는 경력이나 특별교육의 규정
- 직무에 특별히 필요한 육체적인 조건이나 규정

표 9.2_ **직무기술서의 예시**

직무기술서	
근무장소	• 주방
직책	• 제1조리사
보고자	• 조리장
직무내용	• 조리장의 지시에 따라 안전하고 위생적인 조리작업을 수행한다 　- 식재료의 보관 및 수량관리를 책임진다. 특히 식재료의 질과 신선도를 점검할 수 있는 능력을 배양한다. 　- 필요량의 식재료를 충분히 확보하고 관리한다. 　- 보조조리사를 관리·감독한다. 　- 항상 조리장 내의 청소와 위생관리에 신경쓴다. 　- 조리장의 부재 시 조리장을 대신하여 조리작업을 한다. 　- 항시 피크타임에 대한 사전준비를 한다. 　- 육류·생선·야채 등의 식재료를 신선하게 준비한다. 　- 조리장의 조리를 도와주고 다른 조리사를 도와준다. 　- 냉동·냉장고의 온도 및 상태를 점검한다. 　- 틈나는 대로 보조조리사를 육성한다.

표 9.3_ **직무명세서의 예시**

직무명세서			
직명	웨이터 / 웨이트리스	근무시간	오전 9시 ~ 오후 6시 주 5일 근무
일주일 총 근무시간	40시간	휴일	일주일 2회
휴가기간	1년에 2주	교육수준	고졸, 초대졸, 대졸
성격	고객들에게 친절히 대해야 함	보고자	지배인
연령	18~60세	경력요구사항	2년
신체조건	양호한 건강상태	특별기술 요구사항	없음
직무에 대한 특기사항	본 직무는 웨이터나 웨이트리스가 현금을 다루며, 알코올 음료를 취급할 것을 요구한다. 그리고 매달 지배인으로 승진도 가능하다.		

③ 직무평가

직무평가는 각 직무 간의 상대적인 가치를 객관적으로 측정하는 절차이다. 합리적인 임금구조를 결정하기 위한 것이 가장 큰 목적이지만, 직무평가과정에서 수집된 자료를 인적자원관리에 다양하게 활용된다. 직무평가에는 서열법·분류법·점수법·요소비교법 등이 있다.

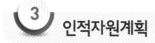

③ 인적자원계획

인력계획 또는 인적자원계획Human resource planning은 인력의 모집, 선발, 배치 그리고 퇴출 등 인적자원의 흐름flow을 계획하는 인사관리 기능을 말한다. 인력수요계획HR demand planning이란 미래에 기업이 필요로 하는 인력의 양적, 질적인 측면을 예측하여 인력이 모자라거나 남아돌지 않도록 인력의 수, 시간, 장소 측면에서 인력투입의 적정수준을 확보하는 기능으로 인력계획의 하위기능에 속한다. 인력계획은 기업의 경영전략과 밀접한 관계를 지닌다. 예를 들어, 투자계획, 기술개발과 관련된 인적자원의 양적, 질적 수요변수들은 기업의 경영전략에서 파생되기 때문이다.

과거 구내 기업풍토에서 사람을 구하는 직업, 즉 모집은 주로 내부노동시장을 통한 기업의 내부모집internal search에 의존하는 바가 컸다. 즉, 인력수요가 발생하면 외부노동시장에서 인력을 사오기buy보다는 내부인력을 키워서make 충당하는 것이 일반적인 추세였다. 그러나 최근의 경영환경은 기업으로 하여금 모집의 원천을 변화시키도록 만들었다. 비록 외부모집external search에 의한 채용이 많은 단점이 있기는 하지만 오늘날과 같은 지식의 폭발시대에는 인력의 'make'에는 한계가 있을 수밖에 없으며, 'buy'를 통한 조직의 지식 및 부가가치의 창출이 생존에 필수적이라는 인식이 확산되고 있다.

1) 내부모집과 방법

내부모집의 원천은 공석opening이 발생했을 때 기존의 내부직원이 승진, 부서 또는 직무이동을 통해 빈자리를 채울 수 있도록 제도화되어 있는 경우, 공석이 된 직무에 지원할 수 있는 직원군이 내부모집의 원천이라 말할 수 있다. 국내 대기업은 신입사원 모집의 경우 대부분 공채를 통해 외부모집을 하고 외부에서 신입사원을 선발하는 원칙을 유지하고 있다. 최근에 이르러 정기공채 대신에 수시공채가 실시되기는 하지만, 공채라는 면에서는 큰 변화가 없다.

내부모집의 대표적인 방법이 사내공모제도job posting and bidding이다. 사내공모제도는 직무에 공석이 생겼을 때 회사가 외부모집을 하기 전에 사내 직원들에게 공지하여 모집에 동일한 자격으로 지원할 수 있는 기회를 주는 방식이다. 공지를 위해서 사내 게시판이나 사보, 뉴스레터 또는 이메일이 사용된다. 공지의 내용은 직무의 명칭과 자격요건, 급여·대우 등이 명시된다. 사내공모제도의 적용을 받는 대상은 주로 관리자 이하급의 사무직군이다. 사내공모제도의 장점은 모집에 있어서 투명성을 제고할 수 있고, 내부 직원들의 승진과 성장 및 발전기회를 균등하게 제공할 수 있다는 것이지만, 단점으로는 사내공모제도에도 불구하고 외부 지원자가 채용되었을 때 내부직원의 사기저하, 불만과 갈등이 우려된다는 점이다.

2) 외부모집과 방법

기업은 변화하는 경영환경에서 경쟁력을 확보하기 위해 핵심인력을 기업의 내부에서 공급받는 한계에 도달하고 과감하게 외부모집을 확대하여 외부노동시장에서 '준비된' 우수 핵심인재를 충원하기 시작했고, 오늘날에는 국내 기업에서 외부모집이 내부모집을 압도하는 현상까지 보이고 있다.

외부모집의 원천과 방법은 다음과 같이 매우 다양하다.

- **매체 광고**: 신문이나 방송, 전문잡지나 인터넷 포털 등 다양한 기업 외부의 매체에 직원모집 공고를 하여 지원자를 모집하는 것을 말한다.
- **고용 에이전시**employment agencies: 국공립 및 사립 인력알선업체나 헤드헌팅회사 등을 통해 필요한 인력을 공급해주는 인력공급업체를 말한다.
- **교육기관**: 대학교나 직업훈련학교 등 교육기관에 의뢰하여 필요한 인력을 공급받을 수 있다. 기업이 일선 대학교에 가서 기업설명회를 하는 경우나, 교육기관들만을 초대하여 대규모 취업박람회를 개최하는 방식도 이에 해당한다.

표 9.4_ **모집원천별 장점과 단점**

구 분	장 점	단 점
내부 모집 통한 채용	• 승진기회 확대로 직원 동기부여 • 모집 비용 저렴 • 모집에 소요되는 시간 단축 • 내부인력의 조직 및 직무지식 활용가능 • 외부인력 채용에 따르는 리스크(조직정응 실패, 기술·지식의 차이 등) 제거 • 기존의 인건비 및 급여수준 유지가능 • 퇴사로 인한 신규 채용 수요 발생	• 인재선택의 폭이 좁아짐 • 조직의 폐쇄성 강화 • 부족한 업무능력 보충을 위한 교육훈련비 증가 • 능력주의와 배치되는 파벌 문화 형성 • 인력수요를 양적으로 충족시키지 못할 가능성이 높음(내부승진으로 인해 전체인원이 증가하지 않으므로 항상 일정수의 인력부족 현상)
외부 모집 통한 채용	• 인재선택의 폭이 넓어짐 • 외부로부터 인력이 유입되어 조직 분위기 쇄신 가능 • 인력수요에 대한 새로운 지식, 경험 축적가능 • 업무능력 등 자격을 갖춘 자를 채용하게 되므로 교육훈련비 감소	• 모집에 많은 비용·시간 소요 • 인건비 상승(스카우트 비용, 경력자들 위한 특별 보너스 등) • 내부인력의 승진기회 축소 • 외부인력 채용으로 실망한 종업원들의 이직 가능성 증가 • 조직분위기에 부정적 영향 • 외부인력의 채용에 따른 리스크 발생(조직적응 실패, 기술·지식의 차이 등으로 성과부진)

외식산업의 이해

- **전문협회 및 학회**: 해당 직업과 관련된 전문가들의 협회나 학회에 인력의 추천과 공급을 의뢰할 수 있다.
- **군대**: 기술병과에 속한 장병의 경우, 제대 후 기술분야에 취업하는 것이 일반적이므로 해당 기술관련 기업에서는 군대의 사병이나 장교들을 대상으로 모집활동을 할 수 있다.

3) 사원추천 모집제도

사원추천 모집제도란 '종업원 공모제도employee referral'라고도 하는데 이는 회사 내 공석이 생겼을 때 현직 종업원기존직원들이 적임자를 추천하도록 하여 신규직원을 채용하는 제도이다. 이 제도는 신규직원 모집에 있어서 현직 종업원이 자신이 잘 아는 친구나 친지를 채용에 응하도록 권유함으로써 모집원천의 신뢰성을 높이는 데 기여한다. 사원추천제도는 무엇보다 경제적인 모집수단이라는 데 장점이 있다. 즉, 회사가 필요로 하는, 자격을 갖춘 인재들을 저렴한 비용으로 모집의 효과성을 높일 수 있다.

연구조사에 의하면, 종업원 공모제도를 통해 입사한 직원들은 다른 모집방법으로 들어온 사람들보다 조직 내 체류연수가 더 길다고 한다. 그 이유는 이 제도로 입사한 인력들은 자신의 추천자로부터 회사에 대한 상세한 정보를 이미 접하고 의사결정을 하여 채용에 응한 사람들이므로 이른바 '현실적 직무소개'가 이뤄진 상태라고 볼 수 있다. 따라서 기업으로서는 종업원 공모제도를 잘 활용하면 저렴한 모집비용으로 능력 있고, 믿을 만한 인재를 채용할 수 있으므로 모집의 경제성과 효율성을 달성할 수 있다.

사원추천제도의 장점도 있지만 단점도 있다. 사원추천제를 통해 채용되는 사람들은 기존 직원들과는 지역, 학력에 있어서 유사성이 높은 집단이기 때문에 회사 내 학맥, 인맥에 근거한 파벌조성이라는 부작용을 야기할 가능성이 있다. 또 객관적인 채용방법이라고 보기 어렵기 때문에 채용에 있어서 공정성을 확보하기가 어렵다. 그리고 추천받지 못한 사람의 취업기회를 원천적으로 봉쇄하는 것이기 때문에 많은 기업들이 이 제도를 실시할 경우 사회적 문제를 야기할 수 있다. 마지막으로 피추천 후보자가 채용면접에서 탈락하는 경우 추천자의 반발과 사기저하가 예상된다.

4) 인공지능을 활용한 모집

최근 미국과 유럽기업들에서 모집관리에 인공지능AI을 활용하는 사례가 증가하고 있다. 일부 기업들에서 모집관리의 활성화를 위해서 인공지능이 탑재된 로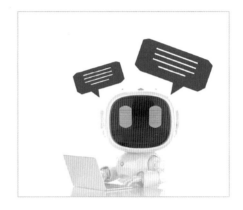봇의 일종이라고 할 수 있는 '챗봇 chatbot'을 활용하는 것이다. 챗봇은 잠재적 지원자들에게 다음과 같은 기초적인 사항을 질문하고 응답을 저장하여 인사부서에 전달하는 기능을 수행한다. 챗봇이 묻는 질문은 대체로 직무경험, 현재 또는 과거의 소속 직장, 달성한 업무성과, 원하는 급여수준, 근무개시 가능일자, 연락 전화번호, 이메일주소 등이다. 지원자들이 챗봇의 질문에 대답하는 데는 30초 정도밖에 걸리지 않으며, 응답자가 다른 사람들에게 노출되는 것을 방지할 수 있기 때문에 최근 지원자들은 직접 인사부 직원을 대면하는 것보다 챗봇과의 대화를 보다 선호하는 것으로 알려져 있다. 인공지능을 채용과정에 활용할 경우 네 가지 이점이 나타날 수 있다.

- 첫째, 우수인재 선발 가능성이 극대화될 수 있다. 시간과 공간의 제약 없이 많은 수의 지원자와 면접을 진행할 수 있다.
- 둘째, 자사 맞춤형 인재를 선발할 수 있다. 직군별 고성과자 프로필과 패턴 분석을 통해서 성과 창출 가능성이 크면서도, 자사의 문화에 적합한 인재를 선발할 수 있다.
- 셋째, 객관적이다. 면접위원에 따른 주관적 평가를 통해 합격과 불합격을 결정하지 많고 과학적이고 일관적인 기준으로 모든 지원자를 평가할 수 있다.

- 넷째, 채용과정을 빠르고 정확하게 단축할 수 있다. 다수의 지원자 면접과 평가를 동시에 진행하고 합격자 발표와 평가취합 등의 업무를 자동화하여 기존의 채용과정을 현저히 단축할 수 있다.

5) 소셜 리크루팅

소셜 리크루팅social recruiting은 소셜 미디어를 통한 채용 활동을 의미한다. 페이스북을 통해 구직자에게 메시지를 보내거나 트위터를 통해 채용공고 사이트를 트윗하거나, 인스타그램을 통해 직원 사진을 올리거나, 유튜브를 통해 회사 행사 비디오를 잠재적 지원자들과 공유하는 활동들이 모두 소셜 리크루팅에 해당한다. 미국의 고용시장에서 소셜 리크루팅은 점점 확대되는 추세이다.

4 인적자원유지

외식기업은 사람들의 집합체이기 때문에 직원의 도움 없이는 성공할 수 없으며 각 구성원들이 어떤 역할을 하는가에 따라 성패가 좌우된다. 따라서 조직의 구성원들에게 가장 큰 영향을 미치는 임금·보상·복리후생 등의 인적자원유지활동이 중요할 수밖에 없다. 특히 소규모 외식업소에서 인적자원을 확보하고 유지하는 문제는 지역적으로 제한되어 있고 심지어는 지역의 인재들이 크고 유명한 외식기업을 선호하기 때문에 기업전략과 연계된 인적자원 유지활동이 필요하다.

아웃백스테이크하우스는 레스토랑에 관한 모든 일을 처리하는 지배인과 주방 책임자인 조리장에게는 10% 정도의 지분투자를 의무화하도록 한 뒤 수익금의 일부를 나눠주고 있다. 이러한 지분참여 경영정책은 레스토랑의 핵심인력인 매니저와 주방장에게 적지 않은 동기부여를 제공하는 것은 물론 인적자원을 유지하는 데도 효과적이다. 이러한 시스템 때문에 아웃백스테이크하우스는 빠른 속도로 성장하기도 하였으며 매장운영의 효율을 극대화시킨 사례로 꼽힌다.

1) 임금관리

효과적인 임금관리는 우수한 인재를 확보하고 육성하는 데 중요한 역할을 한다. 임금wage은 사용자가 근로자에게 급여·수당·상여 또는 그 밖의 명칭으로 근로의 대가로 지급하는 것이다. 임금은 근로자 생계의 근거가 되고 그들의 사회적 지위를 결정하는 것으로 근로자의 생리적·사회적 욕구를 충족시켜주는 수단이 된다.

임금관리는 조직 내의 모든 직원에게 여러 가지 방법으로 실시되고 있는 보수에 영향을 미치는 모든 요인을 분석하고 발전시키는 것으로 중요한 역할을 한다. 인적자원관리의 목적을 달성하기 위해 기업이 지불하는 임금수준과 제도를 재무관리나 그 밖의 여러 경영관리와 관련시키면서 서로 균형을 유지하도록 한다. 한편 임금수준은 기업의 지급능력, 생계비의 보장, 사회적 균형, 생산성, 법령, 경제적 환경 등의 요인에 의해 결정된다.

2) 보상

외식기업마다 이직을 막고 우수한 인재를 확보하기 위해 보상과 복리후생에 많은 노력을 기울이고 있다. 보상은 조직 내 인적자원의 효과적인 활용과 관리를 용이하게 하여 직원의 능률과 생산성을 높이는 중요한 역할을 한다. 특히 금전적 보상제도는 직원의 욕구를 충족시켜주지 못하는 임금구조에 커다란 긍정적인 역할을 한다.

보상 프로그램들은 과거의 성과를 보상하고 기업의 경쟁적 우위를 확보하며 우수한 인재를 모집하고 직원의 직무만족을 높이는 데 목적이 있다. 물론 보상제도가 추가적인 비용지출이기는 하지만 직원에게 동기적 가치와 원활한 의사소통의 요소로 작용하여 비용을 절감시켜주는 측면도 있다.

보상제도를 효율적으로 운영하기 위해서는 목표달성을 위한 합리적 기준설정,

예산과 운영계획의 수립, 그리고 보상제도를 직원들에게 전사적으로 인식시켜야 한다. 보상에 대한 관리가 공평하지 못하거나 불충분한 계획 아래 시행된다면 직원에게 불만 요소 또는 사기저하로 작용할 수 있다.

3) 복리후생employee benefits

기업의 인적자원관리에서 복리후생은 중요한 관리의 하나이다. 복리후생을 높이는 것은 노사 쌍방 모두에게 이득을 가져다 준다. 즉 기업의 생산성을 높일 수 있는 동시에 직원의 생활향상을 꾀할 수 있는 방안이 된다. 특히 우수한 인적자원을 유지하기 위해 기업은 많은 유인책을 마련하는데 다양한 복리후생은 직원들로 하여금 직장과 가정 생활간 균형을 유지하도록 도와준다. 스타벅스는 기업의 경쟁력이 사람에 달려있기 때문에 종업원이란 말 대신에 동업자partner라고 부르며 비정규직에게도 의료보험을 제공하고 있다.

복리후생은 직원의 기본임금과 수당 인센티브 이외에 경제적 안정과 생활의 질을 향상 시키기 위한 간접적인 보상 또는 이와 관련된 시설·활동·제도·프로그램 등을 총칭하여 말한다. 이러한 복리후생은 직원의 생활안정과 건강유지, 좋은 직장환경, 원만한 인간관계를 관리하는 데 중점을 두고 있다.

기업의 복리후생은 국가나 기업에 따라 다양하게 전개되고 있으며 기업의 근로조건, 노사관계, 노동법규, 사회시설 등에 의해 크게 영향을 받는다. 또한 그 최저한도를 확보하기 위하여 법률로 강제 실시되고 사회보장제도로 발전하고 있다.

법정 복리후생은 4대보험의료, 고용, 산재, 연금과 같이 법률로 정해진 일정한 조건 아래 사람을 고용하는 기업에게 법률에 의해 강제된 사회보험과 법정보상을 말한다. 그리고 법정외 복리후생은 기업이 주체가 되어 임의로 자체의 직원만을 대상으로 비용을 부담하고 직원의 생활을 직접 재려하거나 또는 통제하려고 하는 현금 또는 현물급부를 말한다.

한편 주택시설, 급식시설, 여가시설, 탁아 서비스, 동아리 지원, 건강검진 프로그램, 가족원조, 공제제도 등의 복리후생 시설 및 활동도 필요하다.

✎ 우수 외식기업 사례

외식문화기업(주)전한 강강술래 외식청년관리자과정 모집

(주)전한 강강술래에서는 대학생들의 취업난 해소에 도움을 주고, 적합한 우수한 인재 양성을 위해 전국 주요대학 외식학과들과 산학협력을 체결하고 외식청년관리자과정(JMP: Junior Manager Program) 프로그램을 운영하여 지원책 마련에 적극 나서고 있다.

올해로 5기를 맞이하는 외식청년관리자과정은 선 채용 후 외식전문가 교육을 진행하는 젊은 인재 육성이 목표이다.

외식전문교육은 서비스, 관리, 조리, 구매 및 마케팅 등 직무핵심 교육(OFF JT, 224h) 및 직무순환(OJT, 6개월)으로 구성되었으며, 교육생에게 연봉 3,000만 원을 지급하고 기숙사 및 식사 지원 등 제반 환경을 무상으로 제공한다.

또한 현장의 전문가들과 1:1 멘토링, 우수 외식업체 벤치마킹 및 워크숍을 진행하여 어려움 없이 적응할 수 있도록 지원한다.

지난 10월엔 전국 주요대학 외식학과에 직접 방문하여 재학생 및 졸업예정자에게 JMP인재양성 프로그램 및 외식업계 동향을 소개하는 등 외식문화부문 우수 인재 확보에 전사적 노력을 쏟고 있다.

그 결과 이달에 모집 시작한 외식청년관리자과정 5기 지원율은 지난 모집에 비해 큰 인기를 모으고 있다. JMP프로그램의 상세 내용은 강강술래 홈페이지에서 확인할 수 있다. 입사지원 서류를 다운받아 11월 30일까지 지원 가능하다.

(주)전한 강강술래 노상환 대표이사는 "학생들에게 선 취업 후 전문교육을 실시하여 현장에 빠르게 적응할 수 있는 기회를 제공함과 동시에 안정적인 생활을 위한 복지 프로그램인 외식청년관리자과정을 적극 지원하며 앞으로 프로그램을 더욱 강화할 계획"이라고 말했다.

자료: 머니투데이 2018.11.22. 요약·정리

외식산업의 이해

외식산업의 회계관리

1 외식기업의 회계

회계의 일반적 정의는 특정의 경제적 주체economic entity에 관하여 이해관계를 가진 사람들에게 합리적인 경제적 의사결정을 하는 데 유용한 재무적 정보를 제공하기 위한 일련의 과정 또는 체계라고 말한다. 오늘날 사회에서의 경제활동은 기업이나 국가·학

교 등 일정한 사회적 조직을 통하여 이루어진다. 이러한 사회적 조직에 대하여 이해관계를 가지는 개인이나 조직이 존재한다. 이들 이해관계자들은 자기 이익을 보호하기 위한 의사결정을 해야 하며, 합리적 의사결정을 위하여 의사결정의 결과가 자기이익에 어떠한 영향을 미칠 것인지를 알아야 한다. 이 결과에 영향을 미치는 요인 중에서 존재되고 있는 실체와 관련된 현상이 매우 중요한 부분이 될 수 있으며, 회계는 이러한 현상을 화폐액으로써 나타내주는 것이라 할 수 있다.

회계는 외식산업뿐만 아니라 특정한 개인의 재무활동에 대해서도 회계의 이론과 실무에 대한 지식은 성공적인 실행에 도움이 된다. 특히 적정수준의 이익을 얻어야 하는 책임을 달성하기 위해서는 외식산업에서 경영할 사람들은 회계 시스템이 어떻게 재무정보를 축적하고 처리되는지를 이해하여야 한다.

회계는 경영의 용어로 외식기업뿐만 아니라 모든 기업활동에서 빈번하게 인용된다. 경제적 자료를 측정하고 분류하여 정리하는 것이며, 이러한 절차의 결과를 이해관계자에게 전달한다. 외식산업의 경영활동에서 이해관계자 상호간 커뮤니케이션이 원활하게 이뤄지기 위해서는 회계이론과 실무의 기본 개념을 파악하는 것이 중요하다.

❷ 회계관리의 목적

회계는 우선 경영자 및 기업의 여러 이해관계자들이 기업에 관련된 경제적 의사결정이 합리적으로 이루어질 수 있도록 재무거래를 기록·요약·분류·해석 등 의사결정에 필요한 정보를 제공한다. 회계의 가장 기본적인 목적은 적시에 유용한 재무정보를 제공하는 데 있다. 경영자들이 합리적인 의사결정을 할 수 있도록 기업의 재무상태와 경영성과를 평가하는 데 도움을 준다. 또한 기업외부에 있는 주주·고객·정부기관·채권자 등의 이해관계자들에게 재무정보를 제공한다.

❸ 회계관리의 기능

회계는 기본적으로 재무관리를 하기 위한 정보를 산출하는 기능을 수행한다. 재무관리를 위한 정보는 회계 시스템을 통하여 산출한다. 경제적 실체에 대한 주요한 재무적 성격과 정량적 정보를 제공함으로써 경제적 의사결정을 유용하게 해준다.

❹ 회계관리의 영역

회계는 기본적으로 관리회계·재무회계·세무회계·회계감사 등 4개의 영역으로 나눌 수 있다.

1) 관리회계

관리회계는 기업의 내부정보이용자인 경영자가 경영계획 및 통제업무를 수행하는 데 필요한 회계정보를 제공하고 경영상의 의사결정에 필요한 정보를 제공하는 분야이다. 관리회계는 관리목적에 따라 이루어지는 일반회계는 물론, 각 사업부들의 성과와 효과를 평가하기 위한 성과 평가 활동, 예산편성과 통제활동 등 세금을 절약하기 위한 활동, 원가를 측정하고 전달하는 활동 등이 관리회계의 중요한 내용을 이룬다. 정보는 대체로 미래에 대한 추정된 정보이기 때문에 정확성은 다소 떨어질 수 있다. 경우에 따라 시급을 요하므로 신속성이 중요한 것이 관리회계이다.

관리회계의 대부분은 원가수치를 통해서 이루어진다. 그렇기 때문에 관리회계와 원가회계는 불가분의 관계를 가지고 있다. 특히 기업조정, 글로벌경쟁, 원가절감 등의 상황에서 관리회계는 매우 중요한 부분이다.

2) 재무회계

재무회계는 기업외부에 있는 의사결정자의 의사결정을 위하여 회계정보산출의 정보를 제공하는 분야를 뜻한다. 재무회계는 우선 경영자 외의 모든 사람을 대상으로 한다. 흔히 기업외부 이해관계자라고 하는 주주·노동조합·채권자·국세청·국가 등이 대상이다. 이런 사람들이 관심을 갖는 부분은 다양하고 각각 다르기 때문에 공통적인 정보를 정해진 형식대로 제공해야 한다. 기업은 불특정 다수의 이해관계자 집단의 의사결정목적에 유익한 정보를 측정하여 전달할 필요가 있다. 이럴 때 정보전달수단으로 사용되는 것이 바로 재무제표이다.

3) 세무회계

세무회계는 우선 앞에서 설명한 재무회계의 일종이다. 간단히 말하면 국세청을 위한 재무회계정보라고 보면 된다. 국가 또는 지방공공단체는 도로·치안·교육 등의 서비스를 제공하는 대신에 국민으로부터 세금을 징수하게 된다. 세무회계는 세법에 따라 징수 또는 납부하여야 할 법인세·부가가치세·특별소비세·소득세·관세·지방세 등의 세액을 계산하는 문제와 관련된 모든 것들을 다룬다.

세법은 일정한 기준으로 과세소득금액_{법인세} 및 과세거래액_{부가가치세}을 계산하도록 하고 있어서 이런 기준에 따라 과세소득이나 과세거래액을 계산하여 신고 및 납부를 해야 한다. 이런 기준은 대체로 기업회계기준과 비슷하면서 일부 다른 사항이 있다. 그렇다 보니 구체적으로 재무회계상 소득이나 거래액에서 출발하여 규정상의 차이를 조정하는 형태로 작성되기도 한다. 이런 조정의 한 가지 사례는 기업회계는 투자유가증권을 시가로 평가하는 데 비해, 세법은 원가로 기록하도록 하여 기업회계상 당기순이익에서 투자유가증권평가손익을 제거해주는 조정이 필요하다.

5 회계감사

회계기록 담당자가 작성한 일련의 회계기록이 정확하며 타당한가를 판단하고 그 결과에 대한 증명하거나 의견을 제출하는 것이다. 회계감사는 기업 내부의 감사담당자 또는 기업 외부의 독립된 감사인에 의하여 수행된다. 일정한 조건에 해당되는 기업은 재무제표를 공시할 때 반드시 공인회계사의 감사의견이 포함된 감사보고서를 첨부해야 한다.

재무제표는 재무보고의 중심적인 수단으로서 이를 통하여 기업에 관한 재무정보를 외부의 이해관계자에게 전달하게 한다. 가장 일반적으로 사용되는 재무제표는 대차대조표, 손익계산서, 현금흐름표, 이익잉여금 처분계산서이고, 이에 대한 적절한 주석과 주기하상 등도 재무제표의 구성요소로 보는 것이 일반적이다.

② 재무관리의 이해

외식업소가 제품과 서비스를 생산하기 위해서는 설비·건물·토지 등의 유형자산과 노하우 및 상표권·특허권 등의 무형자산을 필요로 한다. 그리고 생산활동에 필요한 자산을 구입하기 위해서는 자금이 소요되며 이와 같은 자금은 주식 또는 채권 등을 발행하여 조달된다.

외식업소의 규모가 어떻든 모든 조직에서 위와 같은 자금의 조달과 운용에 관련된 재무관리는 외식업소의 성공여부를 결정하는 중요한 기능을 갖는다. 재무관리는 자금과 관련된 레스토랑의 경영활동을 다루는 것으로 궁극적 목표는 기업의 가치를 극대화시키는 데 있다. 자금의 조달과 운용이 핵심이며 따라서 합리적인 투자 및 자금조달활동이 되도록 노력하는 것이다.

1 재무관리의 의의와 기능

1) 재무관리의 목표

재무관리는 매출과 가치 극대화라는 목표를 달성하기 위해 외식업소가 보유하고 있는 재무자원을 조달하고 운용하는 활동이다. 여기서 가치는 외식업소가 보유하고 있는 자산의 가치를 말하며 자산은 외부로부터 차입한 부채와 주식발행을 통한 자본으로 구성된다. 구체적인 투자를 결정하고 자본조달계획을 수립할 때 궁극적으로 추구하는 재무관리의 목표는 외식업소의 경영목표와 동일한 의미를 갖는다.

2) 재무관리의 중요성

재무관리는 외식업소의 생존을 위해 매우 중요하고 어려운 분야이다. 많은 외식업소들이 불경기 또는 예기치 않은 경제적 상황에 심각한 재무적 곤경 때문에 도산에 직면하였다. 외식업소가 재무에 실패한 이유는 자금부족과 현금흐름의 잘못된 관리, 그리고 부적절한 비용통제 등의 요인이 대부분이다.

끊임없는 경영환경의 변화로 인해 재무적 불확실성의 위험은 점차 높아지고 있는데 재무관리는 경쟁력을 갖춘 레스토랑을 만드는 데 핵심역할을 한다. 경영활동을 수행하는 데 필요한 재무자원의 조달과 운용을 관리하는 점에서 매우 중요하다. 또한 증가하고 있는 금융위험을 분산하고 투자이익을 증가시키기 위함이며, 자산의 조달과 운용의 적절한 관리차원에서도 중요하다.

3) 재무관리의 기능

재무관리의 기능은 몇 가지로 요약된다. 첫째, 얼마의 자금을 어느 자산에 투자할 것인가 하는 투자결정investment decision이다. 둘째, 투자에 필요한 자금을 어떻게 조달할 것인가 하는 자본조달결정financing decision이다. 셋째, 단기영업자금은 어떻게 관리할 것인가 하는 결정이다. 넷째, 창출된 순이익을 처분하는 것과 관련된 배당정책이다. 그리고 마지막으로 이러한 투자결정과 자본조달결정을 효과적으로 수행하기 위해 필요한 자료를 분석하고 재무활동을 계획·통제하는 것이 재무관리의 기능이다.

4) 재무관리자의 역할

대부분의 기업은 재무관리자가 회계와 재무에 관련된 업무를 총괄하고 있다. 회계사는 재무제표를 작성하며, 재무관리자는 이러한 회계정보를 이용하여 합리적인 재무의사결정을 내리게 된다. 재무관리자는 자금을 회수하거나 자금이 과잉지출, 또는 부실하지 않도록 통제하거나 관리한다. 기업의 재무관리부서에서는 외부감사 기능을 수행하고, 회계의 원칙에 따라 모든 절차가 적법하게 이루어졌는가를 재무제표를 통해 조사한다.

② 재무자원의 조달과 운용

1) 자본예산

외식기업을 창업하거나 확장할 때는 자산을 취득하게 된다. 이러한 자산취득은 곧 외식기업의 투자를 의미하며 투자결정은 기업성장에 직접적인 영향을 미치는 재무관리에서 중요한 부분이다. 특히 투자결과 그 효과가 1년 이상 장기적으로 지속되는 투자, 즉 고정자산에 해당하는 토지·건물·설비 등에 관한 투자와 같은 자본지출에 대한 총괄적인 계획을 자본예산capital budgeting이라고 한다.

외식기업은 많은 자금을 시설에 투자하며 이러한 시설투자는 쉽게 다른 목적으로 전환하기가 어렵기 때문에 실패할 경우 큰 손실을 입게 된다. 따라서 미래의 자금수요와 투자효과에 대한 합리적인 예측이 필요하다. 또한 투자자금의 지출규모와 시기에 맞추어 자금을 적시에 조달하기 위해서 면밀한 계획을 필요로 한다.

외식업소의 경쟁력은 설비의 과학화를 통한 제품과 서비스의 품질향상에 좌우되므로 경제상황, 정책의 변화, 소비자의 변화 등 여러 요인을 분석하여 투자를 결정해야 한다. 자본예산의 과정과 방법은 기업에 따라 다르지만 먼저 투자의 목적이 설정되고 투자안이 설정되며, 투자안에서 예상되는 현금흐름을 측정하고 평가한다. 그리고 적합하게 투자안을 평가하여 투자 여부를 결정한다.

2) 자본조달과 자본구조

❶ 장기자본조달

외식기업의 장기자본조달은 보통주의 추가발행을 위한 유상증자나 사채 또는 우선주의 발행, 그리고 은행의 장기차입금, 리스 등의 외부금융을 이용하는 방법과 순이익의 일부를 사내에 보유하여 적립된 잉여금 등의 내부금융을 이용하는 방법이 있다.

자본조달에서 가장 먼저 고려해야 할 것은 자본비용이다. 장기자본조달을 위하여 발행하는 증권은 그 현금흐름의 크기와 특징에 따라 서로 다른 자본비용을 지니고 있다. 무엇보다 저렴한 비용의 자본조달방법을 찾아야 하며 세금효과는 물론, 자본조달에 소요되는 경비도 고려하여야 한다.

자본의 조달기간과 용도의 차원에서 시기도 중요하다. 그리고 회사채의 발행과 주식의 발행을 비교하는 경우에는 이것이 경영권에 미치는 영향도 고려해야 한다.

2 자본구조

자본구조capital structure는 외식기업이 조달하는 자금 중에서 보통주 · 우선
주 · 장기차입금 · 이익잉여금 · 자본잉여금 등 장기적인 항목들의 구성을 말한다.
대차대조표일정시점에 기업이 보유하고 있는 재산상태 및 재산을 어떻게 조달하였는가를 나타내는 재산목록표의
대변에 나타나는 단기적인 성격을 띤 단기부채 · 외상매입금 등의 항목들은 제외
된다. 따라서 자본구조는 장기적인 자금의 원천인 자기자본과 타인자본으로 구
성된다.

재무관리의 목표는 외식기업 가치의 극대화이다. 따라서 자본구조와 관련하여
재무관리에서 관심대상이 되는 것은 자본구조결정이 외식기업의 가치에 영향을
줄 수 있는가 하는 것이다. 먼저 외식기업이 자기자본과 부채의 구성만을 변경시
킴으로써 외식기업의 가치를 증가시킬 수 있는가 그리고 만일 자본구조에 따라
외식기업의 가치가 달라진다면 외식기업이 가치를 극대화시킬 수 있는 최적자본
구조는 무엇인가에 관한 것이다.

3 원가관리

1 원가관리의 개념

외식산업뿐만 아니라 모든 산업에서 가장 중요한 부분을 차지하는 것이 바로
원가관리이다. 여기서 원가cost란, 상품의 제조, 용역의 생산 및 판매를 위해 소비
된 유형 및 무형의 경제적 가치가 있는 재화의 소비액을 말한다. 원가관리는 원가
의 표준을 설정하고 원가발생의 책임소재를 명백히 하여 원가능률을 증진시키는
것을 말한다. 효율적 원가관리의 방법 중 하나는 최대의 이윤을 얻기 위하여 각

부문의 책임과 권한을 명백히 하여야 하고, 부문관리자가 명백히 선정되어 원가 발생의 책임을 확실히 하여야 한다. 일정기간 중에 높게 나타난 원가율에 대하여 책임이 불분명한 사례가 발생하고 그 책임소재가 규명되지 않을 때 원가율의 개선은 기대되지 않을 것이다.

❷ 식재료 원가율 산출의 계산식

원가율 산출의 간단한 산식에서 각 부문 간의 관련성을 살펴본다.

> 식음료 원가율(%) = (식자재 사용금액 ÷ 총매출금액) × 100

식재료 원가율은 위와 같은 간단한 수식으로 표시될 수 있다. 단, 논리의 단순화를 위해 단 한 가지 식재료만 사용한다고 가정할 때 다음과 같은 산식으로 표시할 수 있다.

> 당월 사용의 식재료 금액 = 당월 사용수량 × 구입단가

사용수량은 조리부문이 통제할 수 있는 부분이며, 각 메뉴에 대한 사용수량계획인 레시피recipe가 작성되어야 한다.

구입단가는 구매에서 완전히 책임져야 할 부문이다. 그러나 간접적으로는 각 기업의 총무부서에서 대금지급기준에 의하여 영향을 받을 수 있다. 즉, 현금지급과 어음지급에 따라 같은 판매자와 거래한다 하더라도 구입단가가 다를 수 있다. 당월 총매출금액은 다음과 같이 변형시킬 수 있다.

> 당월 총매출금액 = 당월 총판매수량 × 판매단가

여기서 판매수량이나 판매단가는 영업부문의 책임하에 있다고 볼 수 있다. 위에서 언급한 요소들을 고려하여 식음료 비율을 나타내는 산식을 표시하여 보면 다음과 같다.

$$식음료원가율(\%) = \{(사용수량 \times 구입단가) \div (판매수량 \times 구입단가)\} \times 100$$

단, 위의 산식은 이론의 단순화를 위하여 한 가지 메뉴만을 판매하고, 그 메뉴의 식자재도 한 가지라고 가정한다. 식재료의 사용수량과 구입단가의 무리한 최소화는 메뉴의 질과 양의 저하를 초래하여 고객의 불평과 불만을 사게 되므로 계획된 식재료를 사용하여 계획된 이익을 올릴 수 있도록 식재료의 구입에서부터 조리가 되어 고객에게 제공될 때까지의 관리를 일정한 조직하에 행해야 한다.

표 10.1_ **원가관리의 원칙**

진실성의 원칙	음식생산에 소요된 원가를 정확하게 계산하여 진실하게 표현하는 것을 원칙으로 하는 것을 말함
발생기준의 원칙	현금의 수지에 관계없이 원가발생의 사실이 있는 발생시점을 기준으로 하여야 한다는 것을 원칙으로 하는 것을 말함
계산경제성의 원칙	중요성의 원칙이라 하여 경제성을 살리고 고려한다는 것을 원칙으로 하는 것을 말함. 즉, 금액과 소비량이 적은 간접비로 계산하는 경우를 말함
확실성의 원칙	여러 방법 중에서 가장 확실성이 높은 방법을 선택하는 원칙을 말함
정상성의 원칙	정상적으로 발생한 원가만을 계산하는 원칙임
비교성의 원칙	다른 일정기간의 것이나 다른 업체와 비교할 수 있어야 한다는 것으로 유효한 경영관리의 수단이 됨
상호관리의 원칙	원가계산, 일반회계계산, 요소별 계산, 부문별 계산, 상품별 계산, 상호간에 서로 밀접한 하나의 유기적 관계를 구성함으로서 상호 관리가 가능하도록 되어야 한다는 원칙임

3 원가의 분류

상품을 제조하는 데는 재료의 소비, 임금의 지급, 기타 여러 종류의 비용이 발생한다. 이와 같은 비용을 막연하게 계산하면 그 내용이 모호해지므로 이를 유형별로 분류하여 일정한 계산방식에 의해서 계산할 필요가 있다. 비용을 몇 가지의 동일한 성질을 가지는 유형으로 분류했을 때 이것을 원가요소라 말한다. 즉, 원가요소elements of cost란, 상품원가를 구성하는 기본적 요소를 말한다. 이것은 원가종류인 비용 항목을 말하며, 일반적으로 다음과 같이 분류된다.

1) 형태별 분류

형태별 분류는 원가발생의 형태에 따른 분류로서 원칙적으로 요소별 계산에 채택된다. 그리고 기업경영상 발생하는 원가를 상세하게 분류하면 복잡하므로 이를 크게 분류하여 재료비·노무비·경비라는 세 가지 종류의 가장 기초적인 원가로 분류한다. 즉, 재료의 소비에 의하여 발생하는 원가를 재료비라 하고, 노동력의 소비에 의하여 발생한 원가는 노무비라 하며, 재료비·노무비 이외에 발생한 모든 원가를 경비라 한다.

❶ 재료비

재료비는 상품의 생산에 소비된 물품의 가치를 말한다. 그리고 재료비는 원료비, 매입부품비, 연료비, 공장소모품비, 소모성 공구·기구·비품비로 세분된다.

- **원료비**: 원재료비라고도 하는데, 상품의 생산과 관련하여 직접 소비되어 상품의 기본을 형성하는 데 소비되는 물품의 가치를 말한다. 예를 들면, 가구제조업의 목재, 제과업의 밀가루·설탕 등이 있다.
- **매입부품비**: 부품비라고도 하는데, 매입한 그대로를 조립하여 상품을 생산하는 데 소비되는 가치를 말한다. 예를 들면, 자동차 제조업에 있어서 외부로부터 구입한 자동차의 타이어 등이 있다.

외식산업의 이해

- **연료비**: 상품의 생산에 연료로서 소비되는 물품의 가치를 말한다. 석탄, 중유, 석유 등이 그 예이다.
- **소모품비**: 상품의 생산에 보조적으로 소비되어 상품의 실체를 형성하지 않는 소모성의 물품을 말한다. 못, 포장용 재료, 연마지, 작업용 장갑 등이 그 예이다.
- **소모성 공구·기구·비품비**: 내용년수가 1년 미만이거나 그 가격이 비싸지 않은 공구·기구·비품의 소비가치를 말한다. 망치, 물주전자, 전동드릴, 빗자루 등이 그 예이다.

❷ 노무비

노무비labor cost는 상품의 제조 및 판매를 위하여 소비되는 노동력에 관한 원가요소이며, 일반적으로 임금·급여·일당·상여수당·복리후생비 등으로 구분할 수 있다.

- **임금**: 종사자들에게 지급되는 급여로서 노무비의 중심이 된다. 오늘날에는 임금과 급여의 구별은 큰 의미가 없다. 기본임금 이외에 시간외 지급금과 특수작업 지급금 등의 임금도 여기에 포함된다.
- **급여**: 종사자를 제외한 임직원들의 관리적·사무적 노동에 종사하는 자에게 지급되는 보수를 말한다.
- **종업원 상여수당**: 현장 종사원들에게 지급되는 정상적인 각종 상여 및 수당을 말한다.
- **일당**: 아르바이트생 및 임시 고용자에게 지급되는 급여를 말한다.
- **복리후생비**: 종사원의 복리후생을 위하여 지급된 비용을 말한다. 현장 종사원과 관련하여 발생한 경우에는 노무비로 처리하되, 판매업무나 일반관리업무에 종사하는 종사원에게 지급되는 경우는 판매비와 관리비로 처리하여도 무방하다.

❸ 경비

경비overhead cost는 재료비·노무비 이외에 발생하는 원가로서 감가상각비·임차료·수선비·교통비·수도광열비 등을 예로 들 수 있다.

2) 상품에 따른 분류

① 직접비

직접비direct cost는 상품제조에 있어서 직접 소비된 경제가치를 말한다. 직접재료비·직접노무비·직접경비특별비로 세분된다. 직접재료비, 직접노무비, 직접경비는 직접 파악할 수 있기 때문에 상품에 바로 부담시킬 수 있는 원가이다. 직접비를 상품에 부담시키는 절차를 부과한다고 한다.

② 간접비

간접비indirect cost는 소비된 경제가치 중 특정상품과 직접 관련시킬 수 없는 비용을 말하는데 간접재료비·간접노무비·간접경비로 세분된다. 간접비는 적당한 기준에 의해서 각 상품에 배분된다.

3) 집계범위에 따른 분류

원가가 집계되는 범위에 따라 직접원가, 제조원가, 총원가로 분류한다. 그 내용을 살펴보면 다음과 같다.

표 10.2_ **집계범위에 의한 분류**

직접원가	• 직접재료비·직접노무비·직접경비의 합계액을 말함 • 직접원가를 기초원가 또는 제1원가라고도 함
제조원가	• 직접원가에 간접재료비·간접노무비·간접경비를 가산한 것을 말함 • 제조원가를 공장원가 또는 제2원가라고도 함
총원가	• 제조원가에 판매비와 관리비를 가산한 것을 말함 • 총원가를 제3원가라고도 함
판매가액	• 총원가에 이익을 가산한 것을 말함 • 상품의 제조에 소비된 원가를 제조원가라고 하고, 상품의 판매를 위해서 소비된 원가를 판매원가라 칭함

4 외식업 세금관리

1 부가가치세(VAT. Value Added Tax)

부가가치세부가세는 사업자가 영업활동을 하는 과정에서 부가된 가치에 대해서 내는 세금으로 부가가치세 = 매출세액매출액×세율 10%-매입세액매입 시 부담한 세액이다. 즉, 부가가치세는 재화 또는 용역이 공급되는 거래단계마다 이윤에 대하여 과세하는 간접세이다. 단, 가공되지 않은 곡물, 과실, 육류, 생선 등의 식료품 판매는 부가가치세가 면제된다. 결국 사업자가 자신의 소득에 대해서 내는 세금이 아니라 세금을 소비자에게 부담시키고 사업자는 소비자가 부담한 세금을 받아서 납부하는 것이다. 외식업소 중에는 부가가치세가 너무 무겁다고 불평을 하기도 하나, 이것은 앞뒤가 맞지 않은 논리이다. 부가가치세는 사업자가 부담하는 세금이 아니라 소비자가 부담하는 세금으로 납부를 대행하고 있다고 해도 무방하다. 현재는 법 개정으로 인해 상품메뉴 등에 부가가치세를 별도로 받는다는 표시를 할 수 없게 되어 있다.

먼저 부가세 신고는 사업자등록 신청을 하였을 때 일반과세로 했느냐 아니면 간이과세로 했느냐에 따라 다른데, 우선 사업자등록증 신청서 작성에 대해서 먼저 알아보자.

1) 사업자등록증 작성요령

사업자등록 신청 시에는 부가가치세가 과세되는 사업자의 유형의 선택, 주 업태와 주종목의 선정, 직원 수의 기재, 사업자금명세서의 기입, 임차내역 등을 하여야 하며, 등록 시 신청 전일로부터 20일 이내에 매입한 것은 확인된 것에 한하여 매입세액공제를 받을 수 있다.

❶ 유형의 선택

- **일반과세자**: 직전 1년간 재화와 용역의 공급에 대한 대가가 8,000만 원 이상인 개인사업자
- **간이과세자**: 직전 1년간 재화와 용역의 공급에 대한 대가가 8,000만 원 미만인 개인사업자

> **◑ 간이과세 배제업종**
>
> 특별소비세가 과세되는 과세유흥장소를 영위하는 유흥주점, 외국인 전용 유흥 음식점 및 기타 이와 유사한 장소(서울특별시, 광역시 및 시지역에 한하고 읍, 면지역 제외)는 간이과세 배제업종이므로 간이과세 적용을 받을 수 없다.

신규로 사업자등록을 신청하는 경우에는 사업 개시일이 속하는 1년에 있어서 공급대가의 합계액이 간이과세 적용금액에 미달될 것으로 예상되는 때에는 사업자등록 신청 시 간이과세적용 신고서를 제출하거나 사업자등록신청서의 간이 과세적용 신고란에 그 내용을 기재한 경우에 적용한다.

하고자 하는 업종과 업태를 기입하고, 직원 수의 기재가 필요한데, 근로소득세의 원천징수, 건강보험, 국민연금, 산재보험 및 고용보험의 징수납부와 관련되므로 실제 급여소득자를 정확히 기재하여야 하며, 일용근로자와 시간제 근무자는 기재하지 않아도 된다.

❷ 사업자등록증 신청절차

사업자마다 등록절차를 진행해야 하며, 만약 외식업소의 사업장이 다수라도 각각 등록절차를 진행해야 한다. 필요한 서류를 지참하여 관할지역의 세무서를 방문하여 신청할 수 있다. 이때 국세청 홈택스www.hometax.go.kr에 가입되어 있다면, 온라인을 통해서도 등록을 진행할 수 있다. 제출해야 하는 신청서는 대표자 본인이 직접 자필로 성명해야 하며, 본인이 아닌 대리인이 진행할 경우 신분증과

위임장을 지참하고 사업자 본인과 대리인의 자필 서명이 모두 필요하다. 2인 이상이 운영하는 공동사업장일 경우 1인을 대표로 하여 진행한다.

> ● **사업자등록 제출서류**
> - 사업자등록신청서
> - 임대차계약서 사본(사업장이 있을 때)
> - 인허가 등 사업을 영위하는 허가등록 신고증 사본
> - 동업일 경우에는 동업계약서
> - 자금출처 명세서(해당업종일 경우)

③ 사업자 등록정정

사업자등록 사항 중에 다음과 같은 변동사항이 발생되면 지체 없이 사업자등록 정정신청서에 사업자등록증을 첨부하여 관할세무서에 제출신고 하여야 한다.

- 상호, 사업의 종류, 법인의 대표자 변경
- 사업자의 주소 또는 사업장 이전
- 상속으로 인한 사업자의 명의 변경
- 공동사업자의 구성원 또는 출자지분이 변경되는 때

사업장을 이전할 때는 이전 후 사업장 관할 세무서장에게 이전 사실을 신고하여야 한다.

② 부가가치세신고와 납부

1) 부가가치세 납부세액과 신고납부

부가가치세는 자진신고, 자진납부제도를 채택하고 있어 납세자는 부가가치세를 스스로 계산하여 신고, 납부하여야 하며, 과세유형별로 계산방법이 다르다.

표 10.3_ **일반과세자와 간이과세자의 차이점**

구 분	일반과세자	간이과세자
매출세액	공급가액 × 10%	공급가액 × 10% × 업종별 부가가치율
세금계산서 발행	의무적으로 발행	일부 적용 • (원칙) 세금계산서 발급 • (예외) 영수증 발급: 신규사업자 및 직전년도 공급대가 합계액이 4,800만 원 미만, 주로 사업자가 아닌 자에게 재화·용역을 공급하는 사업자
매입세액공제	전액공제	• 간이과세자가 발급한 신용카드 매출전표 • 세금계산서를 발급하지 못하는 업종 • 간이과세자 중 신규사업자 및 직전년도 공급대가 합계액이 4,800만 원 미만
의제매입세액공제	모든 업종에 적용	간이과세자에 대한 면제농산물 등
기장의무	매입·매출장 등 기장의무	• 확정신고 시 제출서류 추가 • 매출처별 세금계산서 합계표

2) 부가가치세 신고와 절세

개업 후 최초의 부가가치세 신고 시 신고서 작성에 유의해야 하며 실제 거래한 세금계산서만 발급받아야 한다. 직원 봉사료를 음식요금과 별도로 표시한 경우 부가가치세 과세와 소득세 수입금액 계산에서 제외된다. 봉사료가 요금의 20% 이상인 경우 그 금액의 5%를 원천징수하여 납부하여야 한다.

부가가치세의 신고기간은 1기1~6월, 2기7~12월로 나뉘고, 그 기간은 6개월씩 이다.

 표 10.4_ **부가세 신고기간**

과세기간		과세대상기간	신고기간	신고대상자
제1기 [1.1 ~ 6.30]	예정신고	1.1 ~ 3.31	4.1 ~ 4.25	법인
	확정신고	1.1 ~ 6.31	7.1 ~ 7.25	법인, 개인사업자
제2기 [7.1 ~ 12..31]	예정신고	7.1 ~ 9.30	10.1 ~ 10.25	법인
	확정신고	7.1 ~ 12.31	다음해 1.1 ~ 1.25	법인, 개인사업자
1.1 ~ 12.31		1.1 ~ 12.31	다음해 1.1 ~ 1.25	간이과세자

❸ 종합소득세 신고

당해 과세기간에 종합소득금액이 있는 자는 다음해 5월 1일부터 5월 31일까지 종합소득세를 신고·납부하여야 한다. 종합소득은 이자·배당·부동산임대·근로·연금·기타소득이 있는 자에 한하여 적용되고 있다. 단, 다음의 경우에 해당되는 경우 종합소득세를 확정신고하지 않아도 된다.

- 근로소득만 있는 자로서 연말정산을 한 경우
- 직전 과세기간의 수입금액이 7,500만 원 미만이고, 다른 소득이 없는 보험모집인, 방문판매원 및 계약배달 판매원의 사업소득으로 소속회사에서 연말정산을 한 경우
- 퇴직소득과 연말정산대상 사업소득만 있는 경우
- 비과세 또는 분리과세되는 소득만 있는 경우
- 연 300만 원 이하인 기타소득이 있는 자로서 분리과세를 원하는 경우

국내에서는 홈택스국세와 위택스지방세를 실시간 연계하는 원클릭 전자신고시스템을 통해 국세와 지방세를 동시에 편리하게 신고할 수 있도록 해놓았다.

> **⊙ 신고방법**
>
> 홈택스(www.hometax.go.kr) 전자신고: 종합소득세신고 바로 가기 ⋯➤ 로그인 ⋯➤ 신고서 선택 ⋯➤ 신고서 작성 및 제출 ⋯➤ 신고내역 또는 전자신고결과조회 화면에서 '지방소득세 신고' 버튼 ⋯➤ (위택스 자동전환)지방소득세 신고서 작성 및 제출

❹ 4대 보험 관리

외식사업을 처음 시작해서 직원을 고용하게 된다면 관계법령에 따라 사업주는 직원을 대상으로 4대 보험, 즉 고용보험, 국민건강보험의료보험, 국민연금 및 산업재

해보험에 가입하여야 한다. 사업주와 근로자 모두 월급여 기준 약 8% 정도의 보험료를 세금과는 별도로 납부해야 한다.

1) 산업재해보험

산업재해보험산재보험은 근로자가 업무상 사유로 부상을 당하거나 질병에 걸리는 경우 근로기준법상 사업주가 부담해야 할 보상책임을 정부가 대신 수행하는 사회보험제도이다. 모든 사업 또는 사업장에서 적용되며 산재보험료는 사업주가 전액부담해야 한다.

급여의 종류로는 요양급여, 휴업급여, 상병보상연금, 장해급여, 유족급여, 간병급여, 장의비, 직업재활급여가 있다.

2) 고용보험

고용보험은 근로자가 구조조정 등으로 인해 실직한 경우 생활의 안정을 위하여 일정기간 동안 급여를 지급하여 근로자의 직업안정, 직업 능력개발을 위한 고용안정 및 직업능력개발사업의 실시를 목적으로 하는 사회보험제도이다.

고용보험 적용이 제외되는 경우가 몇 가지 있다. 근로자의 연령이 65세 이상인 자와 1월간의 소정근로시간이 60시간주 15시간 미만인 자, 거주자격이 없는 외국인 근로자에 해당된다. 만약 근로자가 근로자의 의지에 상관없이 실직을 하게 되었을 때 고용보험에 가입되어 있지 않다면 생활의 안정을 지원받을 수 없을 뿐만 아니라 다른 직업능력개발을 위한 지원도 받을 수 없게 되므로 근로자와의 분쟁이 발생할 수 있음을 유의해야 한다.

3) 국민건강보험

국민건강보험은 국민의 질병이나 부상에 대한 예방, 진단, 치료 및 건강증진을 위해 국가가 보험급여를 실시하는 것으로 직장가입자와 지역가입자로 구분되어 있다. 직장가입자의 보험료는 월급여액에 보험료율을 곱한 금액이 되며, 여기서 산출된 금액을 근로자와 사용자가 각각 50%씩 부담하게 된다.

4) 국민연금

국민연금은 국민이 소득 활동을 할 때 납부한 연금보험료를 가지고 해당 국민이 일정한 연령에 이르거나 갑작스러운 사고 및 질병으로 소득활동이 중단된 경우 본인이나 그 가족의 생계를 위해 연금을 지급하는 공적 제도이다. 근로를 제공하는 18세 이상 60세 미만의 국민은 모두 가입대상이 되며, 급여의 종류로는 노령연금, 유족연금, 장애연금, 반환일시금 등이 있다.

표 10.4_ **4대 보험료율(2024년 1월 기준)**

구 분	기 준	보험료율	근로자	사업주
국민연금 (국민연금관리공단)	–	기준월소득액	4.5%	4.5%
건강보험 (건강보험관리공단)	건강보험료 [보수월액 기준]	7.09%	3.545%	3.545%
	장기요양보험료 [건강보험료기준]	12.95%	근로자 부담 50%	사업주 부담 50%
고용보험 (근로복지공단)	–	실업급여	0.9%	0.9%
		150인 미만 기업		0.25%
		150인 이상 우선지원 대상기업	–	0.45%
		150인 이상~1,000인 미만 기업		0.65%
		1,000인 이상 기업, 국가 지방자치단체		0.85%
산재보험 (근로복지공단)	1. 광업	5.7~18.5%		
	2. 제조업	0.7~2.4%		
	3. 전기가스·상수도업	0.7%		
	4. 건설업	3.5%		
	5. 운수·창고·통신업	0.93~1.93%	–	사업주 부담 100%
	6. 임업	5.93%		
	7. 어업	2.93%		
	8. 농업	2.13%		
	9. 기타의 사업	0.73~1.03%		
	10. 금융 및 보험업	0.73%		

외식산업의
브랜드관리

1 외식산업의 브랜드 구성요소

외식산업의 마케팅관리 분야에서 브랜드의 의미와 이해를 잠시 다뤘다. 외식기업은 경쟁의 우위를 지키기 위한 전제조건으로 완벽한 제품과 서비스를 통한 차별화를 강조한다. 그중에서 중요한 것이 브랜드라 말할 수 있다.

브랜드 관리는 외식업소 또는 외식기업을 성공적으로 운영하기 위한 가장 중요한 포인트이고, 고객과의 약속이다.

> ➡ **브랜드 아이덴티티(brand identity) 요소의 종류**
> - 브랜드 네임(brand name)
> - 브랜드 로고와 심벌마크(brand logo & symbol mark)
> - 브랜드 캐릭터(brand character)
> - 브랜드 슬로건(brand slogan)
> - 브랜드 징글(brand jingle)
> - 브랜드 패키지(brand package)
> - 브랜드 컬러(brand color)

1 브랜드 네임

브랜드 네임은 소비자들의 기억 속에 제품이 나타내고자 하는 것을 짧은 시간에 각인시키는 중요한 역할을 하기 때문에 시각적 아이덴티티의 가장 중요한 요소라 할 수 있다. 또한 기업이 전달하고자 하는 메시지뿐만 아니라 고객의 마음속에 최초의 접점으로 작용하기 때문에 브랜드 인지와 의사소통의 기본이 되는 핵심요소이다.

'브랜드=브랜드 네임'이라는 것이 설립될 수 있는 것처럼 브랜드 네임은 가장 중요한 요소이기 때문에 브랜드 네임이 없다면 브랜드도 존재할 수 없다고 말하는 것이다. 브랜드 네임은 주로 제품과 서비스 브랜드 네임으로 한정하여 이해하고 있지만, 기업브랜드 네임, 제품브랜드 네임, 서비스 브랜드 네임, 기관 브랜드 네임 등 그 범위가 넓다. 그렇기 때문에 브랜드 네임을 개발할 때는 다음과 같은 사항이 고려되어야 한다.

- 창의적이고, 남들과 다른가?
- 발음하고, 쓰고, 기억하기 쉬운가?
- 제품이나 서비스 또는 기업의 콘셉트에 적합한가?
- 세계화 시각에 개발된 것인가?
- 고객이나 소비자 취향에 맞췄는가?
- 상표로 등록될 수 있는가?

표 11.1_ **외식기업 브랜드 네임의 사례(2024년 기준)**

기업명	외식 브랜드 네임	개 수
(주)놀부	탕수육본능 / 놀부해물찜 / 공수간 / 놀부옛날통닭 / 놀부김치찜 / 놀부부대찌개 / 돈까스본능 / 호반식 / 흥부찜닭 / 베리굿피자 / 라라그릴 / 도쿄주방 / 놀부감자탕 / 료리집북향 / 놀부반상 / 아임유얼파스타 / 만면희색 / 창대한곱창 / 오리본능 / 놀부유황오리진흙구이 / 놀부숯불애장닭 / 놀부오불장군 / 놀부항아리갈비 / 놀부화덕족발 / 방콕포차 / 타이거마라 / 치킨본능 / 샌드위치몬스터 / 진한설렁탕담다 / 벨라빈스커피 / 놀부보쌈족발 / 삼겹본능 / 럭키경양식	33개
㈜더본코리아	백보이피자 / 백스비어 / 고투웍 / 리춘시장 / 제순식당 / 롤링파스타 / 백철판0410 / 인생설렁탕 / 역전우동0410 / 연돈볼카츠 / 백다방방연구소 / 막이오름 / 한신포차 / 새마을식당 / 백종원의원조쌈밥집 / 미정국수0410 / 돌배기집 / 본가 / 성성식당 / 홍콩분식 / 낙원곱창 / 퀵반 / 고속우동 / 홍콩반점0410 / 백다방	25개
㈜디딤	비비고 / 고메 / 햇반 / 백설 / 다시다 / The더건강한 / 크레잇 / 해찬들 / 플랜테이블 / 맥스봉 / 행복한콩 / 삼호어묵 / 뚜레쥬르 / 빕스 / 더플레이스 / 제일제면소 무교주가 / 이츠웰 / 아이누리 / 고메브릿지 / 그린테리아	20개
㈜이랜드이츠	반궁 / 더카페 / 피자몰 / 아시아문 / 페르케노 / 리미니 / 테루 / 스테이크어스 / 루고 / 애슐리투고	10개

② 브랜드 로고와 심벌마크

브랜드를 더욱 차별화시키고 브랜드 연상력을 높이기 위해서 브랜드 로고나 심벌마크 등의 시각적 요소가 활용된다. 색상이나 형태 등으로 이뤄지는데 브랜드의 상징성을 내포하는 중요한 브랜드 표출방법으로 브랜드 인지도 형성에 아주 중요한 역할을 한다.

로고와 심벌은 브랜드 네임과 달리 시대가 변화함에 따라 동시대의 모습을 따라가기 위해 쉽게 변화될 수 있다. 또한 브랜드 네임이 길어서 모두 나타내지 못하는 경우에 용이하게 사용된다.

표 11.2_ **외식기업의 브랜드 로고 사례**

브랜드 네임	브랜드 로고	표현유형과 형태
맥도날드		노란색 황금 아치 "M" 로고이다. 곡선 형태의 "M"은 친근함과 접근성을 강조하며, 전 세계 어디서나 쉽게 인식된다.
스타벅스		녹색 원 안에 세이렌(인어) 이미지이다. 커피의 유혹적인 매력을 상징하며, 세부적인 디자인으로 브랜드의 고급스러움과 신비로움을 표현한다.
버거킹		빵 사이에 "BURGER KING" 텍스트가 있는 디자인이다. 브랜드의 핵심 제품인 햄버거를 직관적으로 나타내며, 심플하고 직관적인 형태로 인식된다.
KFC		설립자인 할랜드 샌더스 대령의 얼굴과 빨간색, 흰색이 주요 요소이다. 친근하고 신뢰감 있는 이미지를 제공하며, 전통과 품질을 강조한다.
피자헛		빨간 지붕 모양의 디자인과 "Pizza Hut" 텍스트이다. 지붕 모양은 레스토랑을 상징하며, 따뜻하고 환영하는 느낌을 주는 단순한 형태이다.

▶ 이미지 출처: 외식 브랜드별 홈페이지 참조

❸ 브랜드 캐릭터

브랜드 캐릭터는 브랜드 심벌의 특별한 형태이다. 즉, 동물을 의인화하거나 사람을 직접 형상화한 또 다른 형태의 브랜드 심벌이다. 브랜드 캐릭터는 인간적 성격이나 특성 등과 같이 특수한 유형의 브랜드 심벌을 묘사하는 역할을 한다. 전통적으로 광고나 패키지 디자인을 통해서 소개되어 소비자의 눈길과 관심을 유발시킨다.

'캐릭터=제품=제조회사'라는 이미지 연결이 가능해지기 때문에 지속적으로 브랜드 아이덴티티를 구축하는 데 있어 캐릭터의 역할은 매우 중요하다.

 표 11.3_ **외식기업의 브랜드 캐릭터 사례**

캐릭터 이미지	세부설명
원할머니보쌈·족발 SINCE 1975	**[원할머니보쌈]** 할머니의 손맛과 정성을 상징
(노티드도넛 캐릭터)	**[노티드도넛]** 노티드 도넛의 브랜드 캐릭터 해피어(Happier)는 귀여운 도넛 모양의 밝고 생동감 있는 캐릭터이다. 해피어는 다양한 마케팅 자료와 매장 인테리어에서 브랜드의 '행복'과 '즐거움'의 메시지를 시각적으로 표현한다.
(KFC 캐릭터)	**[KFC]** KFC의 창시자 '할랜드 데이비드 샌더스'를 캐릭터화함. 고객을 환영하는 따뜻한 마음 전달, 청결한 고품질의 식사, 가족들이 식사를 즐기고 휴식할 수 있는 공간을 제공하겠다는 것을 의미함
조마루 감자탕	**[조마루 감자탕]** 정감 있는 우리네 종갓집 며느리의 모습을 형상화한 캐릭터

▶ 이미지 출처: 외식 브랜드별 홈페이지 참조

❹ 브랜드 슬로건

슬로건slogan은 브랜드의 감성적·기능적 편익을 소비자들에게 효과적으로 전달하기 위해 사용하는 짧은 문구를 말한다. 브랜드 네임 그 자체를 강화시키거나 브랜드의 핵심주제 혹은 비전을 전달하거나, 브랜드와 제품과의 관계를 전달하는 마케팅 요소로서 역할을 한다. 그렇기 때문에 브랜드 슬로건은 짧은 문구를 통하여 그 브랜드가 전달하고자 하는 의미와 브랜드의 연상을 즉시 갖게 하는 데 매우 효과적인 역할을 한다.

브랜드 슬로건을 개발하는 데 유의해야 할 점은 다음과 같다.

- 브랜드 슬로건에 담을 주제를 잘 설정해야 한다.
- 슬로건은 언제 어디서나 항상 동일하여야 한다.
- 브랜드 슬로건이 진부해지면 새롭게 바꿔야 한다.

표 11.4_ 외식기업의 브랜드 슬로건 사례

브랜드	슬로건
No Brand Burger	WHY PAY MORE? IT'S GOOD ENOUGH.
빽다방	싸다! 크다! 맛있다!
KYOCHON	Real Flavor, True Story 교촌의 정직한 맛, 정직한 이야기
made for women — Mr.Pizza®	Love for woman
본도시락	잘 차린 한상

 ▶ 이미지 출처: 외식 브랜드별 홈페이지 참조

5 브랜드 컬러

브랜드 컬러brand color는 제품 자체에 대한 인지도에 영향을 준다는 점에서 중요한 역할을 한다. 특히 색채는 식욕과 음식의 신선도와 관련이 높아 특정 색채는 식욕과 신선도를 높이기도 하고 그 반대의 작용을 하기도 한다. 일반적으로 빨강, 주황색 계통은 식욕을 왕성하게 만들지만 연두색, 연한 파란색, 연한 자주색과 같이 채도가 낮은 색은 식욕을 떨어뜨리며, 특히 파란색은 식욕을 전혀 느낄 수 없게 만든다고 한다. 그렇기 때문에 외식 브랜드 중 빨간색과 주황색, 초록색을 사용하는 경우가 많다.

표 11.5_ **외식기업의 브랜드 컬러 사례**

컬러 구분	브랜드		
빨간색	Coca-Cola	KFC	Pizza Hut
주황색	DUNKIN'	mexicana Chicken	POPEYES
노란색	M	원할머니 보쌈·족발 SINCE 1975	노랑통닭
초록색	SUBWAY	Starbucks	SALADY

▶ 이미지 출처: 각 외식 브랜드 홈페이지 참조

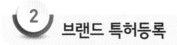

색상과 식욕의 싸이클 관계

빨간색(식욕왕성) ⋯▶ 주황색(식욕최대왕성) ⋯▶ 노란색(식욕감퇴) ⋯▶ 연두색(식욕미약) ⋯▶
초록색(식욕) ⋯▶ 파란색(식욕감퇴)

※자료: 채수명, 색채심리 마케팅(2002)

2 브랜드 특허등록

외식기업을 운영함에 있어 차별화된 메뉴 또는 상품을 제공하거나 서비스를
제공하고 마케팅을 위한 활동을 하기도 하지만 이러한 모든 것들을 경쟁사가 흉
내내거나 따라하지 못하도록 '특허등록'과 같은 법적인 보호장치를 사전에 해두
는 것이 매우 중요하다. 상표등록 전략을 통해 열심히 개발하고 노력해서 만들어
진 외식 브랜드의 가치가 짧은 시간에 타인에 의해 카피copy되는 것을 차단해야
한다.

1 상표와 서비스표 등록 및 보호

보통 프랜차이즈 사업을 염두에 두고 진행하기도 하지만 브랜드 본연의 가치를
보호하고자 할 때 특허청에 등록하는 것이 좋다. 외식기업은 자신의 지적재산권
에 대한 철저한 사전 관리와 법적인 보장을 통해 무형의 재산을 독점적으로 보유
하고 관리함으로써 외식업소를 안정적으로 경영을 할 수 있도록 해줘야 할 필요
가 있다.

표 11.6_ **외식산업에서의 상표와 서비스표 구분**

구 분	상 표	서비스표
의미	상품에 관한 식별표장	영업/서비스업의 식별표장
사용처	스티커, 유니폼, 포장지, 교재 등	간판, 상호

'상표'는 상품을 판매함에 있어 자신의 상품과 타인의 상품특성을 구별하기 위한 식별표시 마크mark이며, '서비스표'는 금융이나 통신, 운송, 외식업, 의료와 같은 서비스업의 특징을 대변하는 식별표지라 할 수 있다. 외식기업은 변리사를 통해 상표와 서비스표를 출원 및 등록하고자 할 경우 2개를 동시에 출원하는 것이 바람직하다. 그러나 제품명과 상호가 동일하고 상표등록을 이미 진행했다면 서비스표까지 신청할 필요는 없다.

2 상표등록의 필요성

타인의 무단 상표사용을 방지할 수 있는 방법은 국가로부터 독점배타적인 상표권을 등록하여 독점적으로 사용하는 것인데, 법적 절차를 통해 특허청의 상표등록원부에 등록된 상표는 법률에 의한 보호를 받을 수 있게 된다. 만약 현재 운영하는 외식업소 상표를 타인이 먼저 상표 출원한 경우에 대처하는 방법으로는 '출원' 중인 경우 타인의 상표 출원에 대해 내 상표가 일반 수요자들에게 널리 알려져 있다는 것을 입증하여 정보로 제공해야 한다. 사용 사실이나 판매실적, 언론보도내용, 블로그 포스팅, 광고실적 등 객관적인 입증자료를 제시하여 이의신청을 통해 등록을 저지할 수 있다.

타인이 현재 운영하고 있는 외식업소 상표를 먼저 '등록'한 경우에는 등록 후 5년 이내 무효심판을 통해 그 등록을 실효시킬 수 있다. 상표등록심사는 상표사용 여부의 사실관계에 대한 판단을 하는 것이 아니라 상표등록출원서를 제출한 출원일 순서로 등록우선권을 부여하기 때문에 사용개시일이 앞선 경우에도 먼저 출원한 사업자에게 상표등록을 해주고 있다.

표 11.7_ **상표등록 불허사유**

구 분	예 시
관용상표	• 과자류 – 깡 • 청주 – 정종 • 해열제 – 아스피린 • 음료 – 콜라, 사이다
보통명칭	• 스낵제품 – Corn Chip • 과자 – 호두과자 • 자동차 – 카
현저한 지리적 명칭	• 시/군/구의 명칭 – 뉴욕, 안동, 대구, 종로, 압구정동 등 • 산 – 금강산, 백두산, 설악산 등
간단하고 흔한 표장	• 1, 2, A1, AB, one • 원형, 삼각형, 사각형 등 • 공, 정육면체, 원기둥 등
실질표시적 상호	• 산지 – 영광-굴비 • 품질 – 上, 中, 下 • 원재료 – 쌀-떡볶이 • 효능 – 힘 좋은-배터리 • 용도 – 숙녀용-핸드백
흔한 성 또는 명칭	• 이씨, 김씨, 박씨, 사장, 회장 등 • 상사, 상점 등

③ 상표등록 절차

상표를 등록하기 이전에 먼저 중복되는 상표가 있는가는 특허청 홈페이지의 무료검색서비스를 통해 확인해야 한다. 상표권 등록절차는 특허청 홈페이지에서 온라인으로 직접 할 수 있도록 서비스되고 있다. 변리사를 통하지 않고 직접 개인이나 법인_{이하 출원인}이 등록하고자 할 때는 '출원인코드'를 사전에 부여받아야 한다. 특허청은 출원인코드를 기초 출원인의 기본 정보를 파악하고, 제출된 출원서 및 중간서류를 관리하게 된다.

출원인코드를 부여받은 후 온라인 출원이나 전자문서 교환을 위한 인증서를 등록 또는 발급받아야 하고, 그 후 문서작성에 필요한 소프트웨어를 다운로드하여 출원관련 문서인 ▲명세서 ▲보정서 ▲의견서 위임장 ▲증명서 등을 작성하게

된다. 출원 관련 문서와 첨부문서를 모두 작성하고 나면 출원서와 의견서를 작성
하게 되고, 모든 서류가 준비되면 모두 첨부하여 직접 또는 온라인 제출한다.

그림 11.1_ **특허정보검색서비스(키프리스) 화면**

주요기능

특허실용신안, 디자인, 상표, 심판, 해외특허, 해외디자인 등 검색 가능
상표, 서비스표, 업무표장, 단체표장, 지리적표시단체표장, 국제등록상표 검색 가능

그림 11.2_ **상표등록출원서식**

■ 상표법 시행규칙 [별지 제4호서식] 〈개정 2014.1.29〉

특허로(www.patent.go.kr)에서
온라인으로 제출할 수 있습니다.

상표등록출원서

(앞쪽)

【출원 구분】 □ 상표등록출원   □ 상표등록 분할이전출원   □ 상표등록 분할출원
　　　　　　 □ 상표등록 변경출원   □ 지정상품 추가등록출원   □ 재출원출원

【권리 구분】 □ 상표   □ 서비스표   □ 상표서비스표   □ 단체표장   □ 증명표장
　　　　　　 □ 지리적 표시 단체표장   □ 지리적 표시 증명표장   □ 업무표장

【출원인】
　【성명(명칭)】 홍 길 동
　【출원인코드】 4-2007-000036-7

【대리인】
　【성명(명칭)】
　【대리인코드】
　(【포괄위임등록번호】)

(【참조번호】) ⋯ 해당없음

(【원출원의 출원번호(원권리의 등록번호, 국제등록번호)】) ⋯ 해당없음

【등록(분할, 분할이전, 추가등록) 대상】
　【상품(서비스업)류】 43류
　【지정상품(서비스업, 업무)】 간이식당업, 관광음식점, 식당체인업, 식품소개업
　　　　　　　　　　　　　　 음식조리대행업, 음식준비조달업, 일반음식점업, 한식점업

(【우선권주장】)
　【출원국명】
　【출원번호】
　【출원일자】
　【증명서류】)

(【출원 시의 특례주장】)

【상표 유형】 □ 일반상표   □ 입체상표   □ 색채가 결합된 상표   □ 색채만으로 된 상표
　　　　　　 □ 홀로그램상표   □ 동작상표   □ 그 밖에 시각적으로 인식할 수 있는 것으로 된 상표
　　　　　　 □ 소리상표   □ 냄새상표   □ 그 밖에 시각적으로 인식할 수 없는 상표

(【도면(사진)의 개수】)

(【상표의 설명】)

(【상표의 시각적 표현】)

　위와 같이 특허청장에게 제출합니다.

　　　　　　　　　　 출원인(대리인)　　　 홍 길 동　　　 (서명 또는 인)

【수수료】(기재요령 제14호 참조)
　【출원료】　　　　　 개류 72,000 원
　(【지정상품 가산금】)　　　 개 상품　　　 원)
　(【우선권주장료】)　　　 개류　　　 원)
　【합계】　　 72,000　 원)

【수수료 자동납부번호】

【첨부서류】 법령에서 정한 서류 각 1통 (기재요령 제15호 참조)

210㎜×297㎜(백상지(2종) 80g/㎡)

※ 출원할 상표의 견본을 가로, 세로 8cm 이내의 크기로 만들어 사각형 안에 부착 또는 삽입해야 함

상표등록 시 식당 또는 외식업은 분류코드가 '43류'가 된다. 43류에 해당되는 것은 간이식당업, 관광음식점, 식당체인업, 식품소개업, 음식조리대행업, 음식준비조달업, 일반음식점업, 한식점업 등의 지정상품에 등록하여 타인이 사용하지 못하도록 등록하는 것이다. 만약 향후 프랜차이즈 사업을 계획하고 있다면 식품도소매업, 광고대행업 등의 업종이 포함되어 있는 35류도 상표권을 확보하는 것이 좋다.

✎ 브랜드 분쟁사례

푸라닭

푸라닭은 2014년에 설립된 치킨 프랜차이즈로, 프라다와 유사한 상표 논란에 휘말렸다. 푸라닭은 금색 다이아몬드 형태의 로고와 "PURADAK CHICKEN"이라는 명칭을 사용하여 프라다를 연상시키는 디자인을 채택했다. 이로 인해 프라다의 상표권 침해 문제가 제기되었으나, 푸라닭 측은 "푸라"가 스페인어로 "순수"를 의미하며, 로고는 다이아몬드의 순수함과 견고함을 상징한다고 설명했다. 또한, 푸라닭은 프라다와 업종이 다르기 때문에 혼동될 가능성이 없다고 주장했다. 전문가들은 푸라닭의 상표권 침해 가능성은 낮지만, 부정경쟁방지법 위반 가능성은 있다고 본다. 이는 푸라닭이 프라다의 저명한 상표를 희석화하여 부정경쟁행위에 속할 수 있기 때문이다.

루이비통닭

루이비통닭은 2015년 경기도 양평에 문을 연 치킨 가게로, 프랑스 명품 브랜드 루이비통과 유사한 상표를 사용하여 법적 논란이 발생했다. 루이비통닭의 상호와 포장지는 루이비통의 LV 모노그램과 유사했으며, 이에 루이비통 측은 부정경쟁행위로 소송을 제기했다. 서울중앙지법은 루이비통닭이 루이비통의 상표를 침해했다고 판결하여, 간판과 포장지 등에 해당 로고를 사용할 수 없도록 명령했다. 이후 가게 주인은 상호를 "차루이비 통닭"으로 바꿨으나, 법원은 이 역시 루이비통을 연상시킨다고 판단하여 1450만 원의 배상금을 지급하라고 판결했다.

푸라닭과 루이비통닭의 사례는 상표권과 부정경쟁방지법의 경계를 보여주는 대표적인 예시이다. 두 브랜드 모두 명품 브랜드를 연상시키는 디자인을 사용하여 논란이 되었으며, 법적 판결로 인해 상표 사용에 제약을 받게 되었다. 이는 가맹점주들에게도 영향을 미쳐, 브랜드 이미지와 상표 사용의 중요성을 강조하는 계기가 되었다.

결론: 푸라닭과 루이비통닭 모두 업종이 다르지만, 두 사례의 차이는 상표의 유사성과 법원의 판단에 있다. 푸라닭은 프라다와 혼동될 가능성이 낮아 법적 판결이 없었지만, 부정경쟁방지법 위반 가능성은 존재한다. 반면, 루이비통닭은 루이비통과 상표와 로고가 매우 유사하여 상표권 침해 및 부정경쟁행위로 법적 판결을 받았다. 이는 상표의 식별력과 명성을 훼손한다고 판단되었기 때문에 문제가 된 것이다.

자료: 조선일보 남정미 기자. 2020.11.10. 요약 정리

외식산업의 창업과 상권·입지

1 외식 창업의 개요

대부분의 사람은 누구나 본인이 선호하는 분야에서 창업을 하며 자기 자신을 성취하고 이를 통해 사회에 기여하려는 경향이 있다. 창업에 대한 일반적인 정의는 '인간이 보다 나은 경제적 생활을 하기 위해 필요한 상품을 만들어 판매하고 서비스하는 조직을 만드는 일' 정도로 정의할 수 있다. 단지 돈벌이만을 위해 창업하는 것은 단순히 일하는 것노동에 지나지 않는 것이며 특히 외식업 창업은 신념과 경영철학을 바탕으로 생성되고 이루어지는 것으로 기업경영이념, 기업가 정신, 기업윤리를 갖고 있어야만 진정한 외식업 창업이라 할 수 있다. 외식산업의 창업에는 기본적으로 세 가지 요소가 있다. 이를 살펴보면 다음과 같다.

- 첫째, 창업을 진행하는 주체인 '창업자'로 창업자는 경영마인드, 마케팅 능력, 위기대처 능력, 육체적·정신적 건강 등을 갖추는 것이 가장 중요하다.
- 둘째, '자금'으로서 창업 시 필요자금, 창업 후 운영자금이 필요하므로 확보방법 등에 관하여 명확한 계획이 필요하며 창업 후 자금관리 방법도 철저하게 준비가 되어 있어야 한다.
- 셋째, 창업하고자 하는 '아이템'으로, 즉 업종·업태의 추진방향, 방법, 라이프사이클의 도입기 후반이나 성장기 업종·업태, 시대의 적합성 등 브랜드의 선택과 성질이 확실해야 한다.

여기서 '입지', 즉 점포를 추가한다면 4요소가 되는데, 외식업은 입지산업이라고 해도 과언이 아닐 정도로 입지는 충분한 사전분석이 필요하기 때문에 향후 자세히 다루도록 한다. 그리고 마지막으로 창업자의 필수조건인 '자신감'으로 창업에 필요한 창업자, 자금, 아이템, 입지의 4요소를 충분히 갖추었다고 하더라도 자신감이 없다면 예비창업자는 창업을 할 수가 없게 된다. 창업자는 반드시 자신감에 차 있어야 하나 너무 지나쳐도 문제가 된다.

① 외식창업의 환경

외식업소 창업 시 고려해야 할 환경상황들은 다음과 같다.

① **예비창업자 선호 업종**: 창업박람회 또는 창업교육 수강생을 대상으로 한 예비창업자 설문조사를 실시한 결과, 주변의 여건 등을 모두 감안하여 예비창업자가 가장 선호하는 업종은 외식업으로 조사되었다. 외식업은 제도적으로도 누구나 쉽게 할 수 있는 업종이다 보니 경쟁이 치열하며, 일반음식, 단란주점, 유흥음식점 등을 모두 포함하면 약 74만여 개가 있다. 허가받지 않은 포장마차와 노점상까지 포함하면 그 수는 더 많을 것이다.

② **현대 외식업소의 요구**: 과거의 외식업소들은 음식이 맛있으면 괜찮았지만, 지금은 음식 맛이 기본이다. 따라서 맛, 서비스, 청결은 기본이고, 분위기와 개성, 차별화를 통해 고객이 지불한 식비보다 높은 가치를 느끼게 해야 한다.

③ **원가관리에서 손익분기점 관리로**: 외식업소 운영은 원가관리에서 손익분기점 관리로 변화하고 있다. 즉, 지금까지는 매출 목표 달성, 다점포화에 의한 대량 판매전략, 식재료의 원가관리를 중시해 왔으나, 앞으로는 원가율과 인건비 비중이 높아져 손익분기점 관리를 해야 한다. 매출 목표 관리의 어려움이 있지만, 투자 규모의 축소, 종업원 축소, 메뉴 종류의 단순화 등으로 손익분기점 매출을 낮추어야 하는 시대에 직면하고 있으므로 이제 외식업소 운영은 외형보다는 실속 중심으로 운영되어야 한다.

④ **노동환경 변화**: 외식업 노동환경의 변화로 주5일 근무제에 따른 인력 활용, WTO 체제 속의 24시간 비즈니스 시대에 따른 종업원의 확보와 관리를 새로운 시각으로 접근해야 한다. 외식업의 특수한 근무 조건을 감안한다면 이에 걸맞는 종업원의 근무환경 개선, 비전 제시 등을 통해 유능한 인재를 확보해야 한다.

⑤ **상권 축소**: 실버인구의 증가, 맛의 평균화, 외식업소의 증가, 음주단속 강화 등에 힘입어 주5일 근무제에 따른 오피스가 상권에서 주택가 상권의 발달로 이어져 큰 상권에서 중상권 및 소상권으로 상권 축소 현상이 가속화될

전망이다. 따라서 소비자는 멀리까지 가서 외식할 필요성이 줄어들고 있다.

⑥ **경영 투명성과 악화**: 정보화 시대에 따른 신용카드제도의 정착, 주류카드제, 현금영수증, 제로페이, 삼성페이, 온누리상품권, 간이과세자 제도의 변화 등으로 각종 보험료와 퇴직금, 과도한 세금으로 수익이 점차 줄어들고 있다. 외식업 경영의 투명성과 경영 악화가 심화되어 '먹는 장사도 망하는 시대'에 접어들고 있으며, 이러한 현상은 더욱 두드러질 전망이다.

⑦ **프랜차이즈 운영 변화**: 가맹사업거래의 공정화에 관한 법률에 따라 프랜차이즈 운영형태도 시대에 맞게 수시로 수정되고 있다. 프랜차이즈 수준평가제와 정보공개서 및 계약서 등록제에 따른 부실가맹본부의 사기 행위 방지책이 더욱 강화될 것이다. 원칙을 지키는 가맹본부는 지속적인 발전을, 그렇지 않은 본부는 정부의 규제 대상이 될 것이다. 창업 관련 기본지식을 습득한 예비창업자가 증가하면서 발전과 도태가 자연스럽게 이루어질 전망이다.

⑧ **업종·업태 라이프 사이클 단축**: 외식업소 창업에 대한 고정관념이 파괴되고 있다. 대표적인 예로 업종·업태아이템의 라이프 사이클이 보통 5년에서 4년, 3년으로 단축되더니 최근에는 2년 이하로 줄어드는 현상을 보이고 있다. 이에 따라 항상 잘되는 업종·업태가 존재하지 않으며, 지속적인 연구와 교육, 훈련을 통해 노력하는 외식업소만이 살아남을 수 있는 시대임을 인식해야 한다.

② 창업 시 고려사항

창업을 해서 돈을 번다는 것은 첫째, 많은 돈을 투자해서 입지나 규모 면에서 비교 우위에 서는 방법대형화, 특급상권, 최고 브랜드 등, 둘째, 건강한 신체를 이용해서 부지런히 일하는 방법음식 택배업, 그리고 셋째, 앞서가는 아이템과 아이디어로 승부하는 방법전문화, 차별화이 있는데 경기침체 시에 리스크를 줄이는 방법은 소규모로 건강한 신체와 아이디어로 승부를 해보는 것이 좋은 방법이라 하겠다.

① **건강한 신체**: 외식업 성공에 지대한 영향을 끼친다. 근무시간이 길고 육체적 노동이 많은 업종으로, 치열한 경쟁에서 이기기 위해 체력이 반드시 필요하다.

② **가족의 협력**: 외식업에는 가족의 협력이 필수적이다. 인건비 절약 차원도 있지만, 신뢰할 수 있는 인력이 가족이기 때문이다. 단체 고객 방문이나 직원의 갑작스러운 결근 시 가족의 도움을 받을 수 있다.

③ **고객 중심 마인드**: 창업 준비 시 직원과 고객의 입장이 되어보고, 고객을 배려하고 봉사할 자신이 있을 때 창업해야 한다. 고객 중심이 아닌 경영주 중심의 마인드는 고전할 가능성이 높다.

④ **틈새업종 개척**: 기존 업종에서 틈새를 찾아 개척하면 성공하기 수월하다. 틈새시장은 아이템뿐만 아니라 경영형태와 콘셉트도 포함된다. 저가치킨 형태는 기존 가격의 틈새를 이용한 성공 사례다.

⑤ **고객 접근성**: 고객이 오지 않으면 고객을 찾아갈 수 있어야 하며, 배달이나 포장이 가능하면 더욱 좋다. 적극적인 마케팅이 없이는 성공하기 어려운 시대이므로 전력투구해야 한다.

⑥ **디지털 기술 활용**: 정보화시대인 만큼 디지털 기술과 스마트폰을 적극 활용해야 한다. 이를 잘 관리하여 운영하면 시간과 경비를 절감할 수 있고, 고객 서비스에 충실할 수 있다.

⑦ **신중한 창업**: 주변에서 50% 이상이 창업이 어렵다고 하면 고집 부리지 말아야 한다. 기대 수익을 낮추고 투자 규모를 줄여 손익분기점을 낮추어 창업하는 것이 좋다.

⑧ **충분한 준비**: 창업은 엄연한 현실이므로 충분한 준비가 필요하다. 특히 직접 체험 후에 창업해야 하며, 능력 범위 내에서 시대 흐름에 맞는 아이템을 선정해야 한다. 성급한 추진은 위험하다.

이 외에 최근 창업의 동향을 보면 외식창업을 하는 연령이 점점 낮아지고 있으며, 또 아이디어만 있으면 어디든 진입하고 있다. 특히 크게 보면 정보통신, 유통, 서비스 업종을 선호하고 있다. 세분화시켜보면 외식업종이 창업 선호도 1~2위를 항상 차지하고 있다. 이는 경쟁자가 그만큼 많다는 것이므로 충분한 노하우가 없이 창업하는 경우와 창업 후 지속적인 연구·노력이 없으면 안정적으로 외식업을 계속 영위할 수 없다는 뜻이기도 하다. 외식업소가 망하지 않는 시대는 끝이 났다. 남보다 더 연구하고 노력하지 않는 점포는 곧 망하는 점포가 될 것이라는 점을 깊이 인식하고 있어야 한다.

표 12.1_ **외식업의 기본 창업 Process**

구 분		세 부 설 명
1	창업준비	가정 및 사회적인 환경을 직시하며 자금마련계획도 세워본다.
2	정보수집	방송, 신문, 잡지, 서적, 정보지 등을 통한 정보와 창업 강좌, 인터넷 검색, 외식컨설팅 전문기관과 상담하여 가장 유망하고 적합한 아이템을 체크한다.
3	아이템 물색	적합한 아이템 중 도입기 후반이나 성장기 업종으로 자금과 적성에 맞는 업종을 선택한다.
4	후보아이템 선택	2개 정도의 후보업종을 우선순위로 선택한다.
5	아이템 비교	현장을 다니면서 직접 비교·검토한다.
6	사업계획서 작성	창업 준비 및 창업계획서 작성, 전문가 또는 경험자와 상담한다.
7	타당성 검토	업종의 안정성, 발전성 및 적합성을 판단한다.
8	사업성 분석	투자규모 대비로 예상 수익성을 분석한다.
9	사업장 탐색	투자금액 및 주거지와의 거리를 고려하여 선정하도록 한다.
10	메뉴선정	메인메뉴, 사이드 메뉴에 따른 가격결정, 맛 전수 및 숙달을 통해 기술을 익힌다.
11	점포 꾸미기	메뉴계획에 따른 주방설계시공, 집기비품, 동선을 고려한 인테리어, 업무계획, 판촉계획 등을 수립힌다.
12	식재료 구매	시장조사를 통한 구매처를 확보한다.(최소 2개 업체)
13	오픈 전 최종점검	맛 점검, 시설, 인허가, 광고, 홍보사항, 직원 서비스 및 건강상태 등을 점검한다.
14	창업	오픈 당일 체크리스트를 통해 체크, 오픈 후 재점검하여 피드백을 반드시 파악하여 보완·점검하도록 한다.

③ 창업 준비와 경영자의 조건

1) 외식업 예비창업자에게 필요한 자세

❶ 평소에 장사의 통찰력을 길러야 한다.

통찰력은 하루아침에 생기는 것이 아니므로 평소에 미리 통찰력을 기르는 것이 중요하다. 먼저 창업관련 정보나 유망업종에 관련된 것을 보고 스크랩도 하고, 또 길을 가다가 길가에 있는 간판을 보면서 어떤 아이템들이 많은가, 어떤 식당들이 잘되고 있는가 등을 체크해보는 것도 좋다. 좀 더 적극적으로 외식업소를 운영하는 사람들과 가끔씩 대화를 나누어볼 수도 있고, 여기에서 느끼는 점 등을 메모해두는 습관을 길러야 한다.

❷ 입지에 맞는 업종을 선택해야 한다.

식당 창업은 가능하면 주변상권에서 식당의 비중이 50%를 넘는 곳에서 유사 아이템이 30% 정도일 때가 가장 좋다. 이때 점포 앞 유동인구 조사와 점포주변 환경조사를 해야 하며 가능하면 규모와 입지 면에서 경쟁점보다 비교우위에 설 수 있으면 더욱 좋다.

❸ 1등만이 살아남는 것은 아니다.

지나치게 1등을 하려고 하다 보면 건강을 해칠 수 있고, 음식장사는 꼭 1등이 아니라 2등만 해도 충분하다는 생각이나 마음의 여유를 가져볼 필요가 있다. 또한 틈나는 대로 벤치마킹을 많이 해야 한다.

❹ 창업초기에는 수익보다 매출에 신경을 써야 한다.

창업초기에는 외식업소를 운영함에 있어 얼마를 남기는가가 중요한 것이 아니고 목표한 매출액 달성에 최선을 다해야 할 것이다. 영업이 좀 덜 된다고 해서 인건비를 줄이거나 가격이 높은 좋은 식재료 사용을 기피하거나, 지나치게 관리비용을 아끼다 보면 고객 만족도가 낮아져 내점을 기피할 우려가 있다.

❺ 자기관리와 점포관리를 철저히 해야 한다.

자기 마인드 관리와 점포 이미지 관리에 최선을 다해야 한다. 외식업은 구전광고의 위력이 대단하다는 사실을 꼭 인지하고 이미지 관리에 신경을 써야 한다. 특히 지역상권인 경우 더욱 이미지 관리를 해야 하며, 나쁜 이미지로 인식된다면 영업에 치명적인 약점으로 작용할 수 있다.

❻ 투자비를 줄여야 한다.

대부분 첫 사업이라는 핑계로 새것만을 고집하는 경우가 많은데, 주방집기나 비품은 잘 보이지 않는 곳에 배치가 되며 또 재질이 스테인리스가 대부분이라 새것과 별 차이가 없다는 것을 인지하고 중고제품도 적절히 사용하여 초기 투자비를 줄여야 한다.

❼ 창업 전에 외식업소에서 경험을 해보아야 한다.

해당 아이템에 대한 사전 현장 경험도 해보고 충분한 사전지식을 습득한 후 창업을 해야 한다. 대부분 지금까지 고생해서 모은 전 재산을 투자하는 것에 비하면 신중을 기해야 하는데도 불구하고 조급하다 보면 미비한 점을 소홀히 여겨 실패하기 쉬우므로 사전에 충분한 준비가

필요하다. 고객은 외식업소 운영자를 항상 프로라고 생각하고 있으므로 실수 없이 완벽하게 관리·운영하여 진정한 프로가 되어야 성공할 수 있다.

8 지나친 기대와 환상은 금물이다.

예비창업자들은 창업만 하면 큰 돈을 벌 것이라는 지나친 기대나 환상을 가지는 것이 대부분인데, 냉정하게 현실을 직시해나가는 자세가 필요하다. 처음부터 큰 돈을 벌 것이라는 기대는 버리고 최소 3~4개월 정도의 기본 생계비는 미리 비축해두도록 한다.

이 외에도 처음 창업하는 경우에는 자금이 있더라도 규모를 크게 하는 것보다 작게 시작해서 경험과 노하우를 축적한 후 규모를 점차 키워나가야 할 것이며, 과거엔 내가 누구인데, 대기업에서 부장·이사를 했는데, 또는 명문대 출신인데 하는 불필요한 자존심도 버려야 한다. 현실을 직시하고 프로의식으로 재무장하여 일정기간 동안 고생하겠다는 각오를 해야 하며, 가족의 동의를 얻어 부부가 공동으로 일한다면 시너지 효과를 발휘할 수 있을 것이다. 그리고 창업을 추진함에 있어 혼자 결정하지 말고 경험자나 전문가의 자문을 받아 창업을 해야 실패를 줄일 수 있다. 다시 한번 준비사항을 점검하고 또 점검하여 완벽한 창업으로 성공을 해야 할 것이다.

4 소자본 식당 창업의 성공요령

소규모 식당을 창업하려면 경영주가 만능이 되어 직접 모든 것을 운영해나가야 하므로 건강이 그 무엇보다 중요하다. 분식점처럼 메뉴를 다양하게 하지 말고 규모에 맞게 가장 자신 있는 메뉴로 단순화하고 전문화하여야 하며, 외국이나 어느 특정지역에서 잘되고 있는 특별한 메뉴보다는 대중적인 메뉴를 차별화하는 것이 안정적이다. 또 직원을 채용할 경우 영업이익의 대부분이 인건비로 지출되어 수익이 감소할 수 있으므로 경영주가 직접 또는 가족경영으로 운영을 하는 것이 좋다. 따라서 경영주는 조리에 대한 기초지식과 점포운영에 대한 전반적인 기술 습득을 하여 창업을 해야 한다.

5 소규모 식당 창업의 실패사례

소규모 식당을 창업해서 몇 개월 지나지 않아 폐업하게 되는 경우를 종종 보게 되는데, 이유는 사전에 식당 창업과 운영이 쉽지 않다는 것을 파악하지 못하고 그에 따라 최선을 다하지 않은 경우이다. 그리고 동업을 하여 의견이 맞지 않아 분쟁이 발생하게 되는 경우, 메뉴는 많은데 먹을 것이 없다는 말이 나올 정도로 차별화가 되어 있지 않은 경우, 또 판매율이 낮다는 이유로 메뉴를 자주 변경하는 경우, 직원관리를 잘못하여 배달판매 서비스가 낮은 경우 등이 있다.

이 외에 서비스가 제대로 되지 않은 경우, 개업한 지 얼마 되지 않았는데도 손익에 지나치게 얽매여 음식의 양 또는 직원을 줄여 고객의 발길을 끊게 하는 경우 등을 들 수 있다.

6 직장인이 외식업 경영주가 되기 위한 준비

최근 들어 평생직장의 개념이 사라지고 몇 년 전부터 내 사업을 갖기 위한 직장인들이 증가하고 있는 등 실제 많은 직장인들이 창업을 준비하고 있다. 봉급생활자의 외식업소 창업 시에 주의해야 할 몇 가지 사항을 살펴보도록 한다.

첫째, 외식업소에 대한 고정관념을 버려야 한다. 직장생활을 할 때 자주 이용했던 맛있는 식당과 번성하는 식당들은 결코 하루아침에 이뤄진 것이 아니다. 그동안 고생하며 노력한 업력·역사를 절대 간과해서는 안 된다. 직장이라는 조직체제 속에서 대부분 특정 1~2분야에서만 근무해온 직장인이 외식창업을 너무 쉽게 생각하는 경우가 많은데, 오늘날의 외식업소들은 결코 단순한 밥장사가 아니다. 외식업소는 식재료에 관한 지식, 요리, 영업, 서비스, 관리, 구매, 회계, 인적자원 관리 등의 복합적인 사업으로 경영주는 다재다능해야 하며 전문적이어야 한다.

둘째, 외식업소 운영 시 개점에서 폐점까지 장시간 근무를 해야 하는 것을 잊고 단순하게 직장생활 당시의 근무시간을 생각해서는 안 된다. 외식업소 운영 시 다른 어떤 직장인들보다 일찍 출근하고 늦게 퇴근해야 하며, 대부분 주말이나 공휴일이 피크이므로 '빨간날'에는 쉬는 날도 없다는 점도 충분히 고려해야 한다. 과거 직장생활이 몸에 배어 있거나 그에 따른 인간관계의 어려움 등으로 최선을 다하지 않는 경우, 이로 인하여 실패하는 경우가 적지 않다.

셋째, 외식업소 운영에 있어서는 경영주 중심이 아니라 철저한 고객 중심이 되어야 한다는 것이다. 맛은 물론 외식업소의 분위기, 음악, 고객마저도 경영주의 취향에 맞추려는 경우를 자주 보게 되는데, 외식업은 서비스업종인 만큼 고객중심의 사고방식으로 운영되어야 한다는 점을 명심해야 할 것이다.

넷째, 현재 외식업소 수가 계속 증가하고 있으며 치열한 경쟁 속에 있다는 사실을 간과한 채 창업만 하면 중간 정도는 안 되겠느냐 하는 안일한 생각을 버려야 한다.

마지막으로 현실을 직시하고 과거에 집착해서는 안 된다. 내가 대기업에서 은행에서 임원이고 부장이었는데 어떻게 저런 일을 할 수가 있겠냐 해서 힘들고 비위생적인 일은 직원들에게 맡기거나 직원을 더 채용하는 것으로 해결하고자 하는데, 이는 수익구조의 악화를 초래하는 동시에 현실에 최선을 다하지 않는 최악의 경우를 가져오게 된다.

이렇게 많은 직장인들이 충분한 준비기간 없이 우선 눈에 보이는 겉모습만 보고 외식창업에 도전했다가 고전을 하는 경우가 많다. 사전에 외식산업 관련 지식과 기술을 습득하고 외식업에 대한 뚜렷한 신념과 이념을 정립하고, 최종적으로 냉정하게 자신의 성격이나 능력을 고민한 후에 비로소 창업을 한다면 외식창업 성공의 길은 노력한 만큼 보장될 것이다.

7 외식업 경영자의 조건

21세기 생존경쟁 시대 속에 능력 있는 외식업소 경영자가 되기 위해서는 지금까지 외식업에 대한 고정관념을 버려야만 앞으로 생존경쟁에서 살아남을 수 있었다. 정보통신기술이 발달함에 따라 고정관념 파괴만이 필수조건이라 할 수 있다.

먼저 우리가 갖고 있는 고정관념으로 어떤 시기, 어느 지역에 특히 잘되는 업종이나 외식업소가 있다는 고정관념이 그 대표적인 예인데 외식업의 라이프 사이클은 점점 짧아지고 있다. 또 고객의 선호도도 너무 빠르게 바뀌고 있으므로 이에 따른 수정전략이 필요하다. 지금까지 운영해온 영업방식을 외식업소 운영의 모델인 것처럼 생각하는 경향이 많은데 고객의 욕구 변화에 따라 빠른 대처와 변화가 필요하다. 그리고 능력 있는 조리사만 있으면 '만사 OK'라고 생각할 수 있는데 그 조리사는 모든 요리에 최고가 아니고 어느 특정 요리에만 능력을 발휘할 뿐이며 주방배치, 기기상태, 조리사 능력 등의 기본적인 조건이 충족되어야 만족할 수 있는 메뉴가 나온다는 것도 잊어서는 안 될 것이다. 또 경영자도 조리장에 대한 기본적인 지식은 갖추고 경영에 임해야 한다. 조리사에 대한 지나친 의존은 악순환만 되풀이될 뿐이다.

가능하면 경영하고 있는 외식업소 상품의 조리방법에 대해서 숙지하고 있어야 조리사가 퇴사할 경우 새로운 조리사에게 관련 조리방법을 알려주어 그 맛을 유지할 수 있다. 판매상품에 대한 표준레시피를 보유하고 있다면 더욱 좋다.

외식 창업시 성공할 수 있는 외식업 경영자의 조건은 재차 강조해도 지나치지 않는다.

첫째, 제조업, 소매업, 서비스업 등의 복합 산업인 외식업을 경영하기 위해서는 끊임없이 연구하고 노력하는 자세와 강인한 체력, 정신력의 단련이 있어야 하며,

둘째, 시대의 환경변화에 적응할 수 있는 위기관리능력과 결단력, 인내력이 있어야 하며, 항상 철저한 자기관리 능력과 경영 스킬을 키워야 한다.

셋째, 상담이나 교육 등을 통한 정보수집능력을 키우고 고정관념을 버려야 한다. 동시에 끊임없는 고민과 벤치마킹을 통해서 항상 새로운 것을 받아들이려고 하는 겸손한 자세가 필요하다.

넷째, 종사원에 대한 아낌없는 투자, 즉 중간관리자 교육, 신메뉴 조리교육, 서비스친절교육 등에 대한 지원과 종사원의 입장이 되어 애로사항을 들어주고 이

해하려는 자세가 필요하다.

다섯째, 원가관리에 대한 지식과 운영능력 향상을 위해 꾸준히 노력하는 동시에 유튜브, SNS, 블로그, 페이스북, 인스타그램을 이용하는 홍보·마케팅 전략도 수립하여 관리하여야 한다.

② 상권분석조사와 입지분석

❶ 상권·입지조사 분석의 목적과 절차

외식업을 하기 위한 창업준비와 경영자의 조건을 앞서 갖추게 되었다면 상권 및 입지분석이 가능해야 창업 후 성공확률을 높일 수 있다. 예비창업자라면, 상권분석의 중요성과 입지를 분석하는 이유에 대해서는 모두가 공감한다. 전체상권을 분석한 후 상권정보시스템을 활용하고, 현장을 방문하여 객관적인 데이터와 주관적인 판단에 의해 최종 점포를 구해야 하고, 예비창업자들에게 '입지'란 외식창업의 흥망성쇠를 결정지을 수 있는 요소이기 때문에 상권조사와 입지분석이 필요하다.

'상권'이란, 대지나 점포가 미치는 영향권으로 거래의 범위를 말하며, 고객이 음식을 먹거나 내점할 수 있는 지리적인 범위를 의미한다. 또한 영업을 하는 데 있어서 우리 점포의 고객이 될 수 있는 대상이 얼마나 있는가 하는 한정적인 지역 범위를 말하는 것으로 그 범위를 축소해가면서 분석기법을 활용한다.

'입지'란 대지나 점포가 소재하고 있는 위치적인 조건으로, 즉 접객장소를 의미하는데 인구의 특징, 소득수준, 구매습관, 교통 및 접근성에 많은 영향을 받는다. 상권분석은 상권전체의 성쇠여부를 평가하는 것이고 입지분석은 점포의 성패 여

표 12.2_ **입지와 상권의 비교**

구 분	입 지	상 권
개념	대지(장소)나 점포의 위치적인 조건 (location)으로 시간적, 공간적 범위	대지(장소)나 점포가 미치는 영향권의 범위(trading area)로 실소비를 이루고 있는 분포지역의 소비심리를 이루는 주체
물리적 특성	평지, 도로변, 상업시설, 도시계획 지구 등 물리적인 상거래공간	대학가, 역세권, 아파트 단지, 번화가 등 비물리적인 상거래 활동 공간
키워드	point(강조점)	boundary(경계선)
등급구분	A급지, B급지, C급지	1차 상권, 2차 상권, 3차 상권
분석방법	점포분석, 통행량분석	업종경쟁력 분석, 구매력 분석
평가기준	점포의 권리금, 임대료와 보증금, 가시성, 접근성	반경거리(250m~1Km)

부를 파악하는 것으로 보면 된다. 따라서 상권분석을 먼저 하고 입지분석은 그 뒤에 해야만 제대로 된 점포를 구할 수 있다.

상권조사나 입지분석은 그 목적이 예비창업자가 희망하는 업종 또는 업태가 가장 활성화될 수 있는 장소를 선택하기 위한 것이며, 입지와 상권조사를 통해서 자기 점포의 영업이 잘될 것인지, 또 매출은 어느 정도가 될 것인지 예측하기 위한 기초자료로 활용된다. 따라서 상권·입지분석이 단순한 참고자료 같은 형식적인 분석이 되어서는 안 된다.

점포 운영 및 채산성이 무엇보다 중요하므로 개점입지는 업종·업태별 특성을 감안하여 독립형 건물과 복합형 건물로 구별할 수 있고, 건물 층별 고객 집객력, 그리고 상주하는 인구와 유동인구로 어느 정도 구분하여 통행량을 분석한다. 또한 사람이 모이는 장소인지 집결지인가 흩어지는 장소인가, 고객 흐름이 유동성인가 아니면 정체성인가 등도 파악해야 한다.

주변 상권조사는 번화가 또는 중심상가, 금융, 오피스, 주택가, 아파트단지, 학원가, 대로변 입지, 유원지 입지 등의 입지적 분류를 통하여 분명한 타깃을 고려해야 하고, 유사 혹은 동종업종·업소에 대한 메뉴 가격대 객단가, 매출, 고객층을 세분화하여 시장분석을 해나가야 한다. 이런 내용들은 시간대별, 요일별, 날씨별, 남녀별, 연령층별 등 상권 반경 내에서 조사한 다음 분석, 진단, 평가를 통해 사업 수행 및 전략에 반영해야 한다.

외식업 창업을 하기 위한 상권·입지조사 분석의 목적과 기준은 다음과 같다.

표 12.3_ **상권·입지조사 분석의 목적과 기준**

구 분	창업 전	창업 후
목적	• 창업하고자 하는 입지에서 매출목표를 산출 • 현재의 여건과 앞으로의 발전가능성, 현재 상권 내에서 가장 인기 있는 식당과 인기메뉴, 형성되고 있는 가격대 조사 • 상권의 크기 파악	• 창업자가 운영하고 있는 점포의 해당 상권·입지 분석을 통한 해당 사업의 타당성 확인과 타깃, 마케팅, 경영, 메뉴구성, 점포 활성화 방안도출 해결방안 마련
목표	• 창업점포의 메뉴구성 기획 • 접근성과 가시성 확인 • A~C급지 선정 • 임대계약 확정 • 경쟁점포 조사 • 점포권리분석 • 사업타당성분석	• 신메뉴 개발 및 메뉴구성 변화 필요성 도출 • 디자인 변화 및 개발 필요성 도출 • 점포 이전 및 확장 필요성 도출 • 유동인구 및 거주인구에 맞춘 사업전략 수정 필요성 도출 • 영업시간 수정 또는 업종전환 필요성 도출 • 사업타당성 분석 • 상권단절요인 및 상권범위설정

1) 상권의 분류

상권분석은 현실적으로 어느 정도까지 상권을 분석할 것인가 범위를 설정해야 하며 크게 공간적 범위, 내용적 범위, 절차적 범위로 나눌 수 있다.

먼저 공간적 범위는 상권의 범위를 말하며, 예정 점포가 있는 경우는 2차 상권까지 조사를 하는 것이 좋고, 없는 경우는 그 지역의 핵심 점포를 중심으로 원을 설정하여 반경 500m 이내로 하는 것도 무방하다. 내용적인 범위는 업종·업태에 대한 분석, 시장규모 분석, 매출 예측 분석, 수익성 분석, 라이프 스타일 분석 등을 말하며, 절차적 범위는 방법론적 범위를 설정하는 것으로 직접 현장을 방문하여 유동인구 조사나 업종업태의 분포도 조사는 리서치를 하는 방법과 인구, 성별, 소득수준과 같은 것은 통계자료 조사방법을 많이 사용하며 이 두 가지를 혼용하는 방법도 많이 사용하고 있다.

상권의 설정은 특정 점포가 고객을 끌어들이는 지리적 범위를 파악하는 것이며, 매출구성비의 의존도가 높은 정도에 따라서 일반적으로 1차, 2차, 3차 상권으로 구분된다.

표 12.4_ **상권의 구분**

구 분	1차 상권	2차 상권	3차 상권
개별 점포	점포매출 또는 고객수의 65~70% 정도 이상을 점유하는 고객의 거주범위로 도보로 10분 이내의 소상권	1차 상권 외곽지역으로 매출 또는 고객수의 25~30% 정도 이상을 점유하는 고객의 거주범위	2차 상권 외곽지역으로 매출 또는 고객수의 5% 정도 이상을 점유하는 고객의 거주범위
공동 점포	상권 내 소비수요의 30% 이상을 흡수하고 있는 지역	상권 내 소비수요의 10%이상을 흡수하고 있는 지역	상권 내 소비수요의 5%이상을 흡수하고 있는 지역
패스트 푸드	500m	1,000m	1,500m
패밀리 레스토랑	1,000m	1,500m	3,500m
캐주얼 레스토랑	1,500m	2,500m	5,000m

〈표 12.4〉를 바탕으로 국내 외식문화를 상권에 접목시켜본다면 1차 상권에서는 식사위주로, 그리고 호프와 같은 주류 위주로 이동을 하는데 이를 2차 상권이라 하며 마지막 노래방과 같은 유흥업소로 이동을 하는데 이를 3차 상권이라고할 수 있으며 늦은 밤까지 영업이 되는 유흥상권이라면 점심매출이 떨어지는 경향이 있다.

2) 입지·상권분석 방법

입지·상권을 분석하기 위해서는 먼저 주변의 가장 높은 곳에 올라가서 전체적인 상권을 파악한 후 사람이 모이는 곳과 영업이 가장 잘되는 곳을 파악해야 한다. 그리고 그곳을 지나는 사람들의 옷차림새, 주변식당들의 직원 수, 출근시간대, 점심과 저녁상권 등을 파악하고 다른 점포들과의 경쟁우위에 있는 점포들도 체크하도록 한다. 더욱 효과적인 조사를 위해서는 평일, 토요일, 일요일 등으로 구분하여 조사를 해야 한다.

입지조건이 우수하고 임차료도 적고 계약기간이 안정적이며 권리금이 없는 곳이 가장 좋은 점포인데 사실 이러한 점포는 찾기가 쉽지 않다. 최적의 점포를 찾기 위해서는 지역의 부동산, 인테리어 업체, 주방업체, 주류나 식자재 납품업체, 프랜차이즈 본사가맹본부 점포개발팀들을 잘 활용하면 되는데 그러기 위해서는 먼저 신뢰가 구축되어 있어야 하고 장기적 가치에 대한 대가도 지불하여야 할 것이다.

그리고 입지를 선정할 때에는 가시력, 상권력, 인구밀도, 성장성, 주차장 유무, 비교 우위성, 접근성, 영업성, 안정성 등이 반드시 고려되어야 한다. 또한 지역적인 특성도 파악해야 하는데 생활수준, 인구수, 주동선, 고객 성향, 연령별, 성별,

표 12.5_ **상권·입지 분석 시 확인요소**

구 분	내 용
상권분석	• 지형지세와 지리적인 조건 • 교통망과 도로조건(노폭, 신호등, 건널목, U턴 등) • 상권 내 유동인구와 거주인구조건(연령층, 남녀, 소득수준, 세대 및 인구수) • 편의시설 및 장애물 시설 • 종합평가(상권특성에 대해)
입지상권 조사	① 입지의 지리적 특성 조사/가시성(사계성), 접근성, 홍보성 ② 입지의 기능성 조사/통행 인구 유발 기능 • 지역적 주요기능 파악 – 부속기능(광역, 협의) • 야간인구 유발가능 – 대형 집객 기능 • 공공시설, 상업시설 ③ 통행인구 분석/현장에서 직접 통행자를 체크하여 조사 • 통행량 및 통행인의 질 조사 • 통행자의 도로 이용 목적(통행목적) • 통행인구 조사/성별, 연령별, 시간대별, 직업별 • 통행자의 이용 경로 및 거리(구간) ④ 상권조사 및 분석 • 상권 내 오피스 근무자 수 분석 • 상권 내 주거형태, 세대 및 인구 현황조사 • 실질상권 규모추정, 상권의 소비지출 추정 • 고정상권과 유동상권의 파악, 주간상권과 야간상권의 파악 • 상권의 확대 전망
상권 내 상업시설 및 예상 경쟁점 조사	① 상권 내 업종·업태 분석 ② 상권 내의 상품구성과 판매가격 실태조사 ③ 상권 내의 유명점포 이용자 분석 ④ 상권 내의 유명점포 영업현황 조사 분석
상권 내 고객 소비실태 조사	이 단계에서는 타깃그룹을 설정하여 설문조사를 실시한다. ① 상권 이용자의 소비지출 조사 ② 소비자의 이동수단 조사 ③ 외식 기호도(식음료)조사/ 단위별, 형태별, 시간대별 파악
상권의 성장성 조사	① 상권 내의 대규모 구획 및 시설계획 ② 상권, 상가의 흐름 분석
예정점포의 권리분석	건물, 토지 등기부등본, 도시계획확인원, 건축물관리대장, 건축허가서(신축 건물일 경우)

외부유출 및 유입여부, 학교분포와 학생 수 고객의 가격거부감, 금융권, 고객 유입요소, 지역 내 우수점포, 임차료와 권리금 시세, 잘되는 메뉴와 안 되는 메뉴, 빈 점포나 임대점포 현황, 상권의 성장기와 쇠퇴기 여부 등을 확인해야 한다.

3) 입지 조사 시 매출액에 영향을 미치는 요인들

아래의 사항들이 입지 선정하기 전 점포 영업 활성화에 많은 영향을 끼치고 있으므로 꼭 확인해야 할 요인들이다.

📖 상권 분석 요소

- **시장 규모**: 강남, 압구정, 대구 들안길 등 점포 예정지 주변에 식당들이 밀집된 대단지나 특화거리가 클수록 영업에 유리하다.
- **시계성 및 동선**: 시계성이 좋고 퇴근길이나 U턴이 가까운 곳 등 고객의 동선에 맞춰 고객이 찾아오기 쉬운 위치나 차량의 출입이 자유로운 곳이 좋다.
- **인지성**: 관공서 주변, 대형빌딩, 학교 주변에 위치한 점포는 '○○옆', '○○건물 내' 등 인지성이 뛰어난 곳이 좋다.
- **상업시설**: 백화점, 극장가, 대형 패션몰, 쇼핑몰 등의 상업시설이 주변에 있으면 고객의 흐름이 많아 영업에 좋은 영향을 미친다.
- **상업성 유도시설**: 대구 동성로처럼 백화점, 할인점, 지하철역 등 대규모 상업성 유도시설이 있는 곳이 좋다.
- **건물 구조와 외형**: 건물의 외관과 구조가 매출에 영향을 미친다. 건물 구조는 직사각형이나 정사각형이 좋다.
- **경쟁**: 프랜차이즈 가맹점이나 동일업종의 경쟁점 간의 경쟁추가 서비스 제공, 경품 제공, 가격 할인 등이 치열할수록 영업에 많은 영향을 끼친다.
- **층별 가치**: 일반적으로 1층을 100%로 기준 삼을 때, 2층은 75%, 3층 이상은 50%로 평가된다. 주변 가시성이 양호한 이월드83타워의 라비스타 레스토랑이나 호텔 고층 식당의 최상층은 120%로 볼 수 있다.
- **대형 건물 내 푸드코트**: 패션몰이나 쇼핑몰 등의 대형 건물 내 푸드코트는 업

종 및 업태 중복에 제한을 두는 경우가 많다. 제한이 없을 시 동일업종의 중복과 다점포화로 고객 선택 폭이 좁아져 이용 기피와 경쟁 과열 현상이 나타날 수 있다. 주 고객층인 10~20대는 구매력이 크지 않다는 점도 신중히 검토해야 한다.

이 외에 일반 음식점으로 영업을 하고자 할 경우 학교 보건법 규정의 정화구역 내에 금지행위는 아니지만, 노래 및 춤, 유흥행위 등은 제한을 받게 된다. 절대정화구역인 학교 출입문에서 직선거리 50m 이내는 휴게음식점이나 일반음식점 외에는 영업허가가 어렵고, 학교 경계선으로 직선거리 200m 지역 중 절대정화구역을 제외한 곳은 상대정화구역으로 이곳에 유흥이나 간이주점 등을 창업할 경우는 학교 환경 위생정화위원회의 심의를 통과해야만 허가가 가능하다. 참고로 심의를 받으려면 관할 교육청에 신청서 1부, 건축물관리대장구청 민원실 발행 1부, 도시계획확인원구청 민원실 발행 1부, 주변 약도 1부를 구비하여 신청하고, 그 처리과정은 다음과 같다. 접수 ⋯ 서류검토 ⋯ 인근학교 의견조회 및 현장답사 ⋯ 심의의뢰 ⋯ 심의 ⋯ 결재 ⋯ 민원인에게 통보 순으로 이뤄지며, 기간은 접수 후 15일 정도 걸린다.

2 상권정보시스템 활용

상권정보시스템이란 지역·업종별 창·폐업, 인구, 집객시설 등 53종의 상권현황과 경쟁정도, 입지 등급, 수익성 등의 분석정보 제공을 통해 준비된 창업을 유도하고 경쟁안정을 도모할 수 있는 시스템이라 할 수 있다. 소상공인시장진흥공단 홈페이지에 회원가입 후 '상권정보시스템'http://sg.sbiz.or.kr을 활용하면 기본적인 상권분석과 경쟁분석, 입지분석, 수익분석, 점포이력 데이터를 알 수 있다. 100% 신뢰도를 나타내는 시스템은 아니지만 사용가치는 충분하다. 특정 시점의 인구분포나 업종별 매출액, 거주 지역 주민들의 소득분포 등 다양한 정보를 한눈에 알아볼 수 있다. 현재 시점을 반영하지는 못하고, 통계청과 카드사 등의 데이터를 공유하기 때문에 참고할 수 있는 시스템으로 여기면 된다.

우선, 상권정보시스템에 회원가입하여 제공되는 시스템을 눈에 익히고, 가상의
주소 또는 상권을 입력하여 익숙해지도록 한다.

1) 상권정보시스템 회원가입 프로세스

STEP 1	STEP 2	STEP 3
소상공인시장진흥공단 홈페이지 접속	상권정보시스템 접속	회원가입
http://www.semas.or.kr	http://sg.sbiz.or.kr	약관 ···▶ 회원정보입력 ···▶ 완료

2) 상권분석 카테고리를 활용한 기본설정

STEP 1	STEP 2	STEP 3
지역선택	영역선택	업종선택
지번, 도로명, 상권, 상호로 검색가능	원형, 반경, 다각, 상권으로 설정 가능	숙박음식, 수리개인서비스, 도소매, 교육, 부동산 등(10개 카테고리)

3) 상권분석 보고서를 통한 데이터 분석

STEP 1	STEP 2	STEP 3
요약	업종분석	매출분석
· 평가요약 · 업소, 매출, 인구 · 간단 요약 확인	· 업종수 추이 · 업력현황	· 업소당 월평균 매출액 추이 · 시기별 매출특성 · 시간대별 월평균 매출액 · 성별/연령별 월평균매출액

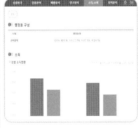

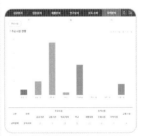

STEP 4	STEP 5	STEP 6
인구분석-유동인구	인구분석-소득	지역현황
· 유동인구/주거인구 · 직장인구/주거형태 확인	· 주거인구 소득 확인 · 직장인구 소득 확인	· 주요시설 · 학교시설 · 교통시설 확인

4) 경쟁분석하기

STEP 1	STEP 2
경쟁분석 카테고리 선택	
평가종합	지역특성

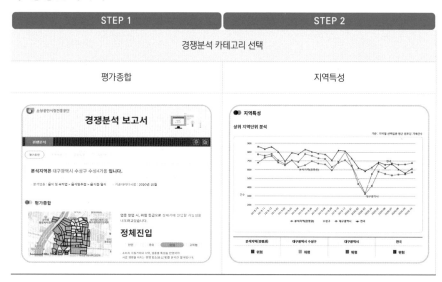

STEP 3	STEP 4
경쟁분석 카테고리 선택	
업종특성	거래추이 (성별, 연령대, 요일별, 시간별)

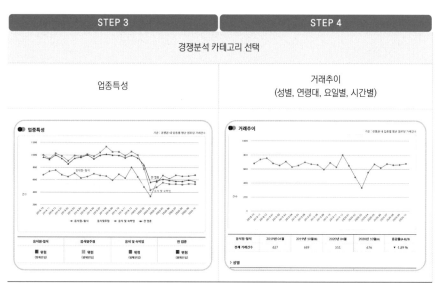

5) 입지분석하기

STEP 1	STEP 2	STEP 3
	입지분석 카테고리 선택	
입지현황	입지유형	업종추천

소상공인 상권정보시스템은 회원만 가입하면 누구나 이용할 수 있는 서비스 시스템으로 활용이 가능하다. 하지만 누구나 볼 수 있지만 예비창업자는 데이터를 정확히 분석하고, 해석하고, 사업의 타당성을 예리하게 보는 능력으로 상권정보시스템을 활용하도록 해야 한다. 또는 전문가, 컨설턴트에게 도움을 요청하는 것도 괜찮다. 같은 데이터라도 전문가가 보는 시각은 다르기 때문이다.

③ 입지 선정을 위한 현장 방문

신규 사업장의 경우 좋은 이미지가 사업 성공 여부의 주요 요인으로 점포의 크기 및 모양, 가시성, 접근성, 전면길이 확보 등은 점포의 생존이 직결된 상당히 중요한 조건인 것이다. 먼저 점포규모는 아이템당 적정크기의 매장이 필요한데 이는 경쟁점포의 입점을 방어하는 목적도 있겠으며 가시성은 코너 점포가 절대적으로 유리하고, 차량의 경우 약 '100m 전'에 점포를 인지해야 입점준비가 가능하며 옆 점포보다 '건축선도로와 접한 부분에 건축물을 건축할 수 있는 선으로 대지와 도로의 경계선을 말함' 후퇴 시 불리하고, 주 고객과 마주 보는 곳에 주출입문이 배치되면 좋다.

다음은 접근성으로 사람의 경우 점포 전면 계단 유무와 고지대 점포저지대상권 발달는 불리하며, 인도의 방해물이나 통행의 속도와 양이 과다한 곳 등은 불리하다고 하겠으며, 차량은 차량정차가 가능한 도로구조, 차량진입이 쉬운 주차장 유무, 곡선주로의 바깥쪽이 유리하며 차량 속도가 빠른 대도로는 불리하다. 또 전면크기에 있어 전면은 점포의 얼굴이며, 고객에게 첫인상을 좌우하고 전면이 길수록 유리하며 아이템에 적합한 색상과 개성이 중요하다.

표 12.6_ **신규점포 체크리스트**

구분	체 크 항 목	YES	NO
1	• 설계도면과 건축물과의 차이점은 없는가? (설계도 변경, 리모델링, 불법 확장, 증축 등 파악)		
2	• 점포의 출입구 높낮이가 없는 등 클라이언트 지향적인가? (입구 문턱, 출입구 높이 2m 이상)		
3	• 점포의 전면 길이가 충분하여 가시성은 양호한가? (가로 8m 이상, 세로 6m 이상)		
4	• 점포의 형태나 모양은 정사각형이나 직사각형인가? (인테리어 비용 절감)		
5	• 특히 화장실 용량과 크기, 위치는 양호한가? (테이블 수 대비 화장실 크기 확인)		
6	• 건물의 노후상태와 환기시설은 제대로 되어 있는가? (시설투자비용 절감, 담배연기, 실내기 등 환기시설 확인)		
7	• 식자재 반입은 괜찮은가? (물류차량 입출고 장소, 상하차 가능 여부)		
8	• 건물 등기부등본 등의 공부서류와 제반조건이 일치하는가? (1종 근린생활시설)		
9	• 전기, 가스, 수도, 하수구 등의 용량은 적당한가? (전기 15kw, 가스 10만 칼로리, 수도 수압, 하수구 배관크기 등)		
10	• 주방과 홀의 거리, 주방과 홀의 동선은 양호한가? (아이템 운영 시스템상 영업동선 확인)		
11	• 전용면적과 실 평수의 크기는 적당한가? (인테리어 비용 절감, 상권형태에 따른 서빙, 배달 결정)		
12	• 건물 내 입주해 있는 업종과 호환성이 있으며, 동일건물 내 상충되는 업종이 있어서 허가상의 문제점은 없는가?(건물주, 영업주 상의)		
13	• 소방, 방화 시설이 잘되어 있는가? (비상구, 소화기 배치, 스프링쿨러 등)		
14	• 점포 주변에 고물상, 폐차장, 하수종말처리장 등의 혐오시설은 없는가? (고객 유입 경로 확인, 상권 재설정)		

표 12.7_ **기존점포 체크리스트**

구 분	체 크 항 목	YES	NO
1	• 주변상권이 외식사업을 하기에 적합하며 점포의 장래성은 있는가?(점포의 향후 발전 가능성 여부)		
2	• 권리금이 너무 많거나 주변 점포들과 비교할 때 임대료는 너무 높지 않는가? (부동산과 주변업소 탐문)		
3	• 주변점포와 경쟁이 치열하거나 대형점포가 들어설 가능성은 없는가?(철저한 입지분석 후 인수해야 하는 장소일 경우)		
4	• 기존 점포의 매출액과 영업이익은 어느 정도인가? (분석에 따른 가능성 타진이 가능)		
5	• 주방상태나 기기 및 시설에는 하자가 없는가? (노후화나 작동불량으로 추가투자비가 발생하여 손해 입을 경우)		
6	• 인수할 점포의 현재 투자규모와 수익성의 관계는 적당한가? (자기자본현황을 고려한 인수 / 자기자본율 50%, 외부자금율 50% 초과 여부)		
7	• 점포나 토지에 법률적 하자나 외형상 문제는 없는지 확인은 반드시 했는가? (소방, 방화, 정화조 용량, 도시계획지구, 식품위생법 위반에 따른 행정조치)		

④ 상가건물임대차보호법 내용

1) 상가건물임대차보호법의 목적

대한민국의 상가임대차보호법은 수년간 개정하면서 임차인을 보호하려 했다. 그러나 현장에서는 건물주와 임차인 간의 다양한 문제들이 발생하고 있다. 젠트리피케이션낙후된 구도심 지역이 활성화되어 중산층 이상의 계층이 유입됨으로써 기존의 저소득층 원주민을 대체하는 현상을 말함의 발생이나 임대료의 상승을 통해 소상공인들이 겪는 일도 나타나기 마련이다.

우선 2019년 4월 17일부터 시행되고 있는 상가건물임대차보호법의 내용은 임대료 인상율 상한액을 5%로 낮추는 것과 *환산보증금을 50% 이상 인상하여 상가임차인 90% 이상이 보호법 적용을 받게 한다. 상가건물임대차보호법은 환산보증금을 기준으로 세입자에 대한 보호 범위를 구분하고 있다. 환산보증금이 법개정후 기준금액을 넘게 되면 건물주가 월세임대료를 올리는 데 제한이 없어진다.

표 12.8_ 환산보증금표 기준

지 역	개정 전	개정 후
서울	6억 1,000만 원	9억 원
과밀억제권역, 부산	5억 원	6억 9,000만 원
광역시 등	3억 9,000만 원	5억 4,000만 원
그 밖의 지역	2억 7,000만 원	3억 7,000만 원

* 환산보증금: 임차인이 임대인에게 지급한 보증금과 매달 지급하는 월세 이외에 실제로 얼마나 자금 부담능력이 있는지를 추정하는 것

여기서 환산보증금 계산방식으로는(보증금 + 월세) × 100이다. 예를 들어 보증금 4,000만 원, 월세 300만 원이라면 (4,000만 + 300만) × 100=4억 3,000만 원이다. 이 금액은 기존 광역시에 해당되었지만 지금은 적용받지 않는다.

또한 임차인의 계약 갱신청구권은 그 기간이 5년에서 10년으로 연장되었으며, 권리금 회수 보호기간을 3개월에서 6개월로 상향조정하였다. 정부는 상가건물 임대차분쟁조정위원회를 새로이 신설하였으며 권리금 적용 대상에 전통시장을 포함하게 되었다. 임대 사업자의 소득세와 법인세를 5% 감면하는 조세특례제한법도 개정이 되었고, 부동산 임대업의 수입금액이 7,500만 원 이하인 임대 사업자가 동일 임차인에게 5년을 초과하여 상가를 임대하고 그 임대료를 상하 요율 5%보다 낮게 인상하는 경우에는 소득세 및 법인세 5%를 감면해주는 것으로 개정되었다. 법 시행은 2019년 1월 1일 기준이고 소득세와 법인세 감면은 2019년 과세연도부터 적용된다. 그리고 철거·재건축과 같이 임차인이 강제적으로 영업권에 영향을 받는 상황에 대한 보호대책을 마련하였고, 건물 소유주 변경으로

 표 12.9_ 상가건물임대차보호법상 적용 범위 및 최우선변제 금액 기준

구 분	서 울	수도권 과밀억제권역	광역시	기타 지역
보호대상	9억원 이하	6억 9000만원	5억 4,000만 원	3억 7,000만 원
소액보증금	6,500만 원	5,500만 원	3,800만 원	3,000만 원
최우선 변제금액	2,200만 원	1,900만 원	1,300만 원	1,000만 원

외식산업의 이해

인해 기존 계약기간이 남았음에도 해지되는 등의 불이익이 없도록 대항력을 유
지하도록 개정이 되었다.

표 12.10_ **주택임대차보호법과 상가건물임대차보호법 비교**

구 분	주택임대차보호법	상가건물임대차보호법
적용범위	주거용 건물	상가 건물 (사업자등록의 대상 건물)
적용배제	일시사용이 명백한 임대차	
*대항력 요건	• 주택의 인도(점유) • 주민등록(전입신고)	• 건물의 인도(점유) • 사업자등록신청
대항력 발생시점	• 인도와 주민등록(전입신고 상가의 경우 사업자등록신청) • 제3자에 대하여 임대차계약의 유효를 주장(보증금, 기간 등 주장) • 경매의 경우는 말소 기준권리보다 먼저 대항 요건을 갖추어야 함	
우선 변제권 요건	대항력 요건+확정일자인 (동사무소, 공증인, 등기소)	대항력 요건+확정일자인 (관할 세무서장)
우선 변제권 내용	경매 시 후순위 권리자 기타 채권자보다 우선하여 배당받을 권리, 반드시 배당요구 종기까지 배당요구를 해야 함	
최우선 변제권 내용	일정액: 순위와 무관하게 최우선 변제, 낙찰주택가액(대지 가액 포함) – 1/2의 범위 내에서 대통령령으로 정한 금액	일정액: 순위와 무관하게 최우선 변제, 낙찰임대건물가액(대지 가액 포함) – 1/2의 범위 내에서 대통령령으로 정한 금액)
임대차 기간	최소기간 2년 (단, 임차인은 2년 미만 기간 유효주장 가능)	최소기간 1년 (단, 임차인은 1년 미만 기간 유효주장 가능
계약의 갱신요구	임차인의 계약 갱신요구권 없음	계약기간 만료 전 6개월 전부터 1개월 전까지 계약요구 가능 (전체 기간은 10년을 초과하지 않는 범위 내에서)
묵시적 갱신과 계약의 해지	• 계약기간 만료 전 6개월 전부터 1개월 전까지 갱신거절 또는 계약조건의 변경 통지 아니한 경우 자동으로 갱신, 묵시적 갱신의 경우 임대차 기간(주택 2년/상가건물 1년) • 임차인은 언제든지 계약해지 동의 가능(임대인은 불가) • 임대인에게 계약해지 통지 도달 후 3개월이 경과하면 해지의 효력이 발생	
*차임 등의 증액 청구	• 약정 당시 차임이나 보증금의 1/20 초과 제한 (5%) • 임대차 계약 또는 증액 후 1년 이내 증액 불가 • 월차임 전환 시 산정률의 제한(연10%와 한국은행 공시 기준금리 4배수 중 낮은 비율)	약정당시 차임 또는 보증금은 5/100 초과제한 (5%)
임차권등기 명령신청	• 임대차 종료 후 보증금을 반환받지 못한 임차인이 단독으로 신청가능 • 필요서류: 주택의 경우 ┅➤ 임대차 계약서, 주민등록초본, 등기부등본 • 상가의 경우 ┅➤ 임대차 계약서, 사업자등록증명, 등기부등본 • 등기 후 효력: 대항력, 우선변제권취득(기존효력 유지) • 임차권등기 후 새로운 세입자는 최우선변제권 없음	
경매신청	확정판결 후 물건 인도를 하지 않아도 경매신청 가능 (배당금 수령 시는 물건을 인도하여야 함)	

* 대항력: 건물이 매매되었을 때나 경매나 공매 시에도 임대차기간만큼 보호받을 수 있는 권리

* 차임: 임대차에 있어서 임차물 사용의 대가로 지급되는 금전 그 밖의 물건

계약 갱신 규정은 환산보증금과 상관없이 모든 상가 임대차에 적용되며, 2018년 10월 16일 이후 새로 체결되었거나 상가 임대차계약의 경우 임차인이 최초 계약 개시 시점부터 10년간 계약 갱신을 요청할 수 있으며, 임대인은 정당한 사유 없이 거절이 불가능하다. 갱신 계약서를 작성하지 않아도 임차인의 갱신 요청만으로도 임대차 계약이 갱신이 된다.

위와 같이 임차인이 안심하고 점포 영업에만 충실할 수 있도록 임차인을 보호하기 위한 목적으로 개정되었다고 하겠으며, 상담이나 피해신고는 소상공인시장진흥공단의 '소상공인 무료법률구조사업'을 신청하여 도움을 받을 수 있다. 소상공인을 대상으로 물품대금, 상가보증금 등 기타 상거래 관련 법률상담 및 소송비용을 지원하는 사업을 활용할 수 있다. 대한법률구조공단에 신청·접수를 하면 변호사비용, 인지대, 송달료 등 제반비용을 지원받을 수 있게 해주고 있다. 최근에는 대구와 부산, 광주 등 6개 지역이 사무소를 둔 대한법률구조공단의 '상가건물 임대차 분쟁조정위원회www.cbldcc.or.kr'를 활용하도록 한다.

2) 상가임차인이 권리금을 보호받는 방법

영업을 계속하는 임차인에 대한 높은 보증금과 임대료 인상이 아닌 임차인이 영업을 중지하고 이를 타인에게 넘기는 과정에서 발생하는 권리금 회수 문제도 발생할 수 있다. 임차인이 권리금을 보호받는 방법은 무엇이 있는지 살펴보도록 한다.

❶ 권리금이란?

권리금이란 임대차 대상인 상가건물에서 영업을 하는 자 또는 영업을 하려는 자가 영업시설, 비품, 거래처, 신용, 영업상의 노하우, 상가건물의 위치에 따른 영업상의 장점 등 유무형의 재산적 가치의 양도 또는 이용대가로 임대인, 임차인에게 보증금과 차임 이외에 지급하는 금전 등의 대가를 말한다. 권리금 계약이란 신규임차인이 되려는 자가 임차인에게 권리금을 지급하기로 하는 계약을 말한다.

표 12.11_ **권리금의 종류**

종 류	의 미
바닥권리금	상권 입지에 대한 프리미엄을 의미
영업권리금	기존에 영업하던 임차인이 확보한 고객을 인수받는 금액을 의미
시설권리금	투자한 시설의 감가상각 후 남은 시설의 가치에 대한 금액을 의미

한국에서는 광복 후 권리금 갈등 문제가 신문에 보도된 사례가 있고, 국내뿐 아니라 미국에서는 '키 머니key money', 중국은 '주안랑페이轉讓費'라는 비슷한 개념이 존재하기도 한다.

권리금은 기존 임차인이 신규 임차인에게 받을 수도 있고, 임대인이 신규 임차인에게 받을 수도 있는 등 거래되는 방식은 여러 가지로 존재한다. 대법원 2002 다25013 판결은 권리금 성격에 관하여 "영업용 건물의 임대차에 수반되어 행하여지는 권리금의 지급은 임대차계약의 내용을 이루는 것은 아니고 권리금 자체는 거기의 영업시설·비품 등 유형물이나 거래처, 신용, 영업상의 노하우know-how 혹은 점포 위치에 따른 영업상의 이점 등 무형의 재산적 가치의 양도 또는 일정 기간 동안의 이용대가라고 볼 것인바"라고 판시하였다. 실제 권리금 손해배상소송에서는 법원이 선임한 감정평가사가 산정한 적정권리금을 손해로 인정한다. 상가건물임대차보호법은 국토교통부장관의 권리금 계약을 체결하기 위한 표준권리금계약서, 국토교통부장관이 고시하는 권리금에 대한 감정평가의 절차와 방법 등에 관한 기준 등을 아울러 규정하고 있다.•동네변호사 전범진의 법률이야기. 2019.8.

❷ 임차인-임대인 간의 갈등 해법은?

2017년에 발생한 '서촌 세종문화음식거리 궁중족발사건'을 기억할 것이다. 이 사건은 임대료 인상 문제로 갈등을 빚다 건물주를 둔기 공격하였고 살인미수 혐의로 기소된 내용이다. 임차인은 2009년부터 가게를 운영했고, 계약갱신이 지났기 때문에 법원은 건물주의 손을 들어주었고, 이후 2017년 10월 이후 12차례나 강제집행이 진행되었고 이 과정에서 저항하던 임차인의 손가락이 절단되었다. 강제집행 이후 건물주의 집 앞에서 1인 시위를 벌이던 임차인이 건물주와 마주치자 망치를 휘둘러 폭행을 가한 것이다. 임차인은 징역 2년을 선고받았고 이를 계기로 상가건물임대차보호법이 개정된 것이다. 하지만 법이 개정되었다 하여도 과도한 권리금 보호는 건물주의 재산권 침해뿐만 아니라, 세입자끼리 권리금이라는 부담을 가중시키는 악순환을 만들어낼 수 있다. 권리금은 해가 거듭되고 임차인이 바뀔수록 눈덩이처럼 불어나는 구조이기 때문에 결국 이 부담은 세입자가 짊어지게 되는 악순환의 반복이 될 수도 있다.

권리금 산정기준으로는 통상 '1년 동안의 영업수익과 입지조건이 기준이고 시설비와 점포크기를 감안하여 산정한다'는 모호한 기준으로 알려져왔다.

세입자 간의 문제로 건물주에게 권리금 보호의 책임을 묻되 건물주가 세입자에게 권리금을 보상해야 할 시 임대기간에 비례하게 감가상각할 수 있는 방법이 될 수 있다. 외국의 일부 적용사례로 일본은 '퇴거료'라 해서 상당부분 보전해주고 있기도 하며, 영국 또는 이탈리아는 인테리어 비용을 상당부분 보전해주고 있기도 하다. 권리금 보상에 따른 분쟁은 앞으로도 계속 이어질 전망이다.

③ 권리 양도·양수

권리 양도·양수 계약은 기존 사업주와 하는 계약의 형태이다. 기존 점포를 인수하여 예비창업자가 창업할 경우 권리금과 기존 시설물에 대한 양도·양수 계약까지 진행하게 되는데 대부분 부동산 중개사의 이야기를 듣고 판단하게 되는 경우가 많다. 이럴 경우 계약 체결 전에 예비창업자가 숙지해야 할 사항에 대한 내용을 알고 대처하면 시행착오를 줄일 수 있다.

① 계약 전 검토하기

새로 건축된 사업장에 입주할 경우가 아닌 기존 사업자의 점포를 인수하여 영업하는 경우 권리금을 지불하고 점포를 계약하게 된다. 기존 사업자는 권리금과 시설물에 대해 새로운 사업자에게 양도·양수 계약을 체결하려면 예비창업자는 일반적으로 권리금의 10% 정도 금액을 계약금 명목으로 지불하고 양도·양수 계약을 체결하게 된다. 계약은 건물주와 사업장 임대차계약과는 별개의 계약임을 인지해야 한다. 예비창업자가 계약 시에 반드시 확인해야 할 사항으로는 현재 사업장을 운영하고 있는 기존 사업자의 사업자등록증과 신분증을 확인하여 임차인을 확인한다.

권리금과 기존 시설물에 대해 양도·양수 계약 시에는 대부분 '집기 및 시설물 일체양도'라는 양도범위를 정하게 된다. 정확하게 수량·시설물 내용을 명시하지 않고 기록할 경우 계약 후 전임차인이 몰래 집기를 가져가 처분하는 경우가 있어 세부적으로 리스트를 작성한 후 사진을 찍어 계약서에 첨부하는 것이 좋다. 예를 들어 수저 몇 개, 그릇 몇 개, 음료수 몇 병 등 한 개씩 표기할 수 없으나 수저세트 일체, 그릇세트 일체, 의자와 탁자 일체, 주방기기 일체, TV, 냉장고 등의 단어로 표기하는 것이다.

② 점포 권리 양도·양수 계약 체결

집기는 사소한 것이라도 점포 영업에 필요한 것이라면 기존 사업자가 회수할 경우 예비창업자가 다시 구입해야 하기 때문에 경비 지출을 최대한 줄이기 위해 계약서를 꼼꼼히 작성해야 한다. 또 권리금과 기존 시설물에 대한 양도·양수 관계가 건물주와의 관계로 부득이하게 계약이 파기될 경우가 있다. 이런 경우를 대비해 '계약금은 환불한다'라는 문구를 삽입해 분쟁의 소지를 없애는 것이 중요하다. 권리 양도·양수 계약 후에는 건물주와 보증금, 임대료, 계약기간에 대한 임대차계약서를 작성한다. 이때 건물주와 사업장 임대차계약을 하기 전에는 권리금과 시설물에 대한 잔금을 지불해서는 안 된다. 그 이유는 건물주와 의견대립으로 본 계약이 실패할 수 있기 때문이다.

현재 외식업을 운영하는 사업자가 동일업종을 희망하는 예비창업자에게 점포 권리를 양도·양수 계약 체결 시 사례를 보면 다음과 같다.

🎞️ 양수 계약 절차

- **의견 조율 및 리스트 작성**: 예비창업자는 기존 외식업 사업자와 권리금과 시설물에 대한 의견 조율이 필요하며, 시설물, 집기, 비품 등 양도·양수 물품을 세부적으로 조사해 리스트를 작성한다. 건물주에게는 보증금과 월 임차료의 변동이 없는지 확인한다.
- **임대차 및 양도 계약서 작성**: 확인 후 해당 점포에서 영업을 하고자 할 경우, 건물주와 예비창업자는 공인중개사 입회하에 상가 임대차계약서를 작성하고, 기존 외식업 사업자와 예비창업자는 권리와 시설물에 대한 양도·양수 계약서를 작성한다. 예비창업자는 보증금에 대한 계약금 10%를 건물주에게, 권리금과 시설물에 대한 계약금 10%를 기존 외식업 사업자에게 지불한다.
- **잔금 시기 정산**: 잔금 시기에는 부동산 사무소에서 건물주, 기존 외식업 사업자와 예비창업자가 만나 인터넷과 CCTV 명의, 정수기, 렌털품목에 대한 명의 이전 여부를 확인하고 임차료와 가스, 전기, 수도세 등을 정산한다.
- **잔금 지급 및 명의 이전**: 점포에 대한 모든 정산이 끝난 후, 예비창업자는 건물주에게 보증금에 대한 잔금을 지급하고 기존 외식업 사업자에게도 권리금과 시설물에 대한 잔금을 지불한다. 기존 외식업 사업자는 당일까지 지불되지 않은 임대료와 정산 금액을 마무리하여 건물주로부터 보증금을 돌려받는다.

기존 외식업 사업자가 양도·양수를 원하는 경우 그 이유를 확인해볼 필요가 있다. 권리금만 받고 양도·양수를 한 후 멀지 않은 곳에서 예비창업자와 동일한 업종으로 확장해 다시 개업하는 경우가 있을 수 있다. 이러한 경우 단골고객마저 빠져나가는 현상이 생길 수 있으므로 현장을 면밀히 확인하는 절차가 필요하며, 신중하게 계약을 이끌어가야 한다.

표 12.12_ **권리 양도·양수 계약서 작성 및 인수절차 요약**

NO	절 차	세부설명
1	양도인의 건물주 통보	• 현재의 임대료와 임대기간은 새로운 임차인과는 별개의 계약으로 권리 계약과 함께 건물주에게 임대료의 인상여부를 확인해야 함
	권리 양도·양수 계약 전	• 점포계약은 점포주와 권기 양도·양수 계약을 먼저 체결하게 되는데 기존 점포를 파는 사업자 입장에서는 권리금 합의가 먼저 결정되어야 건물주와 점포 양수인 간의 임대차계약서를 작성할 수 있음 • 권리 양도·양수 계약은 양도인의 책임에 양수인과 건물주 간의 임대차 계약을 체결하게 하는 조건부 예약이라 할 수 있음
	권리 양도·양수 계약 전 확인사항	• 등기부등본 열람: 건물에 대한 과도한 채무가 있는지 확인 • 건축물관리대장: 해당 점포의 현재 구조상 가건물이 의심되는 부분이 있으면 관할 구청에서 건물관리대장을 발급받아 확인하는 것이 좋음 • 토지대장과 도시계획확인원: 필요시 발급 후 확인 • 명의 확인: 사업자등록증, 영업신고증, 신분증 확인 • 대리인일 경우: 대리권 유무의 서류확인 또는 본인 전화통화 후 주민번호 확인. 계약승인여부의 대화내용 녹음으로 대리권을 인정할 수 있음 • 비품 확인: 양도할 집기비품목록 작성 및 사진 촬영 • 중도금 합의: 계약의 내용 중 필요에 따라 중도금 지불 방법을 쌍방 합의할 수 있음
2	권리 양도·양수 계약 체결	• 계약서를 작성하고 권리금의 10% 지불
	잔금 준비	• 허가관청의 양도·양수 신청을 위해 반드시 임대차 계약서가 첨부되어야 하므로 건물주와 임대차계약서를 먼저 체결함 • 잔금은 임대 보증금과 권리금 잔금을 위해 일부 현금을 준비하는 것이 좋음
3	임대차 계약서 작성	• 등기부등본의 명의인과 건물주의 신분증 직접 확인하고, 대리인일 경우 인감증명서를 첨부한 위임장까지 확인. 계약서에 대리인의 인적사항 기재 • 양도인은 보유하던 임대차 계약서를 건물주에게 반납
4	허가명의 변경신청	• 건물주와의 임대차 계약을 체결한 후 허가관청에서 업태위반 영업유무 확인 후 허가명의 변경서류 접수
	허가명의변경 신청 구비서류	• 건물주 임대차계약서, 양도·양수인 신분증
5	제세공과금 정산	• 전기요금, 관리비, 가스요금 등 압부확인 정산
6	점포인수와 잔금지급	• 점포 내 기계시설 작동방법 숙지와 집기 리스트 최종확인 후 잔금 지급하여 열쇠 인수
	양도·양수 후의 사항	• 양도자 폐업관할 세무서에 사업자등록증 지참 후 폐업신청 • 양수인의 사업자 등록증 발급받기 위해 영업신고증, 신분증 등을 지참하여 방문 신청(업태/업종코드 확인) • 사업자 등록증 발급 후 매출통장과 주류통장, 체크카드 각각 준비하여 POS 공급업체에게 신용카드 가맹점으로 신청

4 점포와 주방 설계

1 점포 설계 기준

점포 설계를 하기 전 효율적인 점포를 만들기 위해서는 입지에 맞게 목표고객을 명확하게 하고 무엇을 얼마나 팔 것인가를 결정해야 한다. 그리고 필요 매출

그림 12-1_ 중·소규모 점포의 인테리어 진행 일정 체크

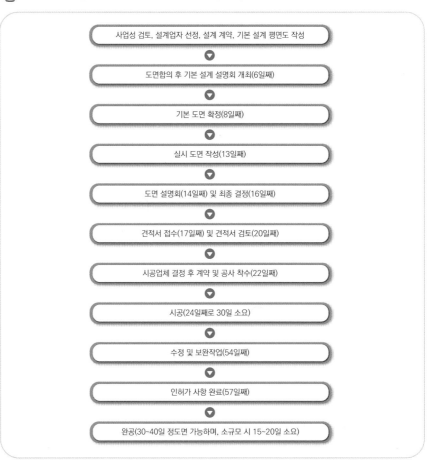

사업성 검토, 설계업자 선정, 설계 계약, 기본 설계 평면도 작성

▼

도면합의 후 기본 설계 설명회 개최(6일째)

▼

기본 도면 확정(8일째)

▼

실시 도면 작성(13일째)

▼

도면 설명회(14일째) 및 최종 결정(16일째)

▼

견적서 접수(17일째) 및 견적서 검토(20일째)

▼

시공업체 결정 후 계약 및 공사 착수(22일째)

▼

시공(24일째로 30일 소요)

▼

수정 및 보완작업(54일째)

▼

인허가 사항 완료(57일째)

▼

완공(30~40일 정도면 가능하며, 소규모 시 15~20일 소요)

외식산업의 이해

액으로부터 나온 매출액을 고려하여 점포 투자액을 결정하고 그에 따라 메뉴를 조리하기 쉽도록 전체 레이아웃과 직원들이 열심히 근무할 수 있는 홀동선을 생각한 후에 점포를 만들어나가는 것이 중요하다.

준비 없이 계획 없이 점포를 만들면 중간 또는 완성한 후에 후회하는 경우가 많기 때문에 투자비용을 높이더라도 전문 설계자에게 설계를 의뢰하는 것이 좋다. 이때 창업할 업종·업태나 메뉴, 점포 규모, 입지, 예산, 예상 매출액, 희망하는 점포 설계, 구체적인 점포의 상호 등 세세한 부분까지도 알려주어 설계자가 기본적인 사항이나 콘셉트를 충분히 고려하여 최적의 설계안을 만들 수 있도록 해야 한다.

② 주방 설계

주방 설계 계획의 핵심은 위생적으로 작업할 수 있도록 위생적인 부분을 반드시 확보하는 것과 주방 작업 능률을 향상시키는 것, 또 주방 관련 작업 시 안전사고를 예방하는데 중점을 두고 설계를 하는 것이 중요하다.

위생은 개인 위생은 기본이며, 점포의 청결을 유지함으로 맛을 더해주는 것으로 누가 보아도 만족하고 신뢰할 수 있어야 한다. 주방의 위치를 개략적으로 선정하고 건물전체의 구조를 체크하여 가스, 급·배수 라인과 출입구 상황 등을 고려하여 현장 실측 및 확인 시 결정을 할 수 있다.

이때 주방 규모도 결정해야 하는데 메뉴의 종류와 품질 수준, 메뉴의 수와 향후 개발메뉴 등에 따라 주방의 기기와 보조설비가 결정되어지며, 이를 바탕으로 주방 규모를 확정한다.

예비창업자는 비싼 임대료와 개인적욕심 때문에 조금이라도 홀 공간을 더 확보한 후 주방 면적을 결정하려고 고집을 부리는 경우를 종종 볼 수 있는데 이는 잘못된 생각이다. 해를 거듭할수록 주방의 중요성이 높아지고 있어 일정공간의 확보는 물론 냉·난방시설 등도 충분한 검토가 필요하겠다.

3 주방 설계의 순서

1) 주방 계획과 설계

① **메뉴 결정**: 판매할 메뉴의 수와 종류를 먼저 결정하고 나서 메뉴를 어떻게 조리할 것인지 조리 방법을 결정해야 한다.

② **조리 방식 및 기기 선택**: 조리를 메인 주방에서 전부 할 것인지 일부는 객석에서 할 것인지 검토하고, 최대 예상 판매량을 설정한 다음 주방 기기의 종류와 규격, 수량을 결정한다.

③ **공간 확보**: 냉장·냉동고 등의 창고 스페이스와 가스렌지 등의 공간을 확보해야 하며, 열기기와 냉장·냉동고는 반드시 일정 거리를 두어야 한다.

④ **생산량 설정**: 1시간 내 최대 판매 개수 등 생산량을 설정하고 주방기기별 생산능력을 체크해야 한다.

⑤ **작업 동선**: 작업 동선1.2~1.8m인 기기와 기기 사이를 최소 1.2~1.3m는 확보해야 한다.

⑥ **전처리 스페이스**: 식재료 가공도에 따라 전처리 스페이스를 확보하고 조리 속도를 빠르게 할 수 있는 주방 기기를 선택해야 한다.

⑦ **주방 레이아웃**: 지금까지의 전제 조건에 맞추어 주방 레이아웃을 만들어 본다.

⑧ **주방 위치**: 주방의 위치는 객석에서 제품을 서빙하기 편리한 동선을 전제로 설정한다.

⑨ **주방 면적**: 좌석 회전율이 높은 식당은 주방 면적이 넓어야 하며, 일반적으로 다음과 같은 형태를 보인다.

⑩ **평면 형태**: 주방은 점포의 평면 형태정사각, 직사각, 특수형로 구분하여 합리적으로 결정한다.

⑪ **마감 처리**: 방수 공사, 배수, 트렌치 공사, 그레이스트랩G/T 설정 후 시멘트 마감을 하며, 바닥재는 미끄럽지 않게 처리하고, 주방 바닥과 주방 벽체의 마감재는 반드시 샘플을 보고 결정해야 한다.

표 12-13_ **업태별 평균적인 주방면적**

업 태	주방면적	비 고
패밀리 레스토랑	30~40%	
요리주점, 선술집	18~30%	창고 스페이스 포함
다방, 커피숍	10~15%	
패스트푸드점	20~25%	

⑫ **온수공급 및 배수시설**: 화장실이 가까울수록 온수공급라인 및 배수시설 설정이 쉬우며, 물이 완전히 빠질 수 있도록 바닥을 경사지게 마감한다.

⑬ **전기 용량**: 냉난방기, 간판, HQI 조명, 온수기, POS, 쇼케이스, 커피머신 등을 고려하여 전기 용량을 합리적으로 결정해야 한다. 전력 부족이나 과도한 경우 문제가 발생할 수 있으며, 승압비용과 전기 요금이 과다 청구될 수 있으므로 주의가 필요하다기본 10kw 이상 권고.

 표 12-14_ **주방기기 리스트 예**

수제 햄버거	국수 전문점	백반 전문점	국밥 전문점
4구 냉장고	육수냉장고	냉장고	육수냉장고
냉동고	배식 작업대	냉동고	손세정대/소독기
제빙기	음료 냉장고	냉장 테이블	4구 렌지
컵 싱크대	손세정대/소독기	작업대/선반	가스밥솥
홀냉테이블	면기계	가스 높은 렌지	2조 세정 작업대
토핑냉장고	토핑냉장고	가스 살라만다	밥보온고
워킹냉장고	작업대	음료냉장고	자외선컵소독고
잔반처리대	야채 절단기	식기 세척기	칼도마소독고
세척기 싱크대	가스 낮은 렌지	자외선 컵소독고	냉온정수기
식기 세척기	칼도마소독고	3조 세정대	1조 세정대
세척기 작업대	냉장고	냉온정수기	냉장고
순간 온수기	냉동고	밥보온고	냉동고
구이기(살라만다)	반죽믹서	배달통	김치 냉장고
컨벡션오븐	다단식 선반		다단식 선반
튀김기	가스렌지(3구)		커피머신
가스렌지(4구)			
서랍식냉장고			

⑭ **도시가스 설치**: 도시가스 설치지역 여부를 확인하고, 후드 설치 도면을 확인
   하며, 가스납품 계약서를 반드시 체결해야 한다.

⑮ **인테리어 도면**: 인테리어 2D 도면 확정 전에 닥트환기 설비 도면을 확인하고,
   주방기기 배치도를 체크하며, 주방기기의 종류와 규격, 리스트를 작성하여
   최종 선정한다.

2) 주방 설계 현장팁

식당을 운영하는 데 있어 갑자기 손님을 받지 못하고 영업을 중단하는 가장 흔
한 이유 중 하나는 누전으로 인해 차단기가 떨어지는 경우다. 누전은 기기 자체
의 고장으로 인한 누전과 수분에 의한 누전으로 나뉜다. 수분에 의한 누전은 대
부분 주방에서 물청소 후 기계 내부로 물이 튀어서 발생하거나, 콘센트에 물이
들어가서 발생하는 경우가 많다.

그래서 주방의 전기 콘센트는 사용하려는 기계보다 높이 설치하는 것이 좋다. 전기 콘센트를 부득이하게 아래쪽에 설치해야 한다면 방수 콘센트를 설치하여 주방 물청소로 인한 누전으로 차단기가 떨어지는 것을 막을 수 있다. 특히 냉장고에 사용할 콘센트는 냉장고보다 위에 설치하여, 비상시에 누전이 발생한 기계를 찾아 플러그를 제거함으로써 주방 전체의 전기를 다시 살릴 수 있다. 냉장고 바로 뒤나 손이 닿지 않는 곳에 콘센트를 설치해 놓으면, 누전이나 각종 전기 차단 사고가 발생했을 때 긴급하게 대처할 수 없다. 따라서 주방의 전기 콘센트는 주방 기계보다 상부에 설치하여 비상시에 콘센트에서 플러그를 쉽게 제거할 수 있어야 한다.

주방 덕트의 마력은 홀 덕트보다 강해야 한다. 주방과 홀의 덕트를 동시에 가동했을 때, 주방 덕트 팬이 홀 덕트 팬보다 약하면 주방의 연기나 냄새가 홀로 나오는 경우가 발생할 수 있다. 이를 방지하기 위해서는 다음과 같은 조치가 필요하다.

- **덕트 시스템의 설계**: 덕트 시스템을 설계할 때 주방과 홀 덕트 간의 압력 차이를 고려해야 한다. 주방 덕트의 공기 흐름이 홀 덕트로 역류하지 않도록 설계해야 한다.

· **정기적인 유지 보수**: 덕트와 팬 시스템의 정기적인 점검과 유지 보수를 통해 팬의 성능이 저하되지 않도록 한다. 주방 덕트는 홀 덕트보다 더 많이 사용되므로, 처음에는 힘이 강했다가 서서히 약해지는 경우가 발생할 수 있다.

주방의 배수 배관은 100mm 이상으로 설치하는 것이 좋다. 한식 주방이라도 식용유 및 각종 유제품을 사용하는 경우가 많아, 75mm의 작은 관을 사용하면 겨울철에 기름이 굳어 배관이 막히는 경우가 자주 발생한다. 특히 고기집의 경우 최소 100mm 이상의 관을 사용해야 주방의 고기 기름으로 인해 하수관이 막히는 경우를 현저히 줄일 수 있다.

주방을 설계하고 인테리어를 할 때는 숨겨진 부분을 잘 사진으로 기록해 두어야 한다. 특히 주방의 배수관 위치는 필히 촬영하여, 막혔을 때 어디가 막히고 어디에 연결되었는지를 파악할 수 있도록 해야 한다.

식당 영업 중 손님을 받지 못하는 사고의 대부분은 전기, 상하수도, 덕트 문제에서 비롯된다. 식재료 문제나 종업원 문제는 미리 예견이 가능하지만, 전기, 상하수도, 덕트 문제는 갑작스럽게 발생하여 대처하기가 힘든 영업 사고에 해당한다. 따라서 이러한 사고를 미리 예방하고 관리하지 않으면 안 되기에, 위의 현장 팁만이라도 잘 상기하여 주방 설계 시 유의한다면 좀 더 완성된 주방을 설계할 수 있을 것이다.

외식산업의 이해

Chapter 13

외식산업의 프랜차이즈

1. 프랜차이즈의 개요

2. 프랜차이즈의 장단점

3. 국내 가맹산업 현황

4. 프랜차이즈 관련 법규

5. 가맹점 모집전략

6. 물류시스템과 매뉴얼

① 프랜차이즈의 개요

① 프랜차이즈 시스템의 개념

1) 프랜차이즈란?

프랜차이징franchising은 1850년 미국의 싱거회사Singer Sewing Machine Company가 재봉틀 판매를 위해 자본을 확보하는 방법으로 도입하면서 시작되었다. 초기 프랜차이즈산업은 제조업체가 자사의 제품을 판매하기 위해 상품과 상표에 대해 권리를 부여하는 제품 형태가 대부분이었다. 1950년대 이후 현대적 의미의 프랜차이즈가 도입되었으며, 이를 기반으로 외식산업·서비스업·도매업 등 다양한 분야에서 지속적인 성장과 발전을 하고 있다.

시카고의 맥도날드 프랜차이즈 1호점 Des Plaines점&창업자 레이크록

프랜차이즈 비즈니스는 계약시스템으로 계약서를 기초로 한 상호 권리와 의무가 주어지며 상호 신뢰를 원칙으로 이루어진다. 만일 위반 시 벌칙이 가하여지는 관계이며 또 교육과 지도사업으로, 장소별가맹본부, 가맹점, 외부연수원, 시간대별개업 전, 중, 후, 대상별가맹점 사업자, 점장, 사원, 파트타이머, 방법별매뉴얼, 외부특강, 각 직급별 교재로 이루어지고 있다. 또 WIN-WIN 사업으로 가맹본부, 가맹점, 관련협력업체들과의 성장 밸런스와 의사소통이 원활하게 이루어져야 하고 매출과 이익, 경비의 밸런스, 제공노하우와 가격의 밸런스 등이 적절하게 이루어진 사업형태로 이루어져 있다.

프랜차이즈라는 말은 '자유, 면제, 특권 또는 특권을 부여하다'라는 뜻의 라틴어에서 유래되었다. 프랜차이즈란, 상호·상표·특허·노하우를 가진 가맹본부franchisor가 계약을 통해 가맹사업자franchisee에게 상표의 사용권과 제품의 판매권 및 기술 등을 제공하고 그 대가로 가맹비와 로열티 등을 받는 계속적인 거래관계를 말한다.

> **▶ 프랜차이즈 사업의 정의(공정거래위원회)**
>
> 가맹본부(franchisor)가 다수의 가맹점사업자(franchisee)에게 자기의 상표, 상호, 서비스표, 휘장 등(영업표지)을 사용하여 자기와 동일한 이미지로 상품판매, 용역제공 등 일정한 영업활동을 하도록 하고, 그에 따른 각종 영업의 지원 및 통제를 하며 가맹계약자는 가맹사업자로부터 부여받은 권리 및 영업상 지원의 대가로 일정한 경제적 이익을 지급하는 계속적인 거래관계

경영학적 의미에서 프랜차이즈는 고객의 욕구를 충족시키기 위한 제품과 서비스를 배분하는 마케팅 활동의 한 부분으로서 고용창출, 유통산업의 선진화, 지역경제 활성화, 투자촉진 등 국가경제에 크게 기여하고 있다. 외식산업에서는 햄버거, 치킨, 아이스크림, 패밀리 레스토랑, 커피 전문점 등 다양한 업종·업태에 프랜차이징이 광범위하게 적용되고 있다.

최근 들어 독립점포 창업에 비해 비교적 위험부담이 적은 가맹점 창업을 선호하는 경향이 높아지고 있으며, 정부도 자영업 구조조정의 일환으로 건전한 프랜차이즈 산업을 적극 지원·육성하고 있다.

또한, 가맹사업거래의 공정화에 관한 법률 등 각종 제도적 장치가 마련되고 강화되고 있어 앞으로 보다 다양한 업종으로의 확대와 질적인 성장이 이루어질 것으로 예상된다. 이를 바탕으로 하나의 가맹본부가 여러 개의 복수 브랜드를 가지는 외식기업이 증가하고 있으며, 대기업의 참여와 외국계 브랜드의 국내 진출과 함께 국내 브랜드의 해외진출도 활발하게 이루어지고 있다.

2) 프랜차이즈의 성장요인

산업의 중심이 제조업에서 서비스업으로 이동하고 있고 프랜차이즈산업은 서비스산업에서도 비중 있는 산업으로 손꼽히며 급격한 성장을 하고 있다. 외식산업측면에서 프랜차이즈산업이 성장하게 된 배경을 다음과 같이 살펴볼 수 있다.

먼저 경제성장과 도시·산업지역으로의 인구집중은 외식활동을 하는 사람들의 증가를 유도하였다. 또한 산업발전과 함께 많은 수의 여성들이 노동력으로 포함되고 맞벌이부부가 증가하면서 점심시간이나 저녁식사를 집 밖에서 하게 되면서 외식빈도가 증가하였다. 교육수준의 향상으로 다른 국가나 지방의 문화·음식·전통·지명 등에 대한 인식과 이해가 증진되었으며 기술숙련도를 크게 발전시켰다. 그리고 기술발전은 컴퓨터·전자장비·스마트폰의 사용을 크게 확대시켰으며 그 결과 다양한 형태의 프랜차이즈사업이 등장하는 촉매역할을 하였다. 또한 새로운 상품과 비전통적인 형태의 음식에 도전해보려는 젊은 층이 증가하였다.

결국 프랜차이즈산업의 성장은 위와 같은 사회·경제·문화·기술력 환경요인의 변화에 따른 결과이지만 무엇보다 소비자가 요구하는 편의성을 제공한다는 점에 있다. 즉, 사람들이 동일한 품질의 제품과 서비스를 동일한 브랜드로 편리한 장소에서 구매할 수 있다는 편의성이 프랜차이즈산업 성장의 핵심요인이라고 할 수 있다.

3) 프랜차이즈의 성립요건

가맹본부와 가맹점은 종속적 관계가 아니라 각각 독립된 주체로서 영업에 대한 일정한 지시, 통제가 계약에 의한 일정 범위 내에서만 가능하다.

외식산업의 이해

가맹계약의 성립요건은 다음과 같다.

- 가맹본부와 가맹점 간의 영업표지_{상호·상표·특허}의 사용관계에 있어야 함
- 가맹점이 가맹본부의 통제와 조직 등에 의해 시스템적으로 움직이는 관계
- 가맹본부와 가맹점의 관계는 상호 경영이 독립적이어야 함
- 가맹본부와 가맹점은 가맹금을 지급하는 유상적인 대가관계로 이루어져야 함
- 동일한 외관을 사용하는 관계로 이루어져야 함
- 계속적인 거래관계로 이루어져야 함

프랜차이즈 사업으로 성공하기 위해서는 프랜차이즈 사업으로 시작하기 전에 아래의 내용을 반드시 숙지하고 있어야 한다.

첫째, 가맹본부와 가맹점은 상호협력을 통해 이익을 추구하는 이익공동체로서 가맹본부는 사회환경 분석 등을 통한 대안이나 사업추진방향을 가맹점 사업자에게 제시하여 실행시켜나가야 할 것이다.

둘째, 프랜차이즈 사업은 시스템_{매뉴얼}과 노하우의 공유가 필수인 사업인 만큼, 직영점 운영에 따른 노하우를 매뉴얼화하여 가맹점에 전수시켜나가야 한다.

셋째, 가맹본부는 가맹점들이 지속적인 이익을 발생시킬 수 있도록 확실한 수익모델을 제시해야 하며, 지속적으로 신메뉴 개발·마케팅 전략을 수립하여 운영할 수 있어야 한다.

넷째, 가맹본부는 가맹점의 매출증대, 효율적인 점포운영기법 제공 등을 통한 고객만족을 유지·발전시켜나가야 하며 사업성패의 핵심은 매뉴얼사업이라는 것을 명심하고, 체계화된 매뉴얼을 갖고 사업을 전개해야 할 것이다.

2 프랜차이즈의 체인 형태에 따른 분류

1) 레귤러 체인

레귤러 체인_{regular chain, 본부 직영체인점} 형태의 경우 가맹본부에서 직접 운영하는 직

영점 형태를 말하며 가맹본부가 직접 점포마다 투자를 하고 종사원들을 파견하여 관리해나가는 형태로 브랜드의 이미지를 보다 강력하고 일관되게 통제하여 소비자에게 접근할 수 있는 장점이 있다. 그러나 많은 자본이 있어야 함으로 점포 전개 시 효율성이 다소 낮아지는 단점도 있다. 대표적인 예로는 스타벅스, TGIF가 이에 해당한다.

2) 볼런터리 체인

볼런터리 체인voluntary chain, 임의적 체인점 형태은 직영형태와 프랜차이즈의 중간 형태로서 공동 브랜드와 동일업종을 조합하여 전개하는 방식으로 가맹본부는 최소한의 기능을 담당하고 가맹점 주가 특징을 살려 경영을 하며 가맹본부와 가맹점 간의 수평적 관계로 운영되고 있다. 가격경쟁이나 상품취급의 한계를 극복할 수 있으나 가맹본부의 브랜드 이미지를 만들기 어려운 것이 단점이며 외식산업에서는 거의 없으나 중소매 유통업 형태에서 많이 활용되고 있다.

3) 프랜차이즈 체인

프랜차이즈 체인franchise chain직영·가맹점 형태은 가맹본부와 가맹점은 각각 독립된 자본에 의해 별개의 사업자이지만 운영의 주체는 가맹본부에 있는, 일반적인 가맹점 형태이다. 즉, 가맹본부가 개인에게 사업의 기회를 주는 방식인 사업지원형으로 가맹사업의 가맹사업자는 소매마진을, 가맹본부는 도매마진을 지속적으로 확보하는 절약형 유통사업 전개방식이며, 전체 점포의 이미지 관리를 위해 강력한 통제와 관리가 필요하며 이에 따른 가맹점사업자의 순응이 요구되는 주종관계로 형성되어 있다.

선진국의 경우 프랜차이즈 사업은 유통의 꽃이라 불리며 소매업 매출의 절반 이상을 점유하고 있을 정도로 급속도로 발전하고 있다. 국내의 경우 롯데리아, 놀부 부대찌개, 원할머니 보쌈, bbq 등을 비롯한 국내 대부분의 외식기업들이 이 방법을 채택하고 있으며, 현재도 지속적인 성장세를 보여주고 있다.

표 13.1_ 공정거래위원회 프랜차이즈 업종 분류

구 분	내 용
외식	한식, 분식, 중식, 일식, 서양식, 기타 외국식, 패스트푸드, 치킨, 피자, 제과제빵, 아이스크림·빙수, 커피, 음료(커피 제외), 주점, 기타 외식
도소매	편의점, 의류·패션, 화장품, 농수산물, (건강)식품, 종합소매점, 기타 도소매
서비스	교육(교과), 교육(외국어), 기타 교육, 유아 관련(교육 외), 부동산 중개, 임대, 숙박, 스포츠 관련, 이미용, 자동차 관련, PC방, 오락, 배달, 안경, 세탁, 이사, 운송, 반려동물 관련, 약국, 인력 파견, 기타 서비스

 외식창업 이후 영업이 활성화되거나, 타지역에서 해당 점포와 동일한 상호, 메뉴, 인테리어, 영업노하우를 가지고 사업을 하고 싶다는 예비창업자의 문의가 많을 경우 프랜차이즈 사업으로 전환하고자 하는 요청을 받을 수 있다. 이러한 의뢰가 들어왔을 경우 프랜차이즈 시스템으로 사업이 가능한지에 대한 분석을 먼저 해야 한다. 프랜차이즈 사업이 가능한가에 대한 사업타당성분석이 선행되어야 한다는 얘기이다. 이 말은 3S, 즉 '단순화Simplification, 전문화Specialization, 표준화Standardization를 먼저 살펴봐야 한다. 먼저 해당 외식 아이템이 비전문가도 정확한 분업화와 표준화된 매뉴얼을 더해 점포가 완벽하게 독립된 유기체가 될 수 있어야 한다. 조리과정이 어렵고, 초보자도 손쉽게 따라 하기 힘든 과정이 있는지, 벤치마킹이 쉬운 요리 외에 전문화된 조리방법과 영업노하우를 보유하고 있는지, 표준레시피 또는 핵심이 되는 식재료·양념·소스·육가공 제조가 가능하여 상품 또는 메뉴의 일정한 품질을 유지할 수 있는지를 살펴봐야 한다.

② 프랜차이즈의 장단점

❶ 프랜차이즈 가맹본부 측면에서의 장단점

프랜차이즈는 가맹본부와 가맹점 양쪽 모두에게 좋은 사업기회를 제공한다.

그러나 어떤 가맹점은 프랜차이즈사업을 이해하지 못하고 외적으로 보이는 성공적인 사업의 매력에만 관심을 갖는다. 물론 가맹본부와 가맹점 모두 각자의 목표가 있지만 프랜차이즈의 성공 여부는 양자가 신뢰하고 협력하는 데 있다.

1) 프랜차이즈 가맹본부의 장점

- **다점포화 가능성**: 소규모 조직으로 큰 위험 부담 없이 단시간에 전국적으로 광범위한 규모의 가맹점을 확보할 수 있어 이윤을 획득할 수 있다.
- **브랜드 이미지 제고**: 가맹본부의 상호나 상표 등의 브랜드 이미지를 큰 투자 부담 없이 단시간에 재고시킬 수 있다.
- **효율적 직원 관리**: 직영점은 필요한 종업원만 있으면 운영 가능하고, 가맹점 운영은 별도의 종업원 없이 운영 가능해 직원 관리가 용이하며, 가맹점 사업자의 높은 관리의욕과 판매 능력 향상을 기대할 수 있다.
- **지역 사정에 익숙한 운영**: 가맹점 운영은 그 지역 사정에 익숙한 사람이 운영할 수 있어 효율적이다.
- **유동적 가맹점 모집**: 전반적인 환경 조건을 체크하면서 가맹점 모집을 유동적으로 할 수 있다.
- **안정적인 수익**: 가맹비나 로열티를 확보할 수 있어 사업 운영을 보다 안정적으로 영위할 수 있다.
- **규모의 경제 실현**: 다점포화를 통한 구매력 증대와 물류 비용 감소로 가격 경쟁력을 증가시킬 수 있다.
- **경영상의 유효한 효과**: 생산과 유통 면에서 규모의 이익이 발생하며, 합리화와 상승효과를 통한 경영상의 유효한 효과가 증대된다.
- **마케팅 효과**: 마케팅 정보 활용력 증대와 고효율의 광고 및 판촉 효과를 기대할 수 있다.

2) 프랜차이즈 가맹본부의 단점

- **통제 어려움**: 직접적인 통제와 지속적인 관리지도 및 감독를 위해 비용과 노력이

필요하다. 슈퍼바이징 시스템 운영, 광고 및 홍보, 메뉴 개발 등도 필요하다.

- **경쟁자 양산**: 가맹점 운영을 통해 노하우와 경험을 축적한 가맹점 사업자가 독립하거나, 가맹본부의 통제에 따르지 않으려는 경향이 있다.
- **부실채권 발생**: 가맹점의 물품대금이나 판촉대금 등이 회수되지 않아 부실채권이 발생하기 쉽다. 가맹점이 많을수록 미수금액이 높아질 수 있다.
- **투자 효율성 치중**: 가맹본부가 투자 효율성에 치중하여 수익성을 위해 직영점 운영을 기피하는 현상이 나타날 수 있다.
- **의사소통 문제**: 가맹본부와 가맹점 간의 의사소통 문제나 불신이 소송으로 이어져 시간적, 금전적인 손실을 초래할 수 있다.
- **지속적 교육 필요**: 가맹점에 대해 지속적인 교육과 관리를 해야 하며, 물류 관련 사항이나 인테리어 시설, 비품, 물품, 소모품 등에 의견 대립이 빈번하게 발생할 수 있다.
- **로열티 관리 어려움**: 매출액에 따른 로열티를 정할 경우 매출액 누락이나 세금 기피 현상으로 관리가 쉽지 않아 평당 로열티 또는 신용카드 매출액에 대한 로열티를 산정하기도 한다.
- **부실 가맹점 처리 제한**: 부실 가맹점에 대한 처리의 제한성과 철저한 경영 및 관리의 제한성이 있다.
- **브랜드 이미지 유지 한계**: 브랜드가 추구하는 동일한 이미지를 유지하는 데 한계가 있다.
- **이익 차이 대응 한계**: 가맹점 운영을 통한 이익이 직영점의 이익보다 낮은 경우에 대한 대응책의 한계성이 있다.

3) 가맹점 측면에서의 장단점

❶ 가맹점의 장점

- **운영 용이성**: 가맹본부에서 정해준 규정대로 영업하면 되기 때문에 특별한 외식사업 경험이나 능력이 없어도 점포 운영이 가능하며, 기존 점포 방문 등으로 검증할 수 있어 안정적이다.

- **실패 위험 감소**: 가맹본부의 시스템과 축적된 노하우로 제품을 개발·공급하기 때문에 실패 위험이 적다.
- **신메뉴 개발 지원**: 다변화 시장에 대처하기 위해 가맹본부에서 지속적으로 신메뉴를 개발하고 불황을 타개할 대책을 강구해준다.
- **재고부담 경감**: 창업 초기의 재고 부담과 제품 신뢰성에 대한 걱정을 덜어준다.
- **마케팅 지원**: 가맹본부에서 영업·광고·판촉 등을 일괄적으로 지원하므로 개별 판촉보다 큰 효과를 거둘 수 있고, 지명도가 높은 효과적인 점포 운영이 가능하다.
- **경비 절감**: 점포 설비와 집기 비품 등을 가맹본부에서 일괄 구입하여 설치하기 때문에 경비 절감 효과를 얻을 수 있고 소액 투자가 가능하다.
- **경영 지도**: 가맹점사업자는 법률, 세무 회계, 영업 외의 행정업무, 매장 디스플레이 등 경영에 관한 지도를 가맹본부로부터 받을 수 있다.
- **독립성 보장**: 일정 수준의 독립성이 보장되며, 시장성과 수익성이 검증된 상품과 서비스를 판매할 수 있고, 널리 알려진 브랜드를 활용할 수 있다.
- **다점포 운영 가능성**: 단일 가맹점으로 성공하면 또 다른 가맹점을 경영할 수 있어 여러 개의 가맹점 소유가 가능하다. 예를 들어, 패스트푸드 프랜차이즈인 롯데리아의 경우 한 가맹점 사업자가 8개의 가맹점을 운영하고 있다.

❷ 가맹점의 단점

- **문제 해결 노력 저하**: 가맹본부의 적극적인 지원과 지도로 인해 가맹점주가 스스로 문제 해결이나 경영 개선 노력을 게을리할 수 있다.
- **시스템 실패의 영향**: 동일 시스템을 사용하는 다른 가맹점이 실패하거나 특정 가맹점에서 위생 문제 등이 발생하면 모든 가맹점의 신용과 지명도에 타격을 받을 수 있다.
- **가맹본부의 사정 악화**: 가맹본부가 운영 능력을 상실하거나 사세가 기울면 가맹점도 덩달아 폐업할 수 있다. 가맹점은 의사 결정에 참여할 수 없다.

- **규정 및 아이디어 반영의 어려움**: 가맹본부 규정이 마음에 들지 않거나 더 좋은 아이디어가 있어도 반영이 어렵다. 최근 일부 가맹본부는 가맹점사업자협의회를 통해 의견을 반영하려는 노력을 하고 있다.
- **지역 특성 반영 부족**: 가맹본부는 전 가맹점을 대상으로 마케팅 활동을 주력하기 때문에 판촉업무와 광고가 지역 또는 지점의 특성에 맞지 않아 영업에 타격을 줄 수 있다.
- **독립 사업자의 이해 상충**: 이해가 상반되는 경우, 가맹본부에서 가맹점사업자의 의사를 무시할 수 있다.
- **자율성 결여**: 계약서 내용 그대로 업무가 추진되기 때문에 가맹점사업자의 특별한 요구사항이나 조건이 반영되기 어렵다.
- **계약 기간의 제약**: 계약 종료, 갱신 및 양도 등에 제약이 따른다.

③ 소비자 측면에서의 장단점

프랜차이즈 시스템에 있어서 소비자 측면의 장점은 우수한 메뉴와 상품들이 표준화되어 양질의 서비스로 언제 어디서든 이용하거나 받을 수 있으며 우수한 경영기법의 가맹본부들이 보다 효율적인 시스템을 개발하고 지원하여 상품 판매에 대한 코스트를 억제하여줌으로 염가의 품질 좋은 상품들을 제공받을 수 있다.

이에 반해서 단점으로는 가맹본부의 힘이 너무 강하게 작용하여 가맹점들이 불리한 입장에 놓이게 되면 가격, 서비스 등이 결과적으로 소비자에게 불이익으로 돌아올 위험성과 영업상의 책임소재가 불명확하여 상품에 대한 문제가 발생시 그 호소처가 불분명하다는 것이다.

표 13.2_ 가맹 사업 주요용어

주요 용어	용어 설 명
가맹 사업	자기의 동일한 이미지로 본부에서 개발한 상품이나 서비스를 독점 판매할 권리를 주고 그 영업을 위하여 각종 교육 및 경영지도, 통제를 하며 이에 대한 대가로 가입비, 로열티 등을 수령하여 판매시장을 개척해나가는 사업방식을 말함
가맹 본부	가맹사업자, franchisor라고도 하며 자기의 상표, 서비스표, 휘장 등을 사용하여 자기와 동일한 이미지로 상품판매의 영업활동을 하도록 허용하고 그 영업을 위하여 지원·교육·통제를 하며 이에 대한 대가로 가맹비를 수령하는 사업체를 말함
가맹점 사업자	영업표지의 사용과 경영 및 영업활동 등에 대한 지원·교육의 대가로 가맹본부에게 가맹금을 지급하고 가맹점 운영권을 부여받은 사업자를 말함
가맹 희망자	가맹계약을 체결하기 위하여 가맹본부나 가맹지역본부와 상담하거나 협의하는 자를 말함
가맹점 운영권	가맹본부가 가맹계약에 의하여 가맹점사업자에게 가맹사업을 영위하도록 부여하는 권리를 말함
가맹금	• 가입비·입회비·가맹비·교육비 또는 계약금 등 가맹점사업자가 영업표지의 사용허락 등 가맹점운영권이나 영업활동에 대한 지원·교육 등을 받기 위하여 가맹본부에 지급하는 대가 • 가맹점사업자가 가맹본부로부터 공급받는 상품의 대금 등에 관한 채무액이나 손해배상액의 지급을 담보하기 위하여 가맹본부에 지급하는 대가 • 가맹점사업자가 가맹점운영권을 부여받을 당시에 가맹사업을 착수하기 위하여 가맹본부로부터 공급받는 정착물·설비·상품의 가격 또는 부동산의 임차료 명목으로 가맹본부에 지급하는 대가 • 가맹점사업자가 가맹본부와의 계약에 의하여 허락받은 영업표지의 사용과 영업활동 등에 관한 지원·교육, 그 밖의 사항에 대하여 가맹본부에 정기적으로 또는 비정기적으로 지급하는 대가 • 그 밖에 가맹희망자나 가맹점사업자가 가맹점운영권을 취득하거나 유지하기 위하여 가맹본부에 지급하는 모든 대가
정보공개서	가맹본부의 사업현황, 임원경력, 가맹점사업자의 부담, 영업활동의 조건, 가맹점사업자에 대한 교육·지도, 가맹계약의 해제·갱신 기타 해당 가맹사업에 관하여 책자로 편철한 문서를 말함
가맹계약서	가맹사업의 구체적 내용과 조건 등에 있어 가맹본부 또는 가맹점사업자의 권리와 의무에 관한 사항을 기재한 문서를 말함
거래거절	공정거래법상 불공정거래행위의 한 유형으로 사업자가 단독 또는 경쟁사업자와 공동으로 특정사업자에 대하여 거래의 개시를 거절하거나, 계속적인 거래관계에 있는 특정사업자에 대하여 거래를 중단하거나, 거래하는 상품 또는 용역의 수량 및 내용을 현저히 제한하는 행위 등을 말함. 거래거절행위는 행위 자체만으로 위법성이 인정되는 것은 아니며, 거래처 선택의 제한, 특정사업자의 신규진입방해 또는 경쟁사업자 배제 등 부당성이 있어야 함

③ 국내 가맹산업 현황

1 외식프랜차이즈 산업의 현황과 성장요인

외식 프랜차이즈 산업은 우리나라에서 핵심적인 역할을 수행하고 있으며, 프랜차이즈 도입 이후 꾸준한 성장세를 보이고 있다. '23년 말 등록된 정보공개서 기준 전체 가맹본부 수는 8,759개, 상표이하 '브랜드' 수는 12,429개, 가맹점 수는 352,866개로 전년 대비 모두 증가했다.

전년에 비해 가맹본부 수는 7.0%, 브랜드 수는 4.9%, 가맹점 수는 5.2% 증가하였는데, 지난 '21년 시행된 직영점 운영 의무화 제도 등이 시장에 안착됨에 따라 가맹산업이 안정적 성장추세를 유지하고 있는 것으로 분석된다.

* 가맹사업 개시 전 직영점 운영 의무화 및 소규모 가맹본부 정보공개서 등록 제도를 처음 시행한 '21년에는 제도 시행 직전 정보공개서 등록이 집중되어 가맹본부, 브랜드, 가맹점 수가 예외적으로 급증하였다가 '22년, '23년에는 증가추세가 안정화 됨

업종별로 보면 브랜드 수 증가는 외식5.2% 및 서비스 업종5.7%이 주도했으며 가맹점 수 증가는 외식업종7.4%에서 두드러진 것으로 나타났다.

업종별 브랜드 수 비중은 외식79.9%, 서비스15.3%, 도소매4.8% 순이며, 가맹점 수 비중 역시 외식51.0%, 서비스29.5%, 도소매19.5% 순으로 집계됐다.

한편, 100개 이상의 가맹점을 가진 대형 브랜드의 비중은 4.0%, 가맹점이 10개 이상 100개 미만인 중규모 브랜드 비중은 23.7%, 가맹점이 10개 미만인 소규모 브랜드 비중은 72.3%를 차지했다.

'22년 전체 가맹점 평균 매출액은 약 3.4억 원으로 '21년에 비해 8.3% 가량 증가하여 코로나19 발생 이전인 '19년 수준약 3.3억 원을 회복하였다. 업종별로 보면 코로나19의 영향을 가장 크게 받았던 외식업종이 12.7% 상승하여 가맹점 평

균 매출액 상승을 견인하였고, 서비스업종과 도소매업종 매출액도 각각 10.7%, 1.8% 상승하였다.

표 13.3_ 종별 가맹점 평균매출액 (단위: 백만원, %)

구 분	외 식		서비스		도소매		전 체	
	평균매출액	증감률	평균매출액	증감률	평균매출액	증감률	평균매출액	증감률
2021년	279		161		527		311	
		12.7		10.7		1.8		8.3
2022년	314		178		537		337	

업종별 현황

외식업종 브랜드 수는 9,934개, 가맹점 수는 179,923개로 전년 대비 각각 5.2%, 7.4% 증가하였고, 가맹점 평균 매출액은 3.14억 원으로 전년 대비 12.7% 증가했다.

외식업 주요 세부 업종별 가맹점 수는 한식업종이 39,868개로 전체 외식 업종 가맹점의 22.2%를 차지해 가장 많았고, 가맹점 수 증가율은 커피업종이 13.0%로 가장 높았다.

가맹점 평균 매출액은 주요 세부 업종에서 모두 증가하였는데, 코로나19로 인한 매출 손실이 가장 심했던 주점업종 매출액이 66.2% 증가하여 가장 큰 폭으로 상승하였고 한식·피자·제과제빵·커피·치킨업종은 각각 17.2%, 11.6%, 8.1%, 7.4%, 6.5%의 매출액 상승을 보였다.

외식업종의 '가맹점 평균 매출액 대비 가맹점 평균 차액가맹금 비율'은 4.4%로 전년4.3% 보다 소폭 상승하였고, 가맹점 평균 매출액 상승의 영향으로 가맹점 평균 차액가맹금 지급 금액도 28백만 원으로 전년 보다 11백만 원 상승했다.

'23년 가맹사업 현황을 종합하면, 코로나19 종식의 영향으로 거의 모든 업종에서 브랜드 수, 가맹점 수, 가맹점 평균 매출액 등이 증가하는 등 전체 산업이 안정적으로 성장하고 가맹점주의 경영여건도 개선되고 있는 것으로 나타났다. 다만 외식업종에서 '가맹점 평균 매출액 대비 가맹점 차액가맹금 비율'이 전년 대비 소폭 상승하고, 차액가맹금 지급금액도 증가하는 등 가맹본부의 일방적인 필수

품목 지정과 과도한 차액가맹금_{마진} 수취로 인한 갈등의 소지도 상존하고 있음이 확인되었다.

이에 공정위는 가맹본부가 필수품목 거래조건을 불리하게 변경시 사전에 정한 절차에 따라 가맹점주와 협의하도록 하는 가맹사업법 시행령 개정을 추진하고 있으며 이를 통해 과도한 필수품목 지정과 차액가맹금 수취로 인한 가맹점주의 고충이 경감될 수 있을 것으로 기대한다.

아울러 이번 통계 발표를 통해 가맹사업 시장 동향에 대한 세부 정보를 공개함으로써 가맹희망자의 합리적인 사업선택 및 가맹본부-점주 간 정보력 격차 완화에 도움이 될 것으로 기대한다.

> ◆ '23년 말 등록된 정보공개서 기준 가맹본부 수는 8,759개, 브랜드 수는 12,429개, 가맹점 수는 352,886개로 전년 대비 모두 증가했다.

> * 가맹본부 및 브랜드 수는 '23년 말 기준으로, 가맹점 수 및 평균매출액은 '22년 말 (정보공개서 내 기재 정보) 기준으로 작성 (이하 같다)

'23년 말 등록된 정보공개서 기준 가맹본부 수는 8,759개, 브랜드 수는 12,429개, 가맹점 수는 352,886개로 전년 대비 모두 증가했다.

> * 가맹본부: ('22)8,183 → ('23)8,759, 브랜드: ('22)11,844 → ('23)12,429, 가맹점: ('21)335,298 → ('22)352,886

· 가맹본부 수는 전년 대비 7.0% 증가하였고 가맹점 수 및 브랜드 수도 전년 대비 각각 5.2%, 4.9% 증가한 것으로 나타났다.

· 가맹본부, 브랜드, 가맹점 수 증가율은 예년 수준을 안정적으로 유지하고 있는 것으로 나타났다.

· 지난 '21년 가맹사업 개시 전 직영점 운영을 의무화하고 소규모 가맹본부에게도 정보공개서 등록의무를 부여한 가맹사업법 개정안 시행으로 가맹본부,

브랜드, 가맹점 수 증가율이 일시적으로 크게 상승한 바 있으나, 제도가 안정적으로 정착됨에 따라 '22년부터 증가율은 예년 수준을 유지하고 있다.

표 13.4_ **연도별 가맹본부·브랜드·가맹점 수 및 증감률**

구 분	2019		2020		2021		2022		2023	
	개 수	증감률	개 수	증감률	개 수	증감률	개 수	증감률	개 수	증감률
가맹본부	5,175	6.0%	5,602	8.3%	7,342	31.1%	8,183	11.5%	8,759	7.0%
브랜드	6,353	5.0%	7,094	11.7%	11,218	58.1%	11,844	5.6%	12,429	4.9%
가맹점	258,889	1.9%	270,485	4.5%	335,298	24.0%	352,886	5.2%	–	–

② 전체 업종 현황

1) 업종별 가맹본부, 브랜드 수 '23년 말 기준

◆ 가맹본부 및 브랜드 수 증가는 외식 및 서비스 업종이 주도했으며, 업종별 브랜드 수 비중은 외식 업종80%이 가장 큰 것으로 나타났다.

· 가맹본부 및 브랜드 수 증가는 외식 및 서비스 업종에서 두드러졌으며, 도소매 업종은 전년에 비해 소폭 감소하였다.

표 13.5_ **업종별 가맹본부, 브랜드 수 및 증감률**

구 분		외 식			서비스			도소매			계
		개 수	비 중	증감률	개 수	비 중	증감률	개 수	비 중	증감률	
가맹본부	2021년	5,661	77.1%	34.5%	1,346	18.3%	20.8%	502	6.8%	52.1%	7,509
	2022년	6,308	75.7%	11.4%	1,475	17.7%	9.6%	554	6.6%	10.4%	8,337
	2023년	6,822	76.2%	8.1%	1,571	17.6%	6.5%	550	6.2%	△0.7%	8,943
브랜드	2021년	8,999	80.2%	66.5%	1,662	14.8%	24.0%	557	5.0%	59.1%	11,218
	2022년	9,442	79.7%	4.9%	1,797	15.2%	8.1%	605	5.1%	8.6%	11,844
	2023년	9,934	79.9%	5.2%	1,900	15.3%	5.7%	595	4.8%	△1.7%	12,429

* 하나의 가맹본부가 2개 이상 업종의 가맹사업을 영위하는 경우가 존재하여 업종별 가맹본부 수의 합이 전체 가맹본부 수와 상이

- 업종별 브랜드 수 비중은 전년과 크게 차이가 없으며 외식업종79.9%, 서비스
업종15.3%, 도소매업종4.8% 순으로 나타났다.

그림 13.1_ **업종별 브랜드 수 증감**

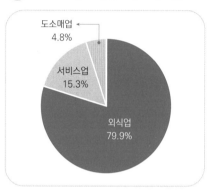

그림 13.2_ **업종별 브랜드 수 비중**

2) 업종별 가맹점 수 '22년 말 기준

◆ 가맹점 수는 전 업종에서 전년 대비 증가했으며, 특히 외식업종에서 크게
늘어난 것으로 나타났다.

◆ 또한 업종별 브랜드 수 비중에 이어 업종별 가맹점 수 비중도 외식업종의
비중이 51.0%로 가장 높게 나타났다.

- 가맹점 수는 전 업종에서 전년 대비 증가*했으며, 특히 외식업종에서 가장
많이 늘어난 것으로 나타났다.

  * 21년 대비 외식업종 7.4% 서비스업종 3.0% 도소매업종 3.1% 증가

- 브랜드당 가맹점 수는 도소매업종115.6개, 서비스업종54.8개, 외식업종18.1개 순
으로 도소매 가맹브랜드는 대형화 되어있는 반면, 외식 가맹브랜드는 상대적
으로 규모가 영세한 것으로 나타났다.

- 다만, 외식업과 도소매업은 브랜드당 가맹점 수가 전년 대비 증가하였으나, 서비스업은 브랜드당 가맹점 수가 다소 감소하였다.

  * 외식: 17.7 → 18.1개(2.2%), 서비스: 56.3 → 54.8개(△2.7%), 도소매: 110.3 → 115.6개(4.8%)

• 업종별 가맹점 수 비중은 외식업종이 51.0%로 가장 높았으며, 서비스업종 29.5%, 도소매업종19.5%이 그 뒤를 이었다.

표 13.6_ **업종별 가맹점 수, 브랜드당 가맹점 수**

구 분		외 식			서비스			도소매			전체
		개 수	비 중	증감률	개 수	비 중	증감률	개 수	비 중	증감률	
가맹점 수	2020년	135,113	50.8%	4.6%	74,364	28.0%	4.0%	61,008	23.0%	4.7%	270,485
	2021년	167,455	49.9%	23.9%	101,124	30.2%	36.0%	66,719	19.9%	9.4%	335,298
	2022년	179,923	51.0%	7.4%	104,134	29.5%	3.0%	68,809	19.5%	3.1%	352,866
브랜드당 가맹점수	2021년	17.7개(18.0%)			56.3개(26.0%)			110.3개(0.7%)			28.3개
	2022년	18.1개(2.2%)			54.8개(△2.7%)			115.6개(4.8%)			28.4개

그림 13.3_ **브랜드당 가맹점 수**

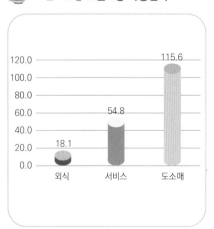

그림 13.4_ **업종별 가맹점 수 비중**

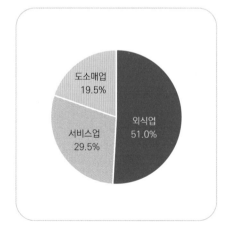

외식산업의 이해

3) 업종별 브랜드 가맹점 수 분포 '22년 말 기준

◆ 전체 브랜드 중 100개 이상 가맹점을 가진 대형 브랜드의 비중은 4.0%,
10개 미만 가맹점을 가진 소규모 브랜드의 비중은 72.3%를 차지했다.

전체 브랜드 중 100개 이상의 가맹점을 가진 대형 브랜드의 비중은 4.0%, 가맹점이 10개 이상 100개 미만인 중규모 브랜드는 23.7%, 가맹점이 10개 미만인 소규모 브랜드는 72.3%를 차지했다.

· 규모별 브랜드의 비중은 전년과 큰 변화가 없는 것으로 나타났다.

표 13.7_ **업종별 브랜드 가맹점 수 분포 현황**

가맹점 수	외 식			서비스			도소매			전 체		
	개수	비중	22년	개수	비중	22년	개수	비중	22년	개수	비중	22년
100개 이상	310	3.1%	3.1%	144	7.6%	7.8%	42	7.1%	6.3%	496	4.0%	4.0%
10개 ~ 99개	2,228	22.4%	21.7%	560	29.5%	29.7%	157	26.4%	23.5%	2,945	23.7%	23.0%
10개 미만	7,396	74.5%	75.2%	1,196	62.9%	62.5%	396	66.6%	70.2%	8,988	72.3%	73.0%
계	9,934	100%		1,900	100%		595	100%		12,429	100%	

그림 13.5_ **업종별 가맹점 수 기준 브랜드 규모 분포 비율**

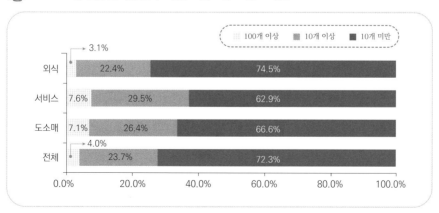

4) 업종별 가맹점 평균 매출액 '22년 말 기준

> ◆ '22년 기준 전체 가맹점 평균 매출액은 3.4억 원으로 전년 대비 8.3% 가량 증가하여 코로나19 발생 이전 수준3.3억 원을 회복하였다.

- '22년 전체 가맹점 평균 매출액은 약 3.4억 원으로 작년 대비 0.3억원8.3% 증가하였으며, 이는 코로나19 이전'19년 보다도 소폭 높은 수준이다.

  * 가맹점 연간 평균매출액 추이(원): ('19년) 3.3억 → ('21년) 3.1억 → ('22년) 3.4억

- 업종별로는 외식, 서비스, 도소매업종 모두 전년 대비 평균 매출액이 증가했으며, 특히 오프라인 영업비중이 높은 외식업종이 코로나19 종식의 영향으로 매출액 증가를 견인하였다.

표 13.8_ 업종별 가맹점 연간 평균 매출액
(단위: 백만원, %)

구 분	외 식		서비스*		도소매		전 체	
	평균매출액	증감률	평균매출액	증감률	평균매출액	증감률	평균매출액	증감률
2021년	279	12.7	161	10.7	527	1.8	311	8.3
2022년	314		178		537		337	

* 서비스업종 중 운송업종의 경우 1개의 가맹점이 1개의 운송 수단을 보유한 개인사업자인 경우와, 여러 대의 운송 수단을 보유한 법인인 경우가 혼재되어 있어 평균매출액 산정에 적합하지 않은 업종인바, 집계에서 제외

* 해당 자료는 정보공개서에 기재된 가맹점 연간 평균매출액을 가중평균하여 도출(가맹점 미운영 등의 이유로 평균매출액을 작성하지 않은 브랜드 등은 집계 대상에서 제외)

그림 13.6_ 업종별 가맹점 평균 매출액(백만원)

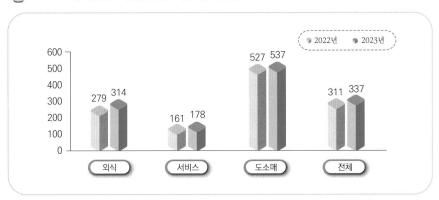

③ 세부 업종별 주요 현황

1) 외식업종

◆ 외식업종 가맹본부 수는 6,822개, 브랜드 수는 9,934개, 가맹점 수는 179,923개로 전년 대비 각각 8.1%, 5.2%, 7.4% 증가했으며, 가맹점 평균 매출액은 3.14억 원으로 전년 대비 12.7% 증가했다.

◆ 주요 세부 업종별 가맹점 수는 한식업종이 39,868개로 22.2%를 차지해 가장 많았으며, 가맹점 수 증가율은 커피업종이 13.0%로 가장 높았다.

◆ 주요 세부 업종별 가맹점 평균 매출액의 경우 치킨·한식·피자·커피 등 전반적으로 증가한 가운데 특히 주점이 66.2%로 크게 늘었다.

◆ 가맹점 평균 매출액 대비 평균 차액금 지급 비율은 4.4%로 전년4.3% 보다 소폭 상승하였다.

❶ 업종 현황

· **가맹본부 수**: '23년 외식업종의 전체 가맹본부 수는 9,934개로 전년 대비 8.1% 증가하였으며, 가맹본부 당 브랜드 수는 약 1.5개로 작년과 유사하였다.

· **브랜드 수**: '23년 외식업종의 전체 브랜드 수는 9,934개로 전년 대비 5.2% 증가했다.

- 주요 세부 업종 중에서는 한식업종의 브랜드 수가 3,556개로 가장 많았으며, 커피886개, 치킨669개, 주점485개, 제과제빵294개 업종이 그 뒤를 이었다.

- 제과제빵 브랜드 수가 가장 크게 증가8.9%하였고, 치킨 브랜드 수는 다소 감소△2.0%하였다.

표 13.9_ **주요 세부 업종별 브랜드 수**

구분	치 킨		한 식		커 피		제과제빵		피 자		주 점		외식업 전체	
	개수	증감률	개수	증감률	개수	증감률	개수	증감률	개수	증감률	개수	증감률	개수	증감률
2021년	701	47.0%	3,047	72.3%	736	88.7%	254	63.9%	240	53.8%	429	46.0%	8,999	66.5%
2022년	683	△2.6%	3,269	7.3%	852	15.8%	270	6.3%	243	1.3%	450	4.9%	9,442	4.9%
2023년	669	△2.0%	3,556	8.8%	886	4.0%	294	8.9%	240	△1.2%	485	7.8%	9,934	5.2%

- **가맹점 수**: '22년 외식업종의 가맹점 수는 총 179,923개로 전년 대비 7.4% 증가했다.

- 주요 세부 업종 중에서는 한식업종의 가맹점 수가 39,868개로 22.2%를 차지해 가장 많았으며, 치킨29,423개, 16.4%, 커피26,217개, 14.6%, 주점9,379개, 5.2%, 제과제빵8,918개, 5.0% 업종이 그 뒤를 이었다.

- 주요 세부 업종 모두 가맹점 수가 증가한 가운데, 특히 커피업종과 한식업종에서 가맹점 수가 각각 13.0%, 10.7% 증가해 외식업종 가맹점 수 증가에 큰 영향을 미쳤다.

 표 13.10_ **주요 세부 업종별 가맹점 수**

구 분		치 킨	한 식	커 피	제과제빵	피 자	주 점	외식업 전체
2020년		25,867	25,758	17,856	8,325	7,023	7,989	135,113
2021년		29,373	36,015	23,204	8,779	8,053	8,638	167,455
2022년		29,423	39,868	26,217	8,918	8,403	9,379	179,923
증감률	21년	13.6%	39.8%	30.0%	5.5%	14.7%	8.1%	23.9%
	22년	0.2%	10.7%	13.0%	5.0%	4.7%	8.6%	7.4%

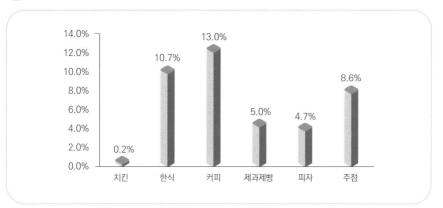

그림 13.7_ **주요 세부 업종 가맹점 수 전년 대비 증가율**

- **개·폐점률:** 전체 외식업종의 개점률은 22.4%, 폐점률은 14.5%로 나타났다.
- 주요 세부업종 중에서는 한식의 개점률이 29.9%로 가장 높았으며, 폐점률 역시 18.2%로 가장 높게 나타났다.

표 13.11_ **주요 세부 업종별 개·폐점률** (단위: %, %p)

구 분		치 킨	한 식	커 피	제과제빵	피 자	주 점	외식업 전체
개점률	2021년	17.3	35.1	25.1	13.4	20.3	21.9	26.2
	2022년	14.4	29.9	22.7	12.0	13.5	21.7	22.4
	증감(%p)	△2.9	△5.2	△2.4	△1.4	△6.8	△0.2	△3.8
폐점률	2021년	13.7	14.5	7.8	8.9	8.5	19.1	12.6
	2022년	14.2	18.2	9.2	9.8	12.3	13.1	14.5
	증감(%p)	0.5	3.7	1.4	0.9	3.8	△6.0	1.8

* 개점률=해당 업종의 당해년도 신규개점 가맹점 수 / 해당 업종의 당해년도 말 기준 가맹점 수
  폐점률=해당 업종의 당해년도 계약종료·해지 가맹점 수 / 해당 업종의 당해년도 말 기준 가맹점 수

- **분포:** 외식업종 전체에서 가맹점을 100개 이상 가진 대규모 브랜드의 비중은 3.1%, 가맹점이 10개 이상 100개 미만인 중규모 브랜드의 비중은 22.4%, 가맹점이 10개 미만인 소규모 브랜드의 비중은 74.5%로 나타났다.
- 주요 세부 업종 중에서는 치킨, 피자 업종에서 가맹점을 100개 이상 운영하는 브랜드 비중이 각각 7.8%, 7.9%로 비교적 높게 나타났다.

표 13.12_ **가맹점 수 기준 주요 세부 업종별 브랜드 수 분포** (단위: 개, %)

가맹점 수	치 킨			한 식			커 피			제과제빵			피 자			외식업 전체		
	개수	비중	22년	개수	비중	22년	개수	비중	22년	개수	비중	22년	개수	비율	22년	개수	비중	22년
100개 이상	52	7.8	7.8	72	2.0	1.9	42	4.7	4.5	8	2.7	3.3	19	7.9	7.4	310	3.1	3.1
10개 ~99개	178	26.6	27.1	706	19.9	19.6	173	19.5	17.5	63	21.4	20.7	77	32.1	28.8	2,228	22.4	21.7
10개 미만	439	65.6	65.2	2,778	78.1	78.5	671	75.7	78.1	223	75.9	75.9	144	60.0	63.8	7,396	74.5	75.2
계	669	100		3,556	100		886	100		294	100		240	100		9,934	100	

② 가맹점 평균 매출액

- **현황**: '22년 외식업종의 가맹점 평균 매출액은 약 3.14억 원으로 전년 대비 12.7% 증가했다.
- 주요 세부 업종별 가맹점 평균 매출액이 모두 증가하였고, 특히 코로나19 종식의 영향을 크게 받은 주점은 66.2%나 매출이 상승하였다.

 표 13.13_ **주요 세부 업종별 가맹점 평균 매출액** 단위: 백만원, %)

구 분	치 킨	한 식	커 피	제과제빵	피 자	주 점	외식업 전체
2021년	279	277	209	453	255	179	279
2022년	297	325	225	490	284	298	314
증감률	6.5%	17.2%	7.4%	8.1%	11.6%	66.2%	12.7%

* 해당 자료는 정보공개서에 기재된 가맹점 연간 평균매출액을 가중평균하여 도출(가맹점 미운영 등의 이유로 평균매출액을 작성하지 않은 브랜드 등은 집계 대상에서 제외)

- **분포**: 가맹점 평균 매출액이 3억 원 이상인 브랜드 비중은 36.8%로 전년 대비 9.6%p 증가했으며, 가맹점 평균 매출액이 1억 원 미만인 브랜드 비중은 16.9%로 전년 대비 2.3%p 감소했다.

외식산업의 이해

- 주요 세부 업종별로 보면 한식업종은 가맹점 평균 매출액이 큰 브랜드의 비중이 전체 외식업종에 비해 높게 나타나고, 커피 및 치킨 업종은 상대적으로 가맹점 평균 매출액이 낮은 브랜드의 비중이 높았다.

표 13.14_ **가맹점 평균 매출액 기준 주요 세부 업종별 브랜드 수 분포**　　　(단위: 개, %)

가맹점 평 균 매출액	치킨			한식			커피			제과제빵			피자			외식업 전체		
	개수	비중	22년	개수	비중	22년	개수	비중	22년	개수	비중	22년	개수	비중	22년	개수	비중	22년
3억 이상	38	12.7	8.1	589	48.3	37.8	36	10.4	6.4	36	31.6	24.4	35	27.8	20.8	1,401	36.8	27.2
2억 ~ 3억	70	23.3	16.6	231	18.9	22.6	67	19.4	21.9	19	16.7	18.3	36	28.6	28.7	765	20.1	21.4
1억 ~ 2억	120	40.0	45.2	215	17.6	23.7	151	43.8	43.0	35	30.7	36.6	39	31.0	36.6	1,002	26.3	32.1
1억 미만	72	24.0	30.0	184	15.1	15.8	91	26.4	28.7	24	21.1	20.7	16	12.7	13.9	644	16.9	19.2
계	300	100%		1,219	100%		345	100%		114	100%		126	100%		3,812	100%	

③ 가맹점 평균 차액가맹금

차액가맹금이란?

- 차액가맹금은 가맹점사업자가 가맹본부로부터 공급받는 상품·원재료·부재료·정착물·설비 및 원자재의 가격 또는 부동산의 임차료에 대하여 가맹본부에 정기적으로 또는 비정기적으로 지급하는 대가 중 적정한 도매가격을 넘는 대가로 일종의 유통마진

- '22년 외식업종의 '가맹점 평균 차액가맹금 지급금액'은 28백만 원으로 전년 대비 11백만원 높아졌다.
- 다만, 이는 주로 가맹점 평균 매출액 상승에 기인한 것이고, '가맹점 평균 매출액 대비 가맹점 평균 차액가맹금 비율'은 4.4%로 전년4.3% 보다 소폭 상승하는데 그쳤다.

· 주요 세부 업종별 가맹점 평균 차액가맹금은 피자업종이 52백만원으로 가장 높았으며, 치킨35백만원, 제과제빵34백만원, 커피23백만원, 한식20백만원 업종이 그 뒤를 이었다.

- '가맹점 평균 매출액 대비 가맹점 평균 차액가맹금 비율'은 치킨업종이 8.2%로 가장 높았으며, 커피6.8%, 제과제빵5.5%, 피자4.2%, 한식2.7% 업종이 그 뒤를 이었다.

표 13.15_ **주요 세부 업종별 가맹점 평균 차액가맹금**   (단위: 백만원, %)

		치킨	한식	커피	제과제빵	피자	외식업 전체
지급 금액	21년	21	16	9	17	17	17
	22년	35	20	23	34	52	28
지급 비율	21년	7.0	4.2	3.6	6.0	5.0	4.3
	22년	8.2	2.7	6.8	5.5	4.2	4.4

그림 13.8_ **주요 세부업종 별 가맹점 평균 매출액 대비 차액가맹금 비율 변화**

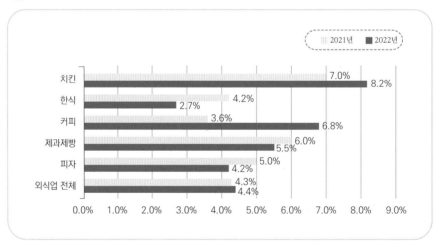

④ 시사점 및 기대 효과

'23년 가맹사업 시장의 주요 특징 및 시사점은 다음과 같다.

① 직영점 운영을 의무화한 개정 가맹사업법 시행'21.11.19으로 지난 '21년 가맹본부, 브랜드, 가맹점 수가 일시적으로 큰 폭으로 증가하였으나, 제도가 시장에 안착됨에 따라 '22년에 이어 '23년에도 가맹사업은 안정적 성장 추세를 보이고 있다.

　* 가맹본부: ('20년)5,602개 → ('21년)7,342개(31.1%) → ('22년)8,183개 (11.5%)→('23년)8,759개(7.0%)

　브랜드: ('20년)7,094개 → ('21년)11,218개(58.1%) → ('22년)11,844개(5.6%) → ('23년) 12,429개(4.9%)

　가맹점: ('19년)258,485개 → ('20년)270,485(4.5%)개 → ('21년)335,298개 (24.0%) → ('22년)352,886개(5.2%)

② 코로나19 종식의 영향으로 가맹점 평균 매출액은 전년 대비 8.3%로 크게 증가하였고, 특히 코로나19의 영향을 크게 받았던 외식 업종이 가장 큰 폭의 가맹점 평균 매출액 상승12.7%을 보였다.

③ 다만, 외식업종에서 '가맹점 평균 매출액 대비 가맹점 평균 차액가맹금 비율'은 4.4%로 전년4.3% 보다 소폭 상승하였고, '가맹점 평균 차액가맹금 지급금액'도 28백만원으로 전년 보다 11백만원 높아졌다.

④ 즉, 산업의 안정적 성장으로 가맹점주의 경영 상황이 개선되고 있음에도 불구하고 가맹본부의 일방적인 필수품목 지정과 과도한 차액가맹금마진 수취로 인한 본부-점주 간 갈등의 소지도 상존하고 있음을 알 수 있다.

• 이에 공정위는 과도한 필수품목 지정과 차액가맹금 수취로 인한 갈등을 해소하기 위해 가맹본부가 필수품목 거래조건을 불리하게 변경시 사전에 정한 절차에 따라 가맹점주와 협의하도록 하는 내용의 가맹사업법 시행령 개정을 추진하고 있다.

- 한편, 이번 통계발표를 통해 가맹사업 전반에 대한 다양한 정보가 시장에 공개됨으로써 가맹희망자의 합리적인 사업선택 및 가맹본부 – 점주 간 정보력 격차 완화에 도움이 될 것으로 기대한다.

2023년 가맹사업 세부 업종별 주요 현황

표 13.16_ **프랜차이즈 업종 구분**

업 종	세부업종
외식업 (15개)	한식, 분식, 중식, 일식, 서양식, 기타 외국식, 치킨, 피자, 커피, 음료(커피 외), 아이스크림/빙수, 패스트푸드, 제과제빵, 주점, 기타 외식
도소매업 (7개)	편의점, 의류·패션, 화장품, 농수산물, 건강식품, 종합소매점, 기타 도소매
서비스업 (21개)	교육(교과), 교육(외국어), 기타 교육, 유아 관련(교육 외), 스포츠 관련, 이미용, 자동차 관련, PC방, 부동산 중개, 임대, 숙박, 오락, 배달, 안경, 세탁, 이사, 운송, 반려동물 관련, 약국, 인력파견, 기타 서비스

표 13.17_ **주요 외식업종 현황**

구분	치킨	한식	커피	제과제빵	피자	주점
가맹점 수	29,423	39,868	26,217	8,918	8,403	9,379
브랜드 수	669	3,556	886	294	240	485
개점률	14.4%	29.9%	22.7%	12.0%	13.5%	21.7%
폐점률	14.2%	18.2%	9.2%	9.8%	12.3%	13.1%
가맹점 평균 매출액	297백만원	325백만원	225백만원	490백만원	284백만원	298백만원

* 가맹본부 및 브랜드 수는 '23년 말 기준으로, 가맹점 수 및 평균매출액은 '22년 말(정보공개서 내 기재 정보) 기준으로 작성

세부 업종별 가맹점 수, 신규개점 수, 평균 매출액 상위 5개 업체

* 공정위 가맹사업정보제공시스템(franchise.ftc.go.kr)을 통해 자료 추가 확인 가능

표 13.18_ **외식업종**   (단위: 개, 천원), 22년 말 기준

구 분		가맹점 수		신규개점 수		가맹점 평균매출액	
업 종	순 위	브랜드	수 치	브랜드	수 치	브랜드	수 치
치킨	1	비비큐(bbq)	2,041	비에이치씨(BHC)	443	치르치르	983,231
	2	비에이치씨(BHC)	1,991	비비큐(bbq)	219	치맥킹	877,877
	3	교촌치킨	1,365	순살몬스터	202	교촌치킨	749,040
	4	처갓집양념치킨	1,221	순살만공격	153	구도로통닭	677,880
	5	굽네치킨	1,124	맥시칸치킨	144	청년치킨	651,270
한식	1	본죽&비빔밥	836	열정국밥	251	하누소	4,204,269
	2	한솥	767	본죽&비빔밥	181	형제닭발&오돌뼈	4,111,212
	3	본죽	748	대박삼겹김치찜&초대박등갈비김치찜	170	어가반상	3,733,862
	4	두찜	586	아구득북&알곤마	110	일산생갈비	3,576,080
	5	땅스부대찌개	551	오복오봉집	108	범	2,880,000
커피	1	이디야커피	3,005	컴포즈커피	626	브런치빈	1,158,718
	2	메가엠지씨커피	2,156	메가엠지씨커피	572	밀화당	1,095,689
	3	컴포즈커피	1,901	백다방	278	드립앤더치	741,742
	4	투썸플레이스	1,412	더벤티	266	스컹크웍스	617,354
	5	백다방	1,228	이디야커피	196	모쿠816	594,295
제과제빵	1	파리바게뜨	3,419	뚜레쥬르	89	RANDY'S DONUTS	2,632,906
	2	뚜레쥬르	1,302	파리바게뜨	76	WOO'Z	1,645,008
	3	던킨/던킨도너츠	633	던킨/던킨도너츠	73	올드페리도넛	1,436,760
	4	명랑시대쌀핫도그	563	복호두	52	윤쉐프 정직한제빵소	1,330,514
	5	앤티앤스	220	GLOER	31	타타스베이글	1,143,506
피자	1	피자스쿨	610	백보이피자	97	피자는 여기	1,338,094
	2	피자마루	571	프레드피자	75	잭슨피자	942,171
	3	피자나라치킨공주	485	피자먹다	39	이유피자&파스타	744,965
	4	오구쌀피자	448	청년피자	37	도미노피자	743,591
	5	도미노피자	369	고피자	36	서오릉피자	708,661
주점	1	투다리	1,378	투다리	138	오비베어	2,064,480
	2	역전할머니맥주1982	859	고래맥주창고	97	서울주막	1,639,288
	3	크라운호프보리장인	413	역전할머니맥주1982	77	용용선생	1,364,991
	4	간이역	383	금별맥주	74	몽담	1,236,177
	5	펀비어킹	349	김복남맥주	71	코키펍	1,118,974

④ 프랜차이즈 관련 법규

1 가맹사업거래의 공정화에 관한 법률

2002년 11월부터 시행되고 있는 '가맹사업거래의 공정화에 관한 법률'은 가맹본부에 의한 정보공개, 불공정거래행위 금지, 계약해지 제한 등의 제도를 통해 공정하고 투명한 가맹사업 거래질서를 확립하고 법 위반행위의 시정 및 가맹점사업자 피해의 구제를 위한 절차를 규정하고 있다.

✎ 2021년 가맹사업거래의 공정화에 관한 법률 개정안

- 약 26만 가맹점의 권익을 보다 두텁게 보호하기 위한 '가맹사업거래의 공정화에 관한 법률(이하 가맹사업법)' 개정안*이 2021년 4월 29일 국회 본회의에서 의결되었다.

- 이번에 개정된 가맹사업법에는 가맹본부의 직영점 운영, 소규모가맹본부에 대한 법 적용 확대 등의 내용이 담겨 있다.
  - (직영점 운영) 앞으로 새롭게 가맹사업을 시작하고자 하는 가맹본부는 직영점을 1개 이상, 1년 이상 운영한 후에 가맹점을 모집*하여야 한다.
    * 가맹본부가 새로운 브랜드를 출시하여 정보공개서를 신규등록하는 경우에만 적용, 이미 등록한 정보공개서에 따라 가맹점을 모집하는 경우에는 적용하지 아니함
    - 또한 직영점 운영 경험을 정보공개서에 기재함으로써 관련 정보를 가맹희망자에게 제공해야 한다.
  - (소규모가맹본부 법 적용 확대) 소규모가맹본부에게도 그간 적용이 배제됐던 정보공개서 등록 및 제공 의무와 가맹금 예치 의무가 새롭게 적용된다.

- 가맹사업법 개정안이 시행되면 직영점 운영을 통해 사업방식이 검증된 가맹본부만 가맹점을 모집할 수 있게 되고, 소규모가맹본부로 인한 가맹희망자의 가맹금 피해 등을 예방함으로써 가맹점주 권익 보호에 크게 기여할 것으로 기대된다.
  - 개정 법률안은 정부 이송, 국무회의 등의 절차를 거쳐 공포될 예정이며, 공포 후 6개월이 경과한 날부터 시행된다.

외식산업의 이해

그리고 2007년 8월 3일 일부 개정된 법률이 2008년 2월 4일부터 시행됨에 따라 가맹사업거래에 있어서 가맹본부의 가맹희망자 또는 가맹점사업자 간 정보의 불균형으로 인하여 발생할 수 있는 부작용을 예방하고, 상대적으로 불리한 지위에 있는 가맹희망자와 가맹점사업자의 권익을 보호할 수 있게 되었다.

1) 가맹희망자의 범위 확대 및 권리보호 강화

가맹희망자의 범위를 정보공개서 제공의 서면신청 여부와 관계없이 가맹계약을 체결하기 위하여 가맹본부·가맹지역본부와 상담하거나 협의하는 자로 규정하여, 사실상 가맹점사업자가 되기 위하여 가맹본부와 상담하거나 협의하는 자라면 누구나 정보공개서를 제공받을 수 있고, 일정한 경우 가맹금의 반환을 요구할 수 있게 됨으로써 사회적 약자에 대한 권리보호에 충실하게 되었다.

2) 정보공개서 등록제도의 도입

2008년 8월 4일 부터는 가맹본부가 가맹점사업자를 모집하기 위하여 가맹희망자에게 정보공개서를 제공하는 경우, 반드시 공정거래위원회에 등록된 정보공개서를 제공하도록 하였다. 이렇게 함으로써 정보공개서의 투명성 및 신뢰성이 확보되고 가맹사업의 건전한 거래질서가 확립될 수 있게 되었다.

3) 가맹금 예치제도의 도입

가맹희망자가 계약 시 가맹본부에 지급하는 가맹금을 제3의 기관에 예치한 후 가맹희망자가 정상적으로 영업을 개시하거나 가맹계약 체결일로부터 2개월이 경과한 후에 예치한 가맹금을 가맹본부에 지급할 수 있도록 하여 가맹본부로부터의 안정적 영업지원과 사기거래의 위험을 방지할 수 있을 것으로 기대된다. 다만, 가맹본부 피해보상보험을 체결한 경우에는 가맹금 예치제의 적용을 배제할 수 있다.

예치해야 할 가맹금은 계약금, 가입비, 교육비, 가맹비 등 처음 계약체결을 위해 지급한 대가와 계약의 이행을 위한 계약이행보증금에 한한다. 따라서 가맹점 개설을 위한 물품공급대금, 인테리어 공사비용 등은 예치 대상에서 제외된다.

가맹본부에 가맹금이 지급되기 전 문제가 있다고 판단될 경우 소송승 제기, 분쟁조정협의회에 조정신청을 하거나 공정거래위원회에 신고를 하면 된다. 이 경우 분쟁의 결과가 나올 때까지 가맹금 지급이 보류되므로 가맹희망자나 가맹본부는 안심할 수 있다.

4) 가맹금 반환 요구 요건 확대

앞으로는 가맹희망자나 가맹점사업자가 가맹본부로부터 가맹금의 최초 지급일 또는 가맹계약 체결일 중 빠른 날부터 14일 전_{변호사·가맹거래사의 자문을 받은 경우에는} 7일 전까지 공정거래위원회에 등록된 정보공개서를 제공받지 못한 경우에도 정보 제공과정에서 허위, 과장정보를 제공하는 경우 등에도 가맹금의 반환을 요구할 수 있게 되었다. 이렇게 함으로써 성실한 정보공개서 제공을 유도하고, 정보공개서를 적기에 제공받지 못한 자의 권리보호에 기여하도록 하였다.

5) 가맹점사업자의 영업구역 보호

가맹본부나 계열회사가 계약기간 중에 가맹계약을 위반하고 가맹점사업자의 영업지역 내에 가맹점사업자와 동일한 업종의 직영점이나 타 가맹점을 설치하는 행위를 금지함으로써 가맹본부로부터 부당하게 영업구역을 침해당하는 것을 방지하고 안정적으로 영업을 수행할 수 있도록 하였다.

6) 가맹점사업자의 가맹계약 갱신 요구 제도 도입

가맹본부는 가맹점사업자가 가맹계약서에 개제된 가맹금 등의 지급 의무를 지키지 아니하거나 가맹사업의 유지를 위해 필요한 가맹본부의 중요한 영업방침을 지키지 아니한 경우 등을 제외하고는 가맹점사업자의 갱신 요구를 거절하지 못하게 함과 동시에 최대 10년까지 가맹점사업자가 지속적인 거래를 위해 투자한 자본을 적절하게 회수할 수 있도록 하였다.

7) 가맹사업거래분쟁조정협의회의 이관

'독점규제 및 공정거래에 관한 법률'에 따라 설립되는 제3의 기관인 한국공정거래조정원에 가맹사업분쟁조정협의회를 설치함으로써 분쟁조정업무의 신뢰성을 높였다.

8) 가맹사업거래상담사 제도를 가맹거래사 제도로 변경

가맹사업거래상담사의 명칭을 가맹거래사로 변경하고, 그 업무 범위에 가맹사업 관련 분쟁조정 신청과 정보공개서 등록·수정·갱신 신청의 대행업무를 추가하여 가맹거래사의 활동이 활발해졌으며 이로 인해 가맹사업거래에 대한 신뢰성이 제고되고, 가맹사업의 공정한 거래질서가 확립되는 데 기여하였다.

표 13.19_ **정보공개서의 주요 내용**

구 성	세 부 내 용
가맹본부의 일반 현황	• 가맹본부의 일반 정보 • 특수관계인의 일반 정보 • 가맹본부의 인수·합병 내역 • 가맹희망자가 앞으로 경영할 가맹사업의 내용 • 바로 전 3개 사업연도의 대차대조표 및 손익계산서 • 가맹본부의 임원 명단 및 사업경력 • 바로 전 사업연도 말 임직원 수 • 가맹본부 및 가맹본부의 특수관계인의 가맹사업 경영 사실 • 사용을 허락하는 지식재산권
가맹본부의 가맹사업 현황	• 가맹사업을 시작한 날 • 연혁 • 가맹사업 업종 • 바로 전 3년간 사업연도 말 영업 중인 가맹점 및 직영점의 총 수 • 바로 전 3년간 가맹점 수 • 본 가맹사업외에 가맹본부가 경영하거나 특수관계인이 경영하는 가맹사업 현황 • 바로 전 사업연도 가맹점사업자의 연간 평균 매출액과 산정기준 • 가맹지역본부의 일반 정보 • 광고·판촉 지출 내역 • 가맹금 예치 • 가맹점사업자피해보상보험 등의 체결 내역
가맹본부와 그 임원의 법 위반 사실	• 공정거래위원회의 시정조치 • 민사소송 및 민사상 화해 • 형의 선고

가맹점사업자의 부담	• 영업개시 이전의 부담
	  1) 최초 가맹금 2) 보증금
	  3) 예치가맹금의 범위와 그 금액 4) 그 밖에 지급하여야 하는 비용
	  5) 가맹점 입지 선정 주체 및 선정 기준
	  6) 가맹점사업자와 그 종업원의 교육 및 계약·채용 기준
	  7) 가맹점 운영에 필요한 설비 등의 내역 및 공급방법·공급업체
	  8) 가맹금 분납 제도
	• 영업 중의 부담
	  1) 비용부담 2) 가맹점사업자에 대한 감독
	• 계약종료 후의 부담
	  1) 계약 연장이나 재계약 과정의 추가 부담
	  2) 가맹본부의 사정에 의해 계약종료 시 조치사항
	  3) 가맹점 운영권 양도 과정의 부담
	  4) 계약 종료 후의 조치 사항

영업활동에 대한 조건 및 제한	• 물품 구입 및 임차 • 거래 요구 또는 권장의 대가 내역 • 상품·용역, 거래상대방, 가격 결정 • 가맹점사업자의 영업지역 보호 • 계약기간, 계약의 갱신·연장·종료·해지·수정 • 가맹점운영권의 환매·양도·상속 및 대리행사 • 경업금지. 영업시간 제한, 가맹본부의 영업장 관리·감독 • 광고 및 판촉 활동 • 영업비밀 보호에 관한 사항 • 가맹계약 위반 시 손해배상에 관한 사항

외식산업의 이해

② 외식 프랜차이즈 표준약관

1990년대를 기점으로 국내에서 프랜차이즈 산업이 비약적인 발전을 거듭해오면서 공정거래위원회에서는 양적인 성장만을 추구해오던 프랜차이즈 산업을 위해 프랜차이즈외식업약관을 제정·시행하고 있다. 그전까지의 가맹계약은 가맹본부에게만 유리하도록 작성되는 경우가 많아 가맹점사업자가 불이익을 당하는 경우가 많았다. 그러나 표준약관을 제정·시행함으로써 불공정 약관으로 인한 분쟁을 사전에 예방, 가맹점사업자의 피해를 줄이고 사업실패의 위험을 감소시키는 동시에 가맹본부의 효율성 제고 및 신뢰 확보를 기대할 수 있게 되었다.

표 13.20_ **가맹계약서의 주요 구성**

구 성	세 부 내 용
제1장 총칙과 권리의 부여	• 제1조 신의 성실의 원칙 • 제2조 가입의 승인 • 제3조 가맹점 운영을 위한 권리 부여 • 제4조 영업표지 • 제5조 지식재산권의 확보 • 제6조 "을"의 표시와 영업지역 • 제7조 계약기간과 계약의 갱신 • 제8조 타인명의 및 권리·의무 이전 금지 • 제9조 영업의 양도 금지 등 • 제10조 영업의 상속
제2장 가맹금과 설비 등	• 제11조 가입비, 신규교육비 및 가입비 반환 • 제12조 보증금 • 제13조 가맹금 예치 • 제14조 점포설비와 운영물품 등 • 제15조 POS
제3장 영업활동 관련	• 제16조 교육 • 제17조 영업일수 등 • 제18조 가맹사업 표준화 및 경영지도와 시정권 • 제19조 상품·재료의 공급 및 공급의 중지 등 • 제20조 상품 등의 합리적인 가격 설정 • 제21조 정기지급금 • 제22조 상품 등의 판매 제한과 판매 가격 • 제23조 광고·판촉 • 제24조 점포환경개선

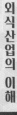

③ 가맹사업진흥에 관한 법률

이 법은 가맹사업의 진흥에 필요한 사항을 정하여 가맹사업 발전의 기반을 조성하고 가맹사업의 경쟁력을 강화함으로써 국민경제의 건전한 발전에 이바지함을 목적으로 한다.

표 13.21_ **가맹사업진흥에 관한 법률 주요 내용**

주요 내용	세부 내용
기본계획	① 산업통상자원부장관은 가맹사업을 진흥하기 위하여 5년마다 관계 중앙행정기관의 장과의 협의를 거쳐 가맹사업 진흥 기본계획(이하 "기본계획"이라 한다)을 세워야 한다. ② 기본계획에는 다음 각 호의 사항이 포함되어야 한다. 　1. 가맹사업 진흥의 기본방향 　2. 가맹사업의 진흥을 위한 추진체계에 관한 사항 　3. 가맹사업의 부문별 발전전략에 관한 사항 　4. 가맹사업 발전의 기반 조성에 관한 사항 　5. 가맹사업의 구조 개선 및 경쟁력 강화 방안 　6. 가맹본부와 가맹점사업자 간의 상생협력 방안 　7. 그 밖에 가맹사업의 진흥을 위하여 필요한 사항
시행계획	① 산업통상자원부장관은 기본계획을 시행하기 위하여 해마다 관계 중앙행정기관의 장과의 협의를 거쳐 가맹사업 진흥 시행계획(이하 "시행계획"이라 한다)을 세워야 한다. ② 산업통상자원부장관과 관계 중앙행정기관의 장은 시행계획 중 소관 사항을 시행하고, 이에 필요한 재원을 확보하기 위하여 노력하여야 한다. ③ 관계 중앙행정기관의 장은 가맹사업을 진흥하기 위하여 필요한 때에는 특별시장·광역시장·도지사 및 특별자치도지사에게 시행계획을 시행하는 데에 필요한 조치를 취할 것을 요청할 수 있다.
관계 중앙행정기관의 장 등의 협조	산업통상자원부장관은 기본계획과 시행계획을 수립·시행하기 위하여 필요한 때에는 관계 중앙행정기관의 장 및 지방자치단체의 장에게 협조를 요청할 수 있다. 이 경우 협조를 요청받은 관계 중앙행정기관의 장 등은 특별한 사정이 없으면 요청에 따라야 한다.
실태조사	① 산업통상자원부장관은 기본계획과 시행계획을 효율적으로 수립·추진하기 위하여 가맹사업에 대한 실태조사를 할 수 있다. ② 산업통상자원부장관은 가맹사업에 대한 실태조사를 위하여 필요한 때에는 관계 중앙행정기관의 장, 지방자치단체의 장 또는 「공공기관의 운영에 관한 법률」에 따른 공공기관(이하 "공공기관"이라 한다)의 장에게 관련 자료를 요청할 수 있다. 이 경우 자료를 요청받은 관계 중앙행정기관의 장 등은 특별한 사정이 없으면 요청에 따라야 한다.
가맹사업의 물류 효율화 및 정보화 촉진	정부는 가맹사업의 물류 효율화 및 정보화를 촉진하기 위하여 다음 각 호의 사업을 추진할 수 있다. 1. 원재료·부재료 및 상품의 보관·배송·포장 등을 위한 공동물류시설의 확충 2. 가맹사업 현황 및 물류시설에 관한 데이터베이스 및 정보제공시스템 구축 3. 판매시점 정보관리시스템의 개발 및 보급 4. 점포관리의 효율화를 위한 정보관리시스템의 개발 및 보급
기맹사업자의 전문성 제고	정부는 가맹사업자의 전문성을 높이기 위하여 다음 각 호의 사업을 추진할 수 있다. 1. 가맹사업에 종사하는 자의 자질 향상을 위한 교육·연수 2. 가맹사업에 관한 전문인력의 양성

기술개발사업 등	① 정부는 가맹사업과 관련된 다음 각 호의 기술개발사업을 추진할 수 있다. 　1. 가맹사업과 관련된 상품의 제조 및 관리 기술의 개발 　2. 영업표지의 디자인 개발 ② 정부는 가맹사업의 기술개발에 관한 정보를 제공하기 위하여 필요한 시책을 마련할 수 있다.
지적재산권의 보호	① 정부는 가맹사업의 특허권·실용신안권·디자인권·상표권·저작권 등 지식재산권 보호시책을 마련하여야 한다. ② 정부는 가맹사업의 지식재산권을 보호하기 위하여 다음 각 호의 사업을 추진할 수 있다. 　1. 가맹사업의 상품·영업표지에 대한 기술적 보호 　2. 가맹사업의 권리자를 식별하기 위한 정보 등 권리관리정보의 표시 활성화 　3. 가맹사업의 지식재산권 보호에 관한 데이터베이스 및 정보제공시스템 구축 　4. 가맹사업의 지식재산권 관련 교육·홍보·컨설팅
창업 지원	① 정부는 가맹사업의 창업을 활성화하기 위하여 가맹사업을 창업하려는 자(이하 "가맹사업창업자"라 한다)에 대하여 필요한 지원을 할 수 있다. ② 정부는 가맹사업창업자에게 창업 및 가맹사업의 성장·발전에 필요한 자금·인력·기술·판로 및 입지 등에 관한 정보를 제공하기 위하여 필요한 시책을 마련하여야 한다. ③ 정부는 중앙행정기관의 장, 지방자치단체의 장 또는 공공기관의 장에게 제2항에 따른 정보 제공에 필요한 자료를 요청할 수 있다.
사업전환에 필요한 정보제공	① 정부는 가맹사업자로의 전환을 추진하는 중소기업자(「중소기업기본법」 제2조에 따른 중소기업자를 말한다. 이하 같다)와 다른 가맹사업으로의 전환을 추진하는 가맹사업자에게 기술·판로 및 진출업종 등 사업전환에 필요한 정보를 제공하기 위하여 필요한 시책을 추진할 수 있다. ② 정부는 제1항에 따른 중소기업자와 가맹사업자에게 경영·기술·재무·회계 등의 개선을 위한 컨설팅 지원을 할 수 있다.
가맹사업 진흥활동	산업통상자원부장관은 가맹사업에 대한 국민의 인식을 높이고 창업을 촉진하기 위하여 다음 각 호의 사업을 추진할 수 있다. 1. 독창적인 아이디어를 기반으로 한 창업 사례 및 우수 상품·서비스의 발굴 및 포상 2. 창업박람회 및 우수 상품·서비스 전시회의 개최 3. 그 밖에 가맹사업의 창업 및 진흥에 관한 행사의 개최
가맹사업의 국제화 촉진	정부는 가맹사업의 국제화를 촉진하기 위하여 다음 각 호의 사업을 추진할 수 있다. 1. 가맹사업과 관련한 정보·기술·인력의 국제교류 2. 가맹사업과 관련한 국제학술대회·국제박람회 등의 개최 3. 해외 가맹사업 시장의 조사·분석과 수집 정보의 체계적인 제공 4. 가맹본부의 해외진출에 관한 컨설팅 지원
자금의 지원	정부는 다음 각 호의 해당 사항에 필요한 자금을 지원할 수 있다. 1. 가맹사업창업자의 가맹사업 창업 또는 아이디어의 사업화 2. 중소기업자가 가맹사업자로 전환하는 데에 필요한 경영환경 조성 및 시설 개선 3. 「가맹사업거래의 공정화에 관한 법률」 제6조의2에 따라 공정거래위원회에 정보공개서를 등록한 가맹본부(이하 이 조에서 "정보공개서를 등록한 가맹본부"라 한다)와 이에 속한 가맹점사업자의 정보화, 기술개발 4. 정보공개서를 등록한 가맹본부의 해외시장 개척

⑤ 가맹점 모집전략

　프랜차이즈 사업을 지속적으로 운영하기 위해서는 가맹점 모집에 대한 전략과 프로모션 수립이 필요하다.

　가맹점 모집 프로모션의 형태는 소비자 프로모션과 창업 희망자 프로모션으로 나뉘는데 창업 희망자 프로모션 형태는 지속적인 자사의 브랜드 노출과 인지도 상승, 브랜드 이미지, 선택 확률을 높여 예비창업자를 모집하는 형태이다. 또한, 퍼블리시티 및 광고와 프랜차이즈 박람회, 창업 설명회 등의 업무를 진행하여 가맹점 계약 확률을 높이기도 한다. 따라서 온오프라인 구전, 퍼블리시티, 광고의 세 가지 형태로 가맹점을 어떻게 모집하고 있는지를 살펴보도록 한다.

🫖 그림 13.9_ **가맹점 모집의 형태**

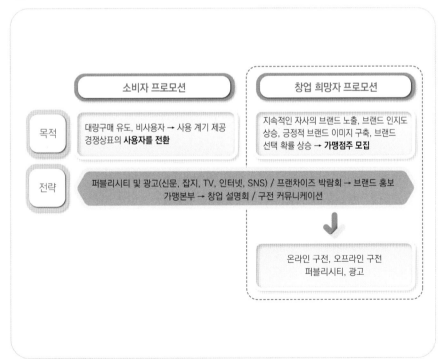

1) 구전 커뮤니케이션 모집

구전 커뮤니케이션의 정의 및 특성을 한번 살펴보도록 한다. 친구나 동료에게 이야기함으로써 정보의 원천이 되는 형태, 대화를 통해 제품 서비스에 대한 정보를 전달하는 행위 등 다양한 연구자들의 선행연구를 통해 구전 커뮤니케이션이 정의되었다. 공통점은 입에서 입으로 전해지는 정보의 흐름이라는 것이라 할 수 있겠다.

인터넷과 스마트폰의 대중화로 대면 구전 커뮤니케이션뿐만 아니라 온라인으로 다양한 구전 정보를 쉽게 접하고 정보를 구하기도 하며, 서로의 경험에 대해 이야기함으로써 가장 영향력 있는 커뮤니케이션 도구로 급부상하고 있어 오늘날에는 소비자들 간의 직간접 경험이 브랜드에 미치는 영향이 클 것으로 보인다.

감성을 중시하는 문화를 선호하게 되고, 셀럽과 같은 문화의 선두주자로 변해가는 것이다. 소비자들의 의식 자체가 자기만족을 지향하는 개성 중심의 사고로 전환되고, 상품을 중시하는 기능 위주에서 자기 만족을 중시하는 것으로 변해 나아가고 있는 것으로 해석될 수 있다. 다시 말해서 소비자의 의식구조가 기존의 하드웨어 중심에서 소프트웨어 중심으로 변해가고 있으며, 대중중심의 사고에서 자기중심의 개성과 만족을 중시하는 경향을 띠게 되는 것이다. 소득수준이 3만 달러를 넘은 한국은 경제의 축이 생산중심에서 소비중심으로 변해가고 있고, 이는 한국뿐만 아니라 모든 국가들이 공통으로 변해가는 현상이다. '나는 소비한다. 고로 존재한다'라는 소비개념의 변화를 온라인과 스마트폰이 가져오고 있다.

구전 커뮤니케이션의 장단점을 살펴본다면, 상업적 광고에 대한 불신이 해소되고, 비용투입 대비 효과가 높고, 소비자 구매율을 높일 수 있으며 구매에 대한 리스트가 감소하는 것이 장점으로 나타나며, 부정적 구전 형태의 강도가 높게 나타나고 확산 속도가 빨라 직접 통제하기가 어렵다는 것이 주요 단점이라 할 수 있다.

구전 커뮤니케이션이 긍정적으로 소비자에게 미치는 행동요소 중 가맹본부의 브랜드가 온라인에서 좋게 평가되고 있는지, 호의적으로 추천이 되고 있는지, 정보를 많이 접할 수 있는지, 브랜드에 대한 경험을 이야기하고 있는지가 온라인 커뮤니케이션에서 나타나는 현상이고, 주변 사람들이 가맹본부의 브랜드를 좋게 평가하고 있는지, 이 브랜드를 주변에 추천하고 있는지, 이야기를 많이 하고 있는지, 경험해보니 어떤지 등이 오프라인 구전 커뮤니케이션으로 나타나고 있는 현상이다.

2) 퍼블리시티를 통한 모집

퍼블리시티는 신문이나 잡지 등의 기사나 TV 라디오 등을 이용하여 브랜드 PR을 한다고 이해하면 된다. 여러 논문과 학회지에 퍼블리시티의 정의를 다양하게 설명하고 있다. 하지만 결국 표면적으로 객관적인 퍼블리시티의 형태를 띠고 있지만 내부적으로는 광고 측면이 내재되어 있는 것이 공통점으로 나타나는 것이 큰 특징이라 할 수 있다.

퍼블리시티 형태가 긍정적으로 소비자에게 미치는 행동요소로는 신문잡지 등에 보도된 기사에서 가맹본부의 브랜드를 많이 접할 수 있었는지, 기사가 사실이라고 생각했는지, 기사가 긍정적이라 생각했는지, 기사가 믿을 만한지 등이 소비자에게 긍정적인 영향을 미치고 있다.

3) 광고를 통한 모집

광고는 흔히 알고 있는 TV나 라디오, 온라인 등으로 접하는 광고이지만 크게 보면 시청각적 메시지가 강하고 큰 비용을 투입하여 대중매체를 이용하여 통제된 명시적 정보 및 설득행위라 할 수 있다.

광고의 형태가 긍정적으로 소비자에게 미치는 행동요소로는 TV, 라디오, 광고를 통해 가맹본부의 브랜드를 많이 접할 수 있었는지, 사실이라 생각이 되었는지, 긍정적이라 생각이 되는지, 믿을 만하다고 생각이 되는지가 소비자에게 긍정적인 영향을 미칠 수 있다.

4) 아웃소싱을 통한 모집

가맹본부가 직접 가맹점을 모집하지 않고 제3자에게 모집권한을 부여하여 가맹본부에게 가맹점 영업을 위탁받아 가맹점을 모집하는 형태이다. 가맹본부의 가맹점포 확대전략 방법 중 하나로 모집대행 아웃소싱을 통한 모집이 가능하지만, 장점보다는 단점요소가 더 많은 것이 특징이다.

　가맹본부가 신생기업이거나 사업규모가 작으면 공동 마케팅의 일환으로 활용할 수 있고, 유연성 있는 경영전략으로 활용될 수 있다. 그러나 가맹점 모집 컨설팅이란 명분으로 난립하고 있는 대행업체가 많이 생겨나고 있으며, 가맹본부만의 브랜드 정체성을 잃어버리고 경영철학의 희석과 기업의 내부정보 등의 유출이 발생할 수 있는 단점도 있다.

6 물류시스템과 매뉴얼

1 가맹본부의 물류시스템

　가맹본부를 운영함에 있어 프랜차이즈의 고정수익을 발생시킬 수 있는 '물류시스템'을 구축해야 한다. 가맹본부가 가맹점에 공급하여 발생하는 물류수익이 고정매출로 발생한다면 안정적인 프랜차이즈 사업이 가능하다. 가맹본부의 주요 수익분야는 가맹점 출점을 통한 신규수익 분야와 지속적인 물류 공급을 통한 고정수익 분야다. 두 가지 모두 중요한 수익 분야지만 가맹점의 물류 공급을 통한 수익 분야를 개척해나가는 것이 더욱 중요하다.

　가맹본부가 실패하는 사례들을 보면 오랜 기간 좋은 거래 관계를 유지하다 거래처를 자주 변경하는 것에 따라 품질악화와 가맹점과의 분쟁이 발생하게 되는 것을 볼 수 있다. 가맹본부의 물류 수익률은 물류 매출의 약 20~25%를 유지하는 것이 가장 이상적이라 할 수 있다. 일부 브랜드 경우 생육에서 가공돈육 또는 양념육으로 변경함으로써 물류 이익률을 높인 사례도 있다.

1) 전용상품과 범용상품의 구분

가맹본부에서 공급하는 식재료는 크게 '전용상품'과 '범용상품' 두 가지로 나뉜다. 전용상품이라 함은 가맹본부의 노하우나 독창성, 타브랜드에 대한 배타적 독립성을 확보한 상품을 말한다. 범용상품은 일반적인 식재료로서 흔히 시중에서 구매할 수 있는 야채, 공산품, 생육, 기성품 등을 말한다. 가맹본부는 전용상품의 공급을 통해 물류수익을 창출하는 것이 좋다. 전용상품은 일반적으로 시중에서 구매할 수 없고 상품의 품질이 양호하고, 가격도 합리적인 것으로 가맹본부에서 직접 개발하여 공급하도록 한다. 전용상품의 수익을 위해 가맹본부는 가맹점이 정확한 레시피를 준수했을 때 브랜드가 지향하는 맛과 품질이 구현되도록 지도·교육할 수 있어야 한다. 일부 가맹점이 순수익 저하의 문제로 유사한 타 상품을 사용하거나 정해진 용량과 용법을 무시하고 조리하면 이는 표준화 저해라

표 13.22_ **가맹본부의 공급물품 예시**

업 종	공급물품 예시
치킨/바베큐 전문점	• 계육: 육계, 정육, 날개, 가슴살 등 • 소스: 치킨소스, 바비큐소스, 후라이드 파우더 등 • 염지: 염지제 개발 후 완제품
강정 전문점	• 치킨강정, 오리강정, 우(牛)강정, 참치강정, 연어강정 등 • 소스: 파우더 소스, 소스 패키지 등
피자 전문점	• 피자도우, 치즈, 토핑류, 소스 패키지 등
호프/퓨전요리 전문점	• 육류: 가공육, 족발보쌈, 폭립 등 • 냉장냉동육: 소시지, 탕수육, 돈가스, 모듬 수산물 등 • 기타: 탕류, 건어물류, 소스 패키지 등
삼겹살/돼지갈비 전문점	• 삼겹살, 돼지갈비, 등갈비, LA갈비, 갈비살 외 양념 육고기류 등
닭갈비 전문점	• 숯불닭갈비, 철판닭갈비, 불닭갈비, 제품별 염지 숙성된 육계와 소스 패키지 등
닭 한식요리 전문점	• 닭한마리, 닭칼국수, 닭도리탕, 안동찜닭, 삼계탕, 제품별 염지 숙성 또는 신선육, 소스 패키지 등
파스타 전문점	• 스파게티면, 메뉴별 소스, 오일, 시럽, 냉동수산물 등
커피 전문점	• 원두, 시럽, 소스, 냉동케이크, 베이커리, 샌드위치 외 패스트푸드 등

는 계약위반 사항에 해당할 수 있기 때문에 가맹본부는 매월 물류 공급의 데이터를 확인·분석하여 매출과 판매 대비 전용상품이 가맹점에 평균적으로 공급이 잘되고 있는지를 파악해야 한다.

가맹본부는 이러한 전용상품과 범용상품을 구분하여 정기적인 납품이 가능하도록 전용상품의 규격 표준화와 포장 패키지를 확보할 수 있도록 물류시스템을 구축하여야 하며, 가맹점에 전용상품을 공급할 수 있도록 제조허가를 득할 수 있게 품목별 시험성적서, 유통기한 설정사유서, 품목제조 보고서, 제조방법설명서 등의 과정을 반드시 거쳐야 한다. 업종별 공급물품을 보면 다음과 같다.

가맹본부 물류의 규격화가 일정해야 이익률이 높아진다. 매입처와 매출처가 일관된 규격화가 되어 있어야 손실률을 줄일 수 있고 전용상품에 부착되는 스티커에 가맹본부의 정보에 대해 제조원, 판매원 등을 삽입함으로써 가맹점들의 유사제품 사입을 미연에 방지할 수 있다. 또한 공급물품에 대한 미수금 회수문제, 공산품 의존도가 높은 경우 품질관리가 미비하고 유사제품 사입률이 높을 경우 구매력 악화로 가맹본부의 재무구조가 나빠질 수 있다.

가맹본부는 가맹점을 위한 구매력을 철저하게 관리할 수 있게 주변 정보력을 최대한 활용할 수 있도록 하고, 물류 계약관계인 가맹점주와 가맹점에서 구매하는 종사자가 만족하는지 등 관계를 잘 유지할 수 있도록 한다. 가맹점이 무엇을 원하고 필요로 하는지를 알고 있어야 가맹본부는 프랜차이즈 사업의 만족을 통해 지속적인 신규 가맹점 모집과 물류 공급으로 수익을 창출하는 기반을 조성할 수 있다.

2) 물류 시스템의 구분

❶ 물류 시스템의 분류 3종류

물류 시스템의 분류는 크게 세 가지로 나뉜다. 첫째는 자사물류1PL, First Party Logistics시스템이고 두 번째는 계열회사 간 물류2PL. Second Party Logistics 시스템, 세 번째로는 3자물류3PL. Thirty Party Logistics이다.

자사물류는 가맹본부에 물류조직을 두고 물류업무를 직접 수행하는 경우를 말하고 계열회사 간 물류는 가맹본부에서 물류조직을 별도로 분리하여 자회사로 독립시켜 운영하는 경우를 말한다. 계열회사 간 물류는 가맹본부에서 위임된 업무내용과 업무영역에 따라 운송 자회사, 창고 자회사 등으로도 구분할 수 있다. 가맹점이 30개 넘었을 경우 선택하는 경우가 가장 많고 가맹본부도 이 시기에 물류공급 이익이 본격적으로 상승하게 된다. 가맹점수가 30개를 초과하여 100개 정도가 되면 소수의 직납차량과 창고로는 물류공급을 할 수 없다. 이러한 경우 물류 자회사를 계열사로 두는 방법을 택하게 된다. 계열회사 간 물류는 기존 가맹본부와는 차별적으로 물류공급 분야만 독립시켜 체계적인 물류정책을 수립할 수 있는 장점도 있다.

3자물류는 외부의 전문 물류기업에 물류업무를 아웃소싱하는 경우를 말한다. 보편적으로 100개 이상의 가맹점을 출점했다면 가맹점이 전국적으로 확산되어 있어 1년 이상 물류전문 기업에게 아웃소싱을 하는 것이 좋다. 대다수 3자물류 기업은 대규모 물류창고시설과 하역 도크장을 가지고 있으며 많은 지입운수차량을 보유하고 있어 전국배송이 가능하다.

쉽게 말해서, 프랜차이즈는 유통의 꽃이라 할 수 있기 때문에 가맹본부가 '직접자사, 2PL물류' 시스템으로 사업을 추진할 것인지, '간접3PL물류' 시스템으로 사업을 추진할 것인지 선택한다. 통상적으로 물류 시스템은 가맹점수에 비례하여 그 구조와 방식을 결정하게 된다.

② 직간접에 의한 구분

직접물류 시스템은 가맹본부가 식품제조공장을 직접 설립하여 모든 유통기능을 수행하는 것이다. 가맹점에 공급되는 전용상품을 위한 생산 공장을 통해 가맹본부에서 직접 생산·제조·포장·재고·유통·배송을 하면 가맹본부의 고정비가 높아질 수 있다. 제조공장에 종사하는 직원을 별도로 채용해야 하고, 공장에 대한 인허가 절차와 임대료, 개발상품에 대한 품목제조보고, 원료수불대장 작성, 정기적으로 실시해야 하는 시험성적서 발급 비용, 가맹점 납품을 위한 차량구매 및 유지를 위한 고정비도 발생할 수 있다. 외식산업을 기준으로 했을 경우 배송기사 1인이 일일 배송 가능한 점포수는 평균 10~15 이내가 가장 이상적인 배달 점포수이다. 점심시간 매출상승을 위해 물류공급시간이 대부분 새벽에 시작되어 늦어도 정오 전으로 배송이 완료되어야 한다는 단점도 있다. 그러나 가맹점에서 발주하는 상품을 공급함에 있어 신속하고 정확한 배송이 이뤄질 수 있고, 가맹본부의 물류 수익률이 높아질 수 있다면 가맹본부에서 운영하는 식품제조공장 형태로 운영하는 것도 나쁘지 않다.

간접물류 시스템은 식품전문 제조기업과 물류전문기업에 위임하여 운영하는 것이다. 기존의 식품전문 제조기업과 물류전문기업과의 업무제휴를 통해 가맹점에 정기적인 식재료와 배송이 이뤄지게 되고 가맹본부의 수익은 위임한 식품제조공장에서 발생한 매출의 수수료를 지급받게 되는 것이다. 직접물류보다 물류수익이 줄어들게 되지만 간접물류를 통해 가맹본부는 고정비 지출을 최소화 할 수 있으며 가맹점에서 발생하는 채권도 발생하지 않는다. 가맹점이 전국적으로 넓게 분포가 되어 있다면 직접물류를 통한 운송비 절감을 위해 간접물류 시스템으로 운영할 수 있다.

가맹점사업자는 물품 공급사에 대한 다양한 품목이 중요하다는 인식과 저렴한 가격, 배송시간, 주문 상담의 친절, 배송 담당자의 서비스를 아주 중요하게 생각하기 때문에 가맹본부는 직접 혹은 간접물류 시스템에 대한 장단점을 고민하여 합리적인 선택을 하여 가맹점에 공급하는 식재료의 안정성을 확보한다.

일반적으로 가맹사업을 시작하는 초기단계에는 간접물류로 운영하는 외식기업이 많고, 가맹점수가 30개 이상 개점되었을 경우 직접물류 시스템을 구축하는 사례도 있지만 무엇보다 중요한 것은 업종에 가장 적합한 물류 시스템을 구축해야 한다는 것이다.

표 13.23_ **가맹본부 물류 시스템 사례**

시스템 구분	유통과정 요약				
MD	D-2일	D-2일	D-1일	D-day	
직접물류 시스템	[가맹점] 발주	[제조공장] 생산지시	[제조공장] 생산완료	[가맹본부] 직접배송	[가맹점] 배송완료
MD	D-3일	D-3일	D-2일	D-1일	D-day
간접물류 시스템	[가맹점] 발주	[가맹본부] 배송지시	[협력업체] 제고파악 생산지시	[협력업체] 생산완료	[협력업체] 차량배차 [가맹점] 배송완료

▶ 가맹점에서 오후 4시 이전에 모든 발주를 마감해야 배송일을 단축할 수 있다.

② 프랜차이즈 시스템 매뉴얼

1) 매뉴얼의 목적과 필요성

가맹본부의 매뉴얼 개발 컨설팅은 점포의 가맹본부 종사원을 위해 관리해야할 '가맹본부 운영 매뉴얼'과 가맹점 교육을 위해 관리해야 할 '가맹본부 운영 매뉴얼'로 관리한다. 흔히 프랜차이즈 매뉴얼franchise manual이라고 하는데 가맹본부는 매뉴얼을 통해 종사원들의 교육과 경영방침, 관리, 운영, 출점, 계약 등의 표준화와 전문화를 실현할 수 있고, 가맹점은 점포의 설비와 상품 관리, 광고전략 등점포 운영을 위한 지침서가 될 수 있어 매뉴얼 개발은 꼭 필요한 경영기법이다.

가맹본부의 매뉴얼 개발은 사업의 표준화를 통해 고객에게 통일된 브랜드 이미지를 심어주는 한편, 고객이 어느 가맹점을 방문하더라도 똑같은 맛, 똑같은 서비스, 똑같은 분위기를 느낄 수 있게 고객의 편의성을 증대시킬 수 있게 작성되어야 한다. 매뉴얼은 표준화standardization, 전문화specification, 신속화speed를 가능케하고 지식 및 정보의 공유, 동일한 이미지 구현 등을 위해 작성되어야 한다.

가맹본부가 매뉴얼을 잘못 생각하는 경우는 둘로 나뉜다. 하나는 매뉴얼을 만고불변의 절대적 진리인 양 지나치게 강조하는 경우이고, 다른 하나는 반대로 매뉴얼이라는 자체가 필요 없다고 인식하는 경우이다. 전자의 경우 이 매뉴얼은 일관적이고 효율적인 업무를 위한 하나의 지침이기 때문에 경험을 통해 수시로 수정·발전시켜 정밀도가 높아지도록 해야 한다. 그러한 매뉴얼이야말로 가맹본부의 모든 역량과 노하우가 축적된 바이블의 역할을 할 수 있는 것이다. 세계적 프랜차이즈 맥도날드의 경우 매뉴얼 무게만 1,600kg 이상이라 할 정도로 어마어마한 분량을 가지고 있으며 그만큼 사소한 부분까지 상세하게 매뉴얼화되어 있다.

반대로 매뉴얼의 존재를 부정적으로 바라보는 경우는 지나치게 매뉴얼화된 서비스의 반감에서 시작된다. 실제로 패스트푸드점 등에서 아무 감정 없이 매뉴얼대로 말하는 접객용어를 접할 때면 도리어 불쾌감을 느끼는 경우도 많다. 그러나 미숙련된 신입사원 또는 파트타임 사원을 제대로 훈련하고 교육하기 위해서는 매뉴얼이 필요하다. 다만, 앞서 제시한 병폐를 막기 위해서는 수시로 기업의 경영과 가직영점 및 가맹점의 영업현황을 분석하여 수정할 필요가 있다.

이처럼 매뉴얼이 프랜차이즈 사업에서 매우 중요한 역할을 하지만, 프랜차이즈 시스템의 본질을 유지하기 위한 최소한의 기준일 뿐 사업의 매뉴얼대로 한다고 해서 무조건 가맹사업이 성공하는 것은 아니다. 매뉴얼을 기초로 하여 그 이상의 경영과 서비스가 이루어질 때, 비로소 좋은 결과를 가져올 수 있는 것이다.

매뉴얼을 제작하지 않는 이유는,

첫 번째로 '매뉴얼 없이도 잘해왔는데' 하는 경영주의 자만과 매뉴얼이나 레시피를 만들어놓으면 해고될 수 있고 조리장의 역할이 축소될 수 있다는 조리장의 오판이 주 요인이며, 두 번째는 세무행정 등 투명경영을 하지 않는 가맹본부의 문제, 세 번째는 외부기관에 의한 제작을 통해 준수하라고 하면 초기 적응의

> **◑ 매뉴얼 개발의 필요성**
> - 사업하기 전 사업계획서를 작성하듯이 매뉴얼을 작성하면 계획성 있는 교육 스케줄로 종사자들의 팀워크를 확고하게 할 수 있는 동기를 부여할 수 있다.
> - 일반적인 전달사항과 영업방침을 일관성 있게 전달하는 매개체로 활용할 수 있다.
> - 브랜드 이미지의 통일화, 매니지먼트의 표준화를 가능케 한다.
> - 가맹본부의 책임감 있는 가맹점 모집으로 신뢰감을 고취시킬 수 있고 품격을 높일 수 있다.
> - 경영주의 경영 철학을 정립하여 자신만의 캐릭터 설정이 가능하다.

어려움과 사고방식 변화의 저항, 네 번째는 매뉴얼을 통해 가맹사업의 노하우를 노출시키려 하지 않는 경영주의 사고방식 등이 있다.

　매뉴얼은 존재한다고 되는 것이 아니다. 가맹본부는 가맹점이 매뉴얼을 제대로 사용할 수 있도록 운영해야 한다. 그리고 사용하면서 수시로 보정·보완해야 한다.

　가맹본부가 매뉴얼을 잘 활용하려면,

📖 직원 교육 및 매뉴얼 관리

① **정기 교육 및 테스트**: 정기적인 반복 교육과 분야별 테스트를 실시하여 직원들에게 경각심을 부여하고 업무 촉진, 합리적이고 이론적인 분위기에서 학습하는 자세를 유도할 수 있다.

② **자체 평가**: 경영주는 정기적인 자체 평가를 실시하여 운영 전반에 걸쳐 항목별로 매뉴얼에 의한 경영이 이루어지고 있는지 평가하도록 한다.

③ **매뉴얼 업데이트**: 모든 매뉴얼의 체크리스트를 작성하여 지속적으로 업데이트를 실시한다. 시대의 흐름이나 젊은 직원들의 아이디어를 수렴하고 현실적으로 수정·보완하도록 한다.

④ **정기 미팅 및 회의**: 직원들과 수시로 미팅하거나 회의를 주재하여 의견을 청취하고, 점장 또는 매니저에 대한 정기적인 자체 평가를 월별로 실시한다.

⑤ **매뉴얼 준수**: 매뉴얼을 지키는 데 예외가 없다는 것을 보여주어야 한다. 사장이나 점장 또는 매니저가 지키지 않은 매뉴얼은 직원들에게 불신감을 줄 수 있으므로, 매뉴얼을 준수하는 직장 분위기를 만들도록 노력한다.

표 13.24_ **매뉴얼 개발 예시**

매뉴얼 구성		세부 내용
가맹본부 매뉴얼	가맹본부 운영 매뉴얼	• 가맹본부 이해하기 / 직원 교육(OJT) • 사내규정 및 인사규칙
	디자인 매뉴얼	• BI/CI 규정 / 디자인 패키지 • 인테리어 디자인
	슈퍼바이저 매뉴얼	• 슈퍼바이저 의미/역할 • 가맹점 통제 / 가맹점 관리 및 서식 • 점포 오픈 프로세스 / 오픈 리허설 • 그랜드 오픈 / 조리교육 일정표 • 가맹점 분쟁사례참조
	점포개발 매뉴얼	• 가맹점 영업 / 가맹 상담 • 점포 개발 / 점포 계약 / 가맹 계약
	물류시스템 매뉴얼	• 물류 유통 시스템 / 유통 품목 및 관리 • 물류 시스템 규정
	표준레시피	• 메인메뉴, 사이드 메뉴 / 메뉴 사진
가맹점 매뉴얼	점포 운영 매뉴얼	• 직원관리 / 회계관리 / 서비스 관리 • 시설 및 영업관리 / 성희롱 예방교육 • POS운영 매뉴얼
	위생관리 매뉴얼	• 개인위생 / 식자재 검수위생 • 주방위생 / 청소위생 • 전용상품 관리
	점포 마케팅 매뉴얼	• 시식행사 / 전단지 배포 • 고객 DB활용 / SNS마케팅 • 기타 마케팅 / 점포 활성화 실전방법
	체크리스트 매뉴얼	• 운영의 필요성 / 운영 서식류 • 체크리스트 서식류
	조리 레시피 매뉴얼	• 표준 조리 레시피 / 판매메뉴 사진
	조리교육 매뉴얼(동영상)	• 메뉴별 조리 동영상(시청각 교육용)

2) 매뉴얼 작성방법

가맹본부는 매뉴얼 개발을 진행하기 위해서는 정보공개서와 가맹계약서 내용을 반드시 적용시키도록 한다. 일반적인 가맹본부 매뉴얼의 흐름은 가맹계약체결, 가맹분쟁, 계약해지, 가맹점 오픈지원, 슈퍼바이저 경영지도, 가맹점 개설 상담, 점포개발, 조직 및 직원관리 등의 내용으로 만들어지는데 가맹본부에 적합한 매뉴얼을 작성하다보면 가맹본부에 필요 없는 내용이 삽입될 수 있다. 또한 가맹본부의 경험과 노하우를 담아내고자 한다면 목차에 구애받지 않고 현장 실무자와 지속적인 미팅과 회의를 통해 최적의 가맹본부 매뉴얼을 만들어내야 한다. 이것이 가맹본부 매뉴얼을 작성할 때 반드시 필요한 과정이다.

　가맹점 매뉴얼은 직영점의 점장과 가맹본부의 슈퍼바이저와 함께 작성하면 실무에 적합한 매뉴얼을 작성할 수 있다. 그러나, 사업 초기단계의 가맹본부라면 점장과 슈퍼바이저가 없을 수 있기 때문에 컨설턴트는 점포 운영 경험과 노하우를 기초로 하여 점포 실무자들과의 미팅, 회의, 현장 확인으로 매뉴얼을 작성해야 한다.

　일반적으로 가맹점 매뉴얼 흐름은 가맹점주 입문교육, 위생관리, 고객 컴플레인 조치, 매장운영, 판매촉진, POS사용, 점포 인허가 관리, 세금 및 노무관리, 장비 및 설비 운영, 조리레시피 순으로 작성되는데 현장 실무자들과 회의하다보면 표준 매뉴얼보다 현장에 무척 필요한 매뉴얼로 변형되는 경우가 많다. 이는 경험과 노하우가 현장에서 나타나는 경우일 것이고, 운영의 시행착오를 거치면서 단단해진 관리자의 지식일 것이다. 가맹본부는 이러한 내용을 담아 가맹점사업자를 위한 최적의 가맹점 매뉴얼로 작성하면 된다.

📚 참고문헌

저 서

- 강병남의 음식장사 성공전략(2002) / 강병남 / 서민사
- 외식산업경영학(2009) / 박기용 / 대왕사
- 외식산업의 창업 및 경영(2015) / 김은숙 · 한동여 / 백산출판사
- 외식창업실무론(2017) / 김헌희 · 이유경 / 백산출판사
- 외식산업개론(2018) / 김윤태 / 대왕사
- 신인적자원관리(2021) / 김영재 / 탑북스
- 외식산업컨설팅 실무와 사례(2021) / 임현철 · 강승묵 / 한올
- 외식 프랜차이즈 실무(2023) / 임현철 · 이형진
- 외식창업 실무지침서(2023) / 임현철 · 강승묵 · 손영준 · 임한웅
- 외식산업의 이해(2024) / 나정기 / 백산출판사

웹사이트

- aT한국농수산식품유통공사(https://www.at.or.kr)
- 배달의 민족(https://www.baemin.com)
- 법제처(https://www.moleg.go.kr)
- 상권정보시스템(https://sg.sbiz.or.kr)
- 소상공인시장진흥공단(https://www.semas.or.kr)
- 월간식당(https://month.foodbank.co.kr)
- 정보통신기획평가원(https://www.iitp.kr)
- 중소벤처기업부(https://www.mss.go.kr)
- 통계분류포털(https://kssc.kostat.go.kr:8443)
- 특허정보넷 키프리스(http://www.kipris.or.kr)
- 공정거래위원회(https://www.ftc.go.kr)
- 공정거래위원회 가맹사업거래(https://franchise.ftc.go.kr)
- 국토교통부(https://www.molit.go.kr)

논문

- 윤은옥(2008) / 베이커리 가맹본부의 가맹점모집 프로모션 활동에 관한 연구
- 한성균(2018) / 외식프랜차이즈 산업의 메뉴운영관리가 성과에 미치는 영향

상권분석 · 마케팅에 유용한 웹사이트

상권분석

- 나이스비즈맵(https://m.nicebizmap.co.kr)
- 디스코(https://www.disco.re)
- 마이프차(https://myfranchise.kr)
- 상권정보시스템(https://sg.sbiz.or.kr)
- 오픈업(https://www.openub.com)
- 통계지리정보(https://sgis.kostat.go.kr/view/index)
- 통계청(https://kosis.kr/index/index.do)

마케팅

- 네이버데이터렙(https://datalab.naver.com)
- 네이버검색광고(https://searchad.naver.com)
- 블덱스(https://blogdex.space)
- 블랙키위(https://blackkiwi.net)
- 썸트렌드(https://some.co.kr)
- 키워드마스터 – 웨어이즈포스트(https://whereispost.com)
- 키자드(https://keyzard.org)

저자 소개

| 임현철 |

대구가톨릭대학교 외식조리제과제빵학과 교수
(사)한국외식경영학회 회장
(사)한국프랜차이즈경영학회 부회장
㈜판외식연구소 대표(전)
㈜이월드(우방랜드)근무(전)
㈜롯데리아 근무(전)
세븐일레븐 근무(전)
• 저서: 외식업창업실무지침서 등

| 강승묵 |

대구가톨릭대학교 식품가공학 박사 수료
이런연구소(E_RUN Lab) 대표(현)
대구가톨릭대학교 창업성장학과 겸임교수(현)
경남신용보증재단 컨설턴트(현)
경북6차산업 컨설턴트(현)
한국관광공사 관광두레 컨설턴트(현)
• 저서: 외식산업컨설팅 실무와 사례 등

| 이형진 |

대구가톨릭대학교 외식조리제과제빵학과 외래교수
대구과학대학교 외식창업개발학과 외래교수
대구가톨릭대학교 식품가공학과 외식산업학 박사
외식 CEO를 위한 '외식 브랜드 기획자' 과정 대표 강사
(사)한국외식경영학회 등기 이사
블럭파티(현), 심야오뎅(전), 이동근 선산 곱창(전) 본사 대표
• 저서: 외식 프랜차이즈 실무 4판(한올) 공저

| 손영준 |

대구가톨릭대학교 외식조리제과제빵학과 외래교수
대구가톨릭대학교 산학협력교수
대구가톨릭대학교 식품가공학과 외식산업학 박사
외식창업 플랫폼 '레시피코리아' 대표
(사)한국외식경영학회 상임 이사
• 저서: 외식창업 성공비책 공저
　　　 외식창업실무지침서(3판) 공저

외식산업의 이해

초판 1쇄 발행 2023년 1월 15일
 2판 1쇄 발행 2024년 8월 15일

저 자 임현철·강승묵·이형진·손영준
펴낸이 임순재
펴낸곳 (주)한올출판사
등 록 제11-403호
주 소 서울시 마포구 모래내로 83(성산동 한올빌딩 3층)
전 화 (02) 376-4298(대표)
팩 스 (02) 302-8073
홈페이지 www.hanol.co.kr
e-메일 hanol@hanol.co.kr
ISBN **979-11-6647-482-8**

외식산업의 이해

외식산업의 이해

외식산업의 이해